Christian-Dietrich Schönwiese

Klima im Wandel

Christian-Dietrich Schönwiese

Klima im Wandel

Tatsachen, Irrtümer, Risiken

Mit einer aktuellen Dokumentation

Deutsche Verlags-Anstalt · Stuttgart

Die Deutsche Bibliothek – CIP-Einheitsaufnahme

Schönwiese, Christian-Dietrich:
Klima im Wandel: Tatsachen, Irrtümer, Risiken ;
mit einer aktuellen Dokumentation /
Christian-Dietrich Schönwiese. –
Stuttgart : Deutsche Verlags-Anstalt, 1992
ISBN 3-421-02764-1

Lektorat: Margot Adrion
Typographische Gestaltung: Christine Wegener
Satz: Fotosatz Dorner GmbH, Aichwald
Druck und Bindearbeit:
Offizin Andersen Nexö Leipzig GmbH
Printed in Germany

Inhalt

Vorwort

Als im Jahr 1896 der schwedische Physikochemiker Svante Arrhenius vermutlich als erster Abschätzungen zur Erwärmung der Erde durch die steigende Kohlendioxid-Konzentration der Atmosphäre vorlegte, sogar als 1979 die erste Weltklimakonferenz, immerhin auf der Ebene der Vereinten Nationen (UN), einen Aufruf an alle Nationen der Welt richtete, das Problem der durch den Menschen verursachten Weltklimaänderungen endlich wahrzunehmen – und zu verhindern –, da erregte das kaum öffentliche Resonanz. Seit Mitte der achtziger Jahre hat sich das Blatt jedoch gewendet: Es gibt fast niemanden, der noch nichts vom »Treibhauseffekt« oder »Ozonloch« gehört hat.

Aber in welcher Weise werden diese Informationen an die Öffentlichkeit herangetragen? Sind es nicht häufig einseitige Katastrophendarstellungen, gelegentlich – und das in steigendem Maß – auch Gegenpositionen und Verharmlosungen, die alle Warnungen der Klimatologen in den Wind zu blasen scheinen? Vielleicht noch schlimmer sind aus dem Zusammenhang gerissene Details, die ohne Sinn für Zusammenhänge Halb- und Viertelwissen vermitteln, und oft genug auch das noch in schiefer oder verfälschender Art und Weise. Leider ist auch die erhebliche Zahl von Büchern, die seit dem »Treibhauseffekt« (Schönwiese und Diekmann, DVA, Stuttgart 1987) veröffentlicht wurden, zum großen Teil nicht wissenschaftlich korrekt. Viele, besonders wenn sie selbst keine Klimatologen sind, unterschätzen sehr die Vielfalt und Komplexität des Klimas; denn Treibhauseffekt und Ozonloch sind doch im Grunde nur kleine Teilaspekte dieses vielfältigen Klimageschehens. Und es ist aussichtslos, solche Teilaspekte richtig zu verstehen und einzuordnen ohne den Hintergrund der natürlichen Klimaschwankungen zu kennen; denn diese natürlichen Vorgänge gibt es seit die Erde existiert, und es wird sie trotz aller menschlichen Einflußnahme auch weiterhin geben.

Selbst Wissenschaftler übersehen bei Modellvorhersagen zum Treibhauseffekt – genauer zum Zusatz-Treibhauseffekt, der durch den Menschen verursacht ist –, mit der üblichen Unschärfe, die allen Modellen und natürlich auch Beobachtungen anhaftet, häufig die stets auch im Gang befindlichen natürlichen Einflüsse, wie den Vulkanismus und solare Vorgänge.

Wen kann es dann wundern, wenn auch die verschiedenen Gruppen unserer Gesellschaft – wie politische Entscheidungsträger, Wirtschaftsfachleute, Medien und staunendes Publikum – oft genug zur Einseitigkeit neigen. Offenbar lassen sich auch Bücher, die Katastrophen oder »Science-fiction« zum Inhalt haben, besser verkaufen als »Science Reality«, obwohl doch wissenschaftliche Realität genauso aufregend sein kann. Manche Fiction-Darstellungen erinnern an Wahn und Magie des Mittelalters, und man muß sich gelegentlich fragen, in welchem Jahrhundert wir eigentlich leben.

Dieses Buch will die Klimadiskussion, auf der strengen Basis moderner naturwissenschaftlicher Erkenntnis, in einen größeren, meist vernachlässigten Rahmen stellen und Querverbindungen aufzeigen. Dazu gehört, neben dem Faktor Mensch, ganz wesentlich auch das natürliche Klimageschehen, das man eben nicht einfach ausblenden darf. Dazu gehört auch die Einordnung des Klimageschehens in die weitaus umfassendere Umweltproblematik. Diese Breite mit Blick auf Allgemeinverständlichkeit muß freilich auf Kosten der Tiefe gehen. Wer eingehendere fachliche Informationen sucht, findet sie in den Quellenangaben, auf die sich die hochgestellten Ziffern im Text beziehen. Auch die Tabellen und die Dokumentation, im Anhang des Buches, dienen dieser Vertiefung.

Mein erster Dank gilt meiner Familie, die einen weitgehend von Arbeit und Terminen beanspruchten Mann und Vater erträgt, dem es dann auch noch im Sommerurlaub und an einigen Wochenenden einfällt, dieses Buch zu schreiben. Obgleich das Manuskript im wesentlichen im Sommer 1991 entstanden ist, habe ich bis November 1991 noch korrigiert und aktualisiert. Für die Anfertigung der Zeichnungen danke ich Frau Christine Lidzba, für die Hilfe bei den Schreibarbeiten Frau Petra Langeneck sowie meinen Studenten Stefan Beine und Tobias Fuchs. Der Deutschen Verlags-Anstalt bin ich nicht nur für die Anregung, dieses Buch zu schreiben, dankbar, sondern auch dafür, daß sie nicht einen reißerischen Titel angemahnt hat; das behutsame und verständnisvolle Lektorat ist sehr hilfreich gewesen.

Dabei muß ich gestehen, daß dies fast ein sehr persönliches und vielleicht sogar polemisches Buch geworden wäre. Der Ärger, aus den verschiedensten Gründen, ist oft so groß, daß man ihn kaum mehr verkraften kann. Da sind die schlechten Arbeitsbedingungen mit teilweise katastrophaler Personal- und Raumausstattung im Fachbereich Geowissenschaften der Universität Frankfurt am Main, trotz der Aktualität der Umwelt- und Klimaforschung, leider symptomatisch für viele Universitäten; da ist eine kaum mehr zu bewältigende Korrespondenz, so daß ich auf diesem Weg dafür um Verständnis bitten muß, wenn ich nicht alle Briefe beantworten und alle Vortragseinladungen annehmen kann; da ist eine meines Erachtens nicht immer ausgewogene Forschungsförderung, die im Bereich der Klimatologie die harten Fakten, also die Klimadiagnose, bisher zweifellos unterbewertet hat; da sind Hemmnisse in der Zusammenarbeit mit den politischen Entscheidungsträgern, und daran wird sich wohl nicht viel ändern, solange bei der Berufung von Beratungsgremien Parteizugehörigkeiten und sonstige Affinitäten eine unangemessene Rolle spielen. Berufungsverfahren, wie sie an Hochschulen üblich sind, wären da meines Erachtens angebrachter.

Dies sind nur Andeutungen, und in der vorliegenden Fassung des Buches hat glücklicherweise wieder die Sache gesiegt, hinter der Personen zurückzutreten haben. Nur ganz gelegentlich scheint noch die eine oder andere persönliche Ansicht durch. So hoffe ich, zur Klimadiskussion in breiter, ausgewogener und informativer Weise beizutragen. Für Kritik und Anregungen bin ich stets dankbar.

Frankfurt am Main, im November 1991 Christian-Dietrich Schönwiese

1 Korrekte und verständliche Information: ein Gegensatz?

Die Schwarz-Weiß-Malerei ist eine häufig anzutreffende Unsitte der Informationsverkürzung. Die Wirklichkeit aber ist farbig. Was soll diese Aussage? Und was hat sie mit dem Klima zu tun?

Naturwissenschaftlich sind Schwarz und Weiß zwei optische Zustände, die sich gegenseitig ausschließen und zu denen es in der Schwarz-Weiß-Dimension keine Alternative gibt; allenfalls Intensitätsaussagen hinsichtlich der Sättigung von Schwarz und Weiß somit der Grautöne, sind möglich, was sich im übrigen durch die physikalische Messung der Reflexion und Absorption quantitativ exakt beschreiben läßt: Weiße Flächen reflektieren alles Licht und absorbieren nichts, bei schwarzen verhält es sich umgekehrt und graue liegen irgendwo dazwischen. Ist ein Ding also exakt oder überwiegend schwarz oder weiß, so ist es leicht, diese Information zu erfassen und mitzuteilen.

Nach Helmut Seifert[1] bedeutet »Information: Senden und Empfangen von Zeichen, in Form von Zahlen oder Werten, die diese Information kennzeichnen«. In der Schwarz-Weiß-Dimension gibt es dann auch keine nennenswerten Probleme der Informationsvermittlung (Senden und Empfangen): Ein Ding ist schwarz oder weiß, die Informationsvermittlung ist richtig oder falsch. Im Fall der Grautöne gilt dies im Rahmen einer gewissen quantitativen Genauigkeit, aber nur wenn sich der Informationsanspruch nicht auf die verkürzte Feststellung »überwiegend schwarz« bzw. »überwiegend weiß« beschränkt.

Es gibt viele Beispiele der »Schwarz-Weiß-Information«, angebrachte und unangebrachte. Angenommen, es kommt zu einem Verkehrsunfall, dann entspricht Schwarz der Aussage »Unfall« und Weiß der Aussage »kein Unfall«; die Grautöne kommen durch Angabe der Zahl der beteiligten Fahrzeuge und eventuell der Unfalltoten und Unfallverletzten hinzu. Eine Zusatzinformation bildet die Angabe von Ort und Zeit. Alles ist relativ leicht nachprüfbar. Wir haben es mit einem Beispiel der Schwarz-Weiß-Dimension einer Information zu tun; Informationserfassung, Vermittlung (»Senden«) und Unterrichtung (»Empfangen«) sind dann im allgemeinen unproblematisch, wobei die Vermittler (»Sender«) meist die Medien (Presse, Rundfunk, Fernsehen), das heißt geschriebenes und gesprochenes Wort sowie Bild sind. Informationsempfänger sind wir.

Die Welt aber ist farbig und selten ist es angebracht, sie auf die Schwarz-Weiß-Dimension zu reduzieren. So wäre es erbärmlich, das prachtvolle Farbenspiel eines Sonnenaufgangs in Schwarz-Weiß-Darstellung beschreiben zu wollen. Falls nicht Fotografie und Film das Dokumentationsmedium darstellen, sondern das Wort, stehen der Informationsauswahl, -gewichtung und -ausdeutung, nicht zuletzt auf poetischer und musikalischer Ebene[2], alle Möglichkeiten offen.

Nehmen wir ein anderes Beispiel, obwohl wir uns der Gefahr bewußt sind, damit gleich in ein Wespennest zu stechen: die Kernenergie. Schwarz-Weiß-Dimension wäre hier nur Ablehnung oder Befürwortung. Das aber wird der Realität in keiner Weise gerecht; denn es gibt äußerst unterschiedliche Technologien, und diese werden in äußerst unterschiedlicher Art und Weise angewandt. *Die* Kernenergie gibt es also gar nicht, sondern in Wahrheit nur die unterschiedlichen Technologien und deren Realisationen. Und nachdem im November 1991 im englischen Culham an der europäischen Forschungsanlage JET (Joint European Torus) die erste kontrollierte Kernfusion gelungen ist, muß mehr denn je auch zwischen Kernspaltungs- und Kernfusionsenergie unterschieden werden.

Schon bei solchen denkbar allgemeinen Äußerungen lauern viele Leser, um mit der Schwarz-Weiß-Keule zuzuschlagen: Ist er nun dagegen oder dafür? Und ehe man sich versieht, landet man in einer dieser Schubladen, Schwarz oder Weiß. Eine viel zu einfache Perspektive, denn es unterscheiden sich nicht nur Technologien und Handhabungen, sondern es gibt neben den Risiken der Kernenergie, denen selbstverständlich sehr genau und verantwortungsbewußt nachgegangen werden muß, noch viele andere Risiken in unserer unvollkommenen Welt. Fast nichts, was wir tun, ist risikofrei, was Erich Kästner zu dem treffenden Satz bewogen hat: »Das Leben ist lebensgefährlich.«

Mit dieser Aussage allein, können wir uns freilich nicht zufriedengeben. Wenn unser Leben und das vieler weiterer Generationen lebenswert sein soll, dann müssen wir allen negativen Aspekten und Risiken emotionslos, umfassend und genau ins Auge sehen, um zu richtigen Bewertungen zu kommen, die uns dann auf den Weg des erreichbaren geringsten Gesamtrisikos führen sollen. Selbstverständlich kann dieses Gesamtrisiko niemals gleich null sein; auch dieser Tatsache müssen wir ins Auge blicken.

Um aber zu solchen Bewertungen und Entscheidungen zu kommen, benötigen wir korrekte und umfassende Informationen. Bei der Kernenergie oder allgemein der Energie haben wir es ganz sicherlich nicht mit einem Schwarz-Weiß-Problem zu tun, sondern mit einem überaus farbigen facettenreichen Kreis von Möglichkeiten und Problemen, der zudem mit diversen weiteren Fragen verzahnt ist, nicht zuletzt mit den überaus komplexen und komplizierten Themenbereichen von Klima und Umwelt. Und das Auge oder die Meßinstrumente stellen fest: Es handelt sich nicht nur um potentielle Risiken, sondern auch um solche, die sich bereits realisiert haben, also um eingetretene Schäden.

Risiken werden leider selten mit genügender Sachlichkeit und der nötigen Ausgewogenheit bewertet und über Risiken sowie Risikoakzeptanz ließen sich sicherlich viele gescheite interdisziplinäre Bücher schreiben. Mancher Illusionist verlangt an einer Stelle ein Nullrisiko – den meist wenig hilfreichen Begriff »Restrisiko« wollen wir hier vermeiden – um dann an anderer Stelle ohne weiteres enorm hohe Risiken zu akzeptieren. Zwei Beispiele sollen kurz genannt sein, ohne schon zu definitiven Konsequenzen zu kommen, denn dazu brauchen wir Argumente sowie korrekte und umfassende Informationen. »Umfassend« darf dabei nicht mit »überladen« verwechselt werden; denn die Informationen müssen schließlich auch bewertet werden, wobei die Übersicht nicht verloren gehen darf.

Im ersten Beispiel geht es um das Auto[3]. Allein in Deutschland sind rund 10 000 Unfalltote pro Jahr zu beklagen, mit einem drastischen Anstieg in den neuen Bundesländern. Weltweit dürften es, vorsichtig geschätzt, zwischen 100 000 und 200 000 Toten pro Jahr sein. Darin sind die Gesundheitsschäden durch Auspuffgase, die direkt oder indirekt viele weitere Todesfälle verursachen, noch gar nicht enthalten. Angesichts des Ausmaßes dieses Risikos wäre es eigentlich nicht verwunderlich, wenn überall Gruppierungen für den sofortigen »Ausstieg aus dem Auto« demonstrieren würden. Warum geschieht das nicht? Vielleicht deswegen, weil dann fast jeder von uns Opfer bringen müßte? Wollen manche, die so vehement auf nachweislich geringere Risiken hinweisen, vielleicht von Erfordernissen ablenken, die ihre eigene Person betreffen? Es erübrigt sich zu sagen, daß Radikallösungen selten gute Lösungen sind. Und neben Informationsverkürzung, bis hin zur Schwarz-Weiß-Malerei, sind Informationsausblendung, bei der nur ein spezieller Zusammenhang, ohne die größeren Zusammenhänge betrachtet wird, sowie Informationsüberzeichnung, wobei prinzipiell neben der Übertreibung auch die Untertreibung üblich ist, Todsünden der Informationserfassung und -verarbeitung. Die Konsequenzen könnten dann tatsächlich, im wahrsten Sinne des Wortes, tödlich sein. So einfach wollen und dürfen wir es uns nicht machen. Vielmehr müssen wir korrekte und möglichst umfassende Informationen als Grundlage unseres Tuns anstreben. Dazu gehört das Differenzieren auf der ganzen Skala des Faktischen und Potentiellen, Schwarz und Weiß, pro und contra, ohne weitere Differenzierung, das ist die Strategie der Scharfmacher und Verharmloser.

Das zweite Beispiel führt uns näher zum Thema Klima: Im Mai 1991 brach ein verheerender Wirbelsturm über Bangladesch herein und forderte rund 140 000 Tote, bei einer potentiellen Gefährdung, das heißt mögliche weitere Tote, von rund einer Million. War das unabänderliches Schicksal, eine jener Naturgewalten, die seit eh und jeh über die Menschheit hereinbrechen? Oder war es schon einer jener Stürme, der uns aus dem Klimagleichgewicht herausführt, der oberhalb der natürlichen Häufigkeits- oder Intensitätsschwelle lag? Noch drastischer formuliert: Haben wir reichen Bürger der industriellen Welt mit unserem überproportional hohen Ausstoß klimawirksamer Spurengase in die Atmosphäre Hunderttausende armer und unschuldiger Menschen in Bangladesch in den Tod getrieben? Und dies alles ist ja nur ein kleiner Ausschnitt aus dem Problemkreis weltweiter Klimaänderungen.

Auch hier wollen wir nicht in Schwarz-Weiß-Malerei verfallen. Schwarz, das wäre die Klimakatastrophe, die wir mit Sicherheit bereits verursacht haben; Weiß, das wäre die Ansicht, tropische Wirbelstürme hat es schon immer gegeben, das können wir nicht verhindern, da brauchen wir uns keine kritischen Gedanken zu machen. Der wesentliche Punkt ist hier vielmehr: Natürliche Vorgänge im Klimageschehen und menschliche Eingriffe bilden derzeit noch ein meist unentwirrbares Knäuel. Wir brauchen zur Information die Betrachtung der vielfältigen Eingriffe der Menschheit in die Atmosphäre der Erde, die Abschätzung der möglichen beziehungsweise wahrscheinlichen Folgen durch grundsätzliche physikalisch-chemische Überlegungen und durch Klimamodellvorhersagen; und wir brauchen eine möglichst genaue Erfassung und Interpretation dessen, was sich im Klimageschehen tatsächlich abspielt, also der Klimadaten und Klimageschichte. Dies alles aber ist unzulänglich, wenn nicht wenigstens annähernd versucht wird, das Klima und seine Variationen ganzheitlich zu betrachten, also die natürlichen Klimaschwankungen mit einzubeziehen. Und nicht nur das, es gibt viele Querverbindungen zu weiteren Problemkreisen, seien sie durch Menschen verursacht wie beispielsweise die Ölbrände in Kuwait nach dem Golfkrieg, oder natürlichen Ursprungs, wie der Vulkanismus, oder sei die Ursache noch nicht ganz geklärt wie beim sogenannten »Ozonloch«.

Ein Klimatologe muß, auch wenn er nur für diesen Bereich kompetent ist, doch die vielen Querverbindungen, beispielsweise zu Energieproblemen und Waldschäden und auch zum »Ozonloch«, in die Betrachtung mit einbeziehen. Gerade die Klimatologie, für sich allein oder mit Querverbindungen, ist eine interdisziplinäre Wissenschaft par excellence. Es kommt darauf an, zwischen den Schwarz-Weiß-Polen »Klimakatastrophe« und »Klimaflop« den richtigen Weg zu finden. Für den Klimatologen, der sich schon länger und intensiv mit diesem Problemkreis beschäftigt, ist es erschreckend, wie viele falsche, schiefe und aus dem Zusammenhang gerissene, und dadurch verwirrende oder irreführende Details auftauchen, und zwar nicht nur in den Medien, sondern auch bei manchen Wissenschaftlern, die ihre Kompetenz überschreiten.

Informationsverkürzung, ungerechtfertigte Informationsgewichtung, mit Über- oder Untertreibung, Fehlinformation in Form von Irrtümern, so prasseln die sogenannten Informationen und auch die Katastrophen in großer Zahl auf uns hernieder. Fast aussichtslos ist es da, sich ein ausgewogenes Bild zu machen. Man weiß ja nie: Was ist falsch? Was ist richtig? Welche Teile sind falsch oder richtig? Nur eines sind diese Informationen: für den Laien verständlich, so meint er jedenfalls. Auf der anderen Seite stehen die Wissenschaftler mit ihren zwar korrekten aber ungeheuer zahlreichen und komplizierten Informationen – allein zum Kohlendioxid-Problem hat das amerikanische Carbon Dioxide Information Analysis Center (CDIAC) rund 10 000 wissenschaftliche Publikationen gesammelt – einschließlich der ebenso zahlreichen, häufig äußerst komplizierten Zusammenhänge. Der Versuch dies verständlich zusammenfassen zu wollen erscheint den Wissenschaftlern zunächst aussichtslos. Ist korrekte und verständliche Information ein Gegensatz? Ein Widerspruch?

Gegen Schluß dieses Buches werden wir auf diese Fragen zurückkommen: auf die Medien- und Wissenschaftlerkritik und die Rolle der Entscheidungsträger in Politik und Wirtschaft. Wähler und Politiker sind beide auf korrekte Informationen angewiesen. Für beide ist es schwer, sich diese korrekten Informationen zu verschaffen, zu bewerten und darauf die Konsequenzen zu ziehen; und keiner kann dies ohne Unterstützung durch die Wissenschaft tun. Manchmal ist aber Halb- oder Viertelwissen noch schlimmer als Ahnungslosigkeit. Und hoffentlich setzt sich mehr und mehr die Einsicht durch, daß nur diese korrekte Informationserfassung und -bewertung, ohne parteipolitische Brillen, uns aus der Misere herausführen kann.

Das Interesse der Öffentlichkeit an der Umwelt- und Klimaproblematik ist groß und glücklicherweise wächst auch die Zahl der Politiker, die sich ernsthaft dafür interessieren und engagieren. Das Klimaproblem ist eines unserer Weltprobleme[4]; es geht uns alle an, wir sind immer auf wahrhaft fatale Weise mit der Gunst oder Ungunst des Klimas und seinen Variationen verbunden. Die Aufgaben für die Zukunft sind international, brisant und äußerst schwierig; keiner weiß im Augenblick, ob die Menschheit dieser Problematik gewachsen sein wird.

Nur eins ist sicher: Die Entscheidungen müssen auf Grund korrekter und umfassender Informationen getroffen werden. Da wirklich umfassende Informationen zu komplexen Themen, wie es das Klima nun einmal ist, selbst für den Wissenschaftler kaum zu erfassen und zu überblicken sind, liegt in der Informationsverkürzung das eigentliche Problem; denn allgemein-verständlich kann nur verkürzte Information sein. Daß dies korrekt, sinnvoll und transparent geschieht, ist eine der großen Aufgaben der Wissenschaftler.

Treten wir also wieder die Gratwanderung zwischen korrekt-umfassender und verkürzt-verständlicher Information an, und versuchen wir, diesen gordischen Knoten zu lösen. Was wissen wir über die längere Jahrmillionen und Jahrmilliarden währende, und die kürzere Jahrhunderte und Jahrzehnte umfassende Klimageschichte und woher wissen wir es und wie genau? Läßt sich das Klima vorhersagen und gegebenenfalls, mit welchen Einschränkungen, und was sind die wichtigsten Probleme? Welche Querverbindungen zu anderen Umweltproblemen dürfen dabei nicht übersehen werden? Sind sich die Klimatologen eigentlich einig? Wie ist das mit der Beweislast der Klimaindizien? Wie lautet die Einschätzung des Risikopotentials? – Das sind die Generalthemen dieses Buches, nicht zuletzt auch die Frage: Welche Konsequenzen sind zu ziehen und welche Rolle fällt dabei den Wissenschaftlern, den Medien, den Entscheidungsträgern in Politik und Wirtschaft, letztlich uns allen zu?

2 Klima und Wetter: zwei ungleiche Kinder

»Treibhauseffekt und Ozonloch: Klima in Gefahr – Zu welchen Wetteränderungen führt das?« Solche unzulässigen Mixturen unterschiedlicher Begriffe und Vorgänge sind oft zu hören und zeugen von tiefer Ahnungslosigkeit. Wir wollen von Anfang an klar sehen und derartige Begriffe auseinanderhalten. Das ist nicht ganz einfach, weil es trotz der gravierenden Unterschiede auch gewisse Zusammenhänge gibt, so auch zwischen Treibhauseffekt und Ozonloch.

Zunächst zu Klima[1] und Wetter, wobei hier nur das notwendige festgehalten werden soll. Klima und Wetter sind beide Kinder unserer Atmosphäre, jedoch ungleiche Kinder. Die Atmosphäre der Erde, das ist jener Bereich, der an der Erdoberfläche beginnt und bis in etwa tausend Kilometer Höhe erfaßbar ist, ohne daß es eine strikte obere Grenzfläche gäbe. Der Luftdruck in etwa siebenhundet Kilometern Höhe entspricht bereits einem derzeitigen technischen Hochvakuum. Das unterste Stockwerk, das sich je nach geographischer Breite und Jahreszeit in einer Höhe zwischen sechs Kilometern (Polargebiet, Winter) und 18 Kilometern (Tropen) erstreckt, heißt »Troposphäre«. Darüber liegt bis etwa fünfzig Kilometer Höhe die »Stratosphäre«, und weitere solcher »Sphären« schließen sich nach oben hin an.

Für Wetter und Klima ist vor allem die Troposphäre von Bedeutung, wo sich einige der typischen Wetterphänomene (Wolken, Niederschlag, Gewitter usw.) finden lassen; man spricht deswegen auch von der »Wettersphäre«. Nur diese Troposphäre oder Wettersphäre ist im übrigen vom interplanetarischen Raum aus sichtbar, als hauchdünner bläulicher Saum rund um den Erdball, weil nur in dieser Schicht die Konzentration von Wassertropfen und sonstigen Partikeln genügend groß ist, um das Sonnenlicht merklich zu reflektieren. Wer solche Bilder sieht, sollte bedenken, daß Atmosphärenphysik und -chemie bis in eine etwa hundertmal größere Höhe betrieben wird. Später wird noch ausführlicher davon die Rede sein, daß uns auch und manchmal ganz besonders das Unsichtbare unserer Welt zu interessieren hat.

Insgesamt ist die Atmosphäre ein Gemisch aus Gasen, Wassertropfen und Eispartikeln sowie weiteren flüssigen, zumeist aber festen Beimengungen wie Stäuben, Ruß, Salzpartikeln, Pflanzenpollen und ähnliches. In der Fachsprache heißen die Wassertropfen und Eispartikel, die als Wolken sichtbar sind und als Niederschlag wie Regen, Schnee, Graupel, Hagel usw. auf die Erde fallen, »Hydrometeore«; sie haben nach Aristoteles, der sie von den »Feuermeteoren« unterschied, der Meterologie den Name gegeben, während unser heutiger Begriff »Meteor« den Feuermeteoren zuzuordnen ist, die aus dem interplanetarischen bzw. interstellaren Raum in die Erdatmosphäre eindringen und dort zum größten Teil als Sternschnuppen durch Reibungswärme verglühen.

Die wichtigsten der allesamt unsichtbaren Gase unserer Atmosphäre, deren Gesamtheit als Luftgemisch bezeichnet wird, sind: Stickstoff mit 78 Prozent, Sauerstoff mit 21 Prozent, Argon mit 0,9 Prozent und Kohlendioxid mit 0,035 Prozent. Diese Mengenangaben beziehen sich auf nicht verunreinigte und trockene Luft (Tabelle 1). Wir werden noch sehen, daß nicht die Hauptbestandteile der Atmosphäre, sondern bestimmte Spurengase, die – wie der Name sagt – nur in Spuren, also sehr geringere Konzentration in der Atmosphäre vorkommen, für das Klima von entscheidender Bedeutung sind. Dazu gehören auch das Kohlendioxid sowie der stark variable Wasserdampf, der nichts anderes als die Luftfeuchte darstellt, ein ebenfalls unsichtbares Gas, das nicht mit Dunst verwechselt werden darf. Wasserdampf ist übrigens das einzige atmosphärische Gas, das unter natürlichen Bedingungen kondensieren, also in Wassertropfen, und weitergehend durch Gefrieren in Eispartikel übergehen kann und dann sichtbar wird. Dies führt zu den für Wetter und Klima so wichtigen Phänomenen wie Wolken, Niederschlag, Bodenwasserbildung und -abfluß, insgesamt zum Wasserkreislauf zwischen Ozean, Boden und Atmosphäre. Damit ist uns klar, daß Luft wie Wasser unabdingbare Voraussetzungen für die Existenz von Leben auf der Erde sind.

Die Atmosphäre, die gemeinsame Mutter von Wetter und Klima, weist aber nicht nur eine bestimmte Zusammensetzung auf. Sie ist auch Trägerin bestimmter physikalischer Eigenschaften wie Temperatur, Feuchte (Gehalt an Wasserdampf), Druck, Wind (Luftbewegung), Niederschlag, und so weiter, die gegebenenfalls als Wetter- und Klimaelemente bezeichnet werden. Das Wörtchen »gegebenenfalls« weist darauf hin, daß Wetter und Klima keinesfalls die einzigen Aspekte der Meteorologie, der Physik und Chemie der Atmosphäre, sind. Auf einige weitere Aspekte kommen wir noch zu sprechen, beispielsweise auf chemische Reaktionen in der Atmosphäre, die für das Leben auf der Erde Bedeutung haben, oder auf die Verursachung von Waldschäden.

Hier bleiben wir bei Wetter und Klima, und der Leser will nun endlich wissen, worin der Unterschied liegt: es ist ein zeitlicher. Wir können nämlich die Vorgänge und Phänomene, die sich in der Atmosphäre zeigen, nach ihrer sogenannten charakteristischen Zeit ordnen. Darunter versteht der Fachmann entweder die Lebensdauer oder die »Zykluszeit«. Beides soll anhand von Beispielen erläutert werden. Eine Schönwetterwolke (Cumulus), beispielsweise, hat im allgemeinen eine Lebensdauer von einigen Stunden, ein Tiefdruckgebiet dagegen, das wir auf der Wetterkarte verfolgen, lebt einige Tage. Seit etwa 1850, also seit fast 150 Jahren, ziehen sich unter gewissen Fluktuationen die Alpengletscher zurück. Eine »Eiszeit« lebt einige zehntausend Jahre. Daß es bei uns im Sommer wärmer ist als im Winter, hängt mit dem Zyklus oder dem Jahresgang der Lufttemperatur zusammen; die Zykluszeit liegt hier demnach bei einem Jahr. Auch Eiszeiten wiesen solche Zykluszeiten auf, sie kommen und gehen in einem Zeitabstand von etwa 100000 Jahren.

Ist nun die charakteristische Zeit, also die Lebensdauer oder Zykluszeit, relativ kurz, so handelt es sich um Wetter, ist sie relativ lang, so sprechen wir von Klima. Dabei wird die Grenze zwischen Wetter und Klima meist bei einem Monat oder einem Jahr gesehen. Wolken mit einer Lebensdauer von Stunden und Tiefdruckgebiete mit einer Lebensdauer von einem Tag ordnen wir daher dem Wetter zu, den Gletscherrückgang der Alpen in unserem Jahrhundert und die »Eiszeiten« dem Klima. Beim Tagesgang der Temperatur verfahren wir so, daß wir ihn in einem bestimmten Fall, was heute oder morgen geschieht, dem Wetter zuordnen, im Mittel jedoch, beispielsweise im Mittel des Monats Januar oder Februar usw., beruhend auf Messungen über dreißig Jahre an einer bestimmten Station, dem Klima. Dies zeigt, daß es häufig noch eine weitere wichtige Unterscheidung zwischen Wetter und Klima gibt: Wetter als bestimmten, einmaligen Vorgang heute oder diese Woche, Klima hingegen als »mittleres Wetter« über eine längere Zeitspanne, was im übrigen auch die geschwisterlichen Beziehungen zwischen Wetter und Klima sowie die Tatsache betont, daß es eine strikte Trennung nicht gibt.

Dies darf aber, auf der anderen Seite, die Unterschiede nicht verwischen. Eine »Eiszeit«, kommt ganz anders zustande als eine Wolke und bei der Wettervorhersage für morgen wird sich keiner um die Kohlendioxid-Konzentration der Atmosphäre kümmern, wohl aber bei der Klimavorhersage für die nächsten Jahrzehnte. In vielen Fällen sind die Wetter- und Klimavorgänge nämlich gänzlich voneinander verschieden, einschließlich ihrer Verursachung, und daher ist es eben falsch, Wetter und Klima in einen Topf zu werfen.

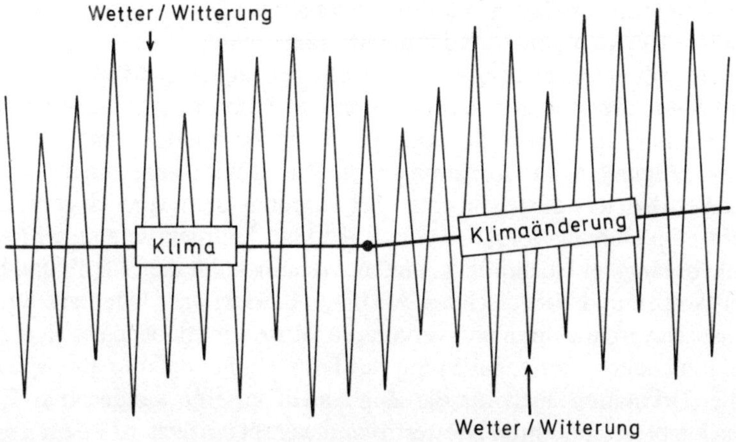

Abbildung 1 Schematischer Vergleich zwischen Wetter/Witterung und Klima; Wetter/ Witterung schwanken ausgeprägt um den Klima-Grundzustand herum. Tritt eine Klimaänderung ein, so ist sie zunächst nur schwer zu erkennen, jedoch werden bei einer Erwärmung des Klimas die kalten Wetter-/Witterungsereignisse seltener, die warmen häufiger.

Lange Zeit herrschte die Vorstellung, Klima sei etwas Konstantes, und das Wetter beziehungsweise die Witterung schwanken, wie in Abbildung 1 schematisch dargestellt, um diesen Klimazustand herum. Wer einen Schulatlas zur Hand nimmt und sich dort Karten der mittleren Temperaturverteilung der Erde ansieht, vielleicht für Sommer (z. B. Juli) und Winter (z. B. Januar) getrennt, und auch die mittlere Niederschlagsverteilung beachtet, der gewinnt tatsächlich den Eindruck, das Klima sei etwas Statisches, Unveränderliches. Genauso ist das, wenn wir etwas weiter gehen und uns Klimazonen, somit Klimaklassifikationen vergleichen. Wir finden dann die Unterscheidungen[1,2]

- tropisch (äquatornah): ganzjährig warm und niederschlagsreich;
- subtropisch (Nordhalbkugel ca. 20–40° N): heiß und trocken, in der Übergangszone zu den Tropen jahreszeitlich gebundene Regenzeiten;

- gemäßigt (Nordhalbkugel ca. 40–60° N); unser ganzjährig jahreszeitlich wechselndes Klima, das uns im allgemeinen ausreichend mit Niederschlägen versorgt; im Sommer mit einer trocken-warmen Übergangszone zum subtropischen Klima hin (Mittelmeerregion);
- schließlich polwärts anschließend subpolar und polar.

Der Leser sei angeregt, sich dies und die zugehörigen Vegetationskarten – hier mit vorwiegend natürlicher Vegetation, die es ja leider oft nur noch in Relikten gibt – wieder einmal anzusehen[2].

Wir sollten uns noch den »Vater« unserer ungleichen Kinder Wetter und Klima ansehen, der unter anderem auch für diese Klimazonen verantwortlich ist. Dies ist die atmosphärische Zirkulation[1], das heißt die Luftbewegung in der Horizontalen, die wir als Wind bezeichnen, und in der Vertikalen, was stets in einer Art Verbundsystem vor sich geht. Dabei treten Hebungsvorgänge vorwiegend in Tiefdruckgebieten auf, Absinkvorgänge in Hochdruckgebieten. Hebung kühlt die Luft ab und bildet Wolken und Niederschlag, Absinken bewirkt das Gegenteil. Diese drastisch vereinfachten und verkürzten Worte zur atmosphärischen Zirkulation sollen hier genügen mit der Feststellung, daß die atmosphärische Zirkulation auch für die Zugbahnen unserer wandernden Tiefdruckgebiete mit ihren Wetterfronten verantwortlich ist, dem sogenannten Polarfrontzyklonen. Die Wettervorgänge, wie auch die mittlere Temperatur-, Wolken- und Niederschlagsverteilung der Erde, also das Klima, werden davon beeinflußt. Wer Wetter und Klima vorhersagen möchte, muß daher vor allem die atmosphärische Zirkulation vorhersagen.

Dieser Vater von Wetter und Klima hat seinerseits wieder einen Vater, man könnte ihn den »Großvater« nennen, das ist die Sonne, beziehungsweise die Sonnenenergie, die zur Erde kommt und letztlich die atmosphärische Zirkulation antreibt. Damit sind die vielseitigen Verwandtschaftsverhältnisse aber keineswegs erschöpft. Es gibt noch eine »Großmutter«, die »Mutter« unserer Atmosphäre, nämlich die Erde selbst mit ihren Landoberflächen, Ozeanen und ihrer Vegetation. Durch Ausgasung der Gesteine von Großmutter Erde ist die Atmosphäre entstanden, durch Verdunstung von Wasser an der Ozean- und Landoberfläche erhält die Atmosphäre noch heute ihren Feuchtenachschub. An der Erdoberfläche finden die wesentlichen Energieumsätze, wie die Einstrahlung der Sonne und die Wärmeausstrahlung der Erde statt, ebenso die Wasserumsätze, also die Verdunstung und der Niederschlag, mit dem daraus entstehenden Abtransport des Wassers durch Flüsse und der Speicherung in Seen und im Boden.

Gerade für das Klima ist nun wichtig, daß Großmutter Erde, die es immerhin schon auf ein Alter von 4,6 Milliarden Jahren gebracht hat, sehr abwechslungsreich ist. Es gibt Landoberflächen sehr unterschiedlicher Art, teils mit Boden, der sogenannten »Pedosphäre« mit Humus-, Lehm- und Lößschichten usw., teils steht auch der Gesteinsuntergrund, die sogenannte »Lithosphäre«, direkt an der Erdoberfläche an. Die Vielfalt der Vegetation ist schier unübersehbar. Rund zwei Drittel der Erdoberfläche werden vom Salzwasser der Ozeane eingenommen, das zusammen mit dem Süßwasser der Landgebiete die »Hydrosphäre« bildet. Schließlich kommen noch die Eisgebiete auf Land und Ozean hinzu, die sogenannte »Kryosphäre«. Für Abschätzungen von Klimaänderungen ist es überaus wichtig zu wissen, ob sich beispielsweise neben oder mit der atmosphärischen Zirkulation auch die ozeanische Zirkulation ändert, und zwar ebenfalls sowohl horizontal als auch vertikal. Auch die Reaktion der Eisgebiete ist wichtig. Wenn sie sich verringern, reflektiert die Erdoberfläche weniger Sonneneinstrahlung als zuvor, was zur Verstärkung, also zu positiver Rückkopplung, von irgendwie verursachter Temperaturerhöhung führen kann. Auch die Meeresspiegelhöhe ist von diesen Vorgängen betroffen; dies sind Aspekte, die für die raschen Vorgänge des Wettergeschehens meist ohne Bedeutung, für das Klima jedoch wichtig sind.

Klima wird somit nicht nur von der Atmosphäre bestimmt, wie das für das Wetter weitgehend der Fall ist, sondern von den Gesamtvorgängen im Verbundsystem Atmosphäre-Hydrosphäre-Landoberfläche-Vegetation-Kryosphäre, dem sogenannten »Klimasystem«. Auch dieses gigantische System, das durch diverse Wechselwirkungen und Rückkopplungen Träger überaus vielfältiger und komplizierter Mechanismen ist, kann nicht als abgeschlossen angesehen werden. Es gibt extraterrestrische Einflüsse wie Variationen der Sonneneinstrahlung, wobei nun weniger der Tages- und Jahresgang eine Rolle spielen, sondern Änderungen über die Jahre hinweg, zum Beispiel in Form von Sonnenaktivität, bis hin zur Änderung der Sonne im Laufe von Jahrmilliarden. Übrigens bezeichnet der Klimatologe alle Einflüsse auf das Klimasystem als extern, die in der betrachteten charakteristischen Zeit keine Wechselwirkungen sind. Dazu gehört auch der Vulkanismus, der durch seine Emissionen die Atmosphäre nachhaltig beeinflußt und daher für Klimaänderungen verantwortlich sein kann, obwohl er ein terrestrischer Vorgang ist; umgekehrt lösen nach unserer Kenntnis Klimaänderungen keine Vulkanaktivität aus, so daß es sich um keine Wechselwirkung handelt.

Halten wir fest: Klima ist, im Gegensatz zum Wetter, als Langzeitvorgang definiert; betrachtet werden mindestens einige Jahre, aber auch sehr lange Zeitspannen bis hin zur gesamten Erdgeschichte. Das Klima wird gesteuert von den vielfältigen Vorgängen im Klimasystem; es wird beobachtet und möglichst gemessen, vorwiegend in der bodennahen Atmosphäre, aufgeschlüsselt in seine Elemente Temperatur, Niederschlag usw., wobei im übrigen die mathematisch-statistische Analyse der Klimadaten wichtige Erkenntnisse liefert.

Klima ist, trotz oder gerade wegen der Langzeitbetrachtung, nichts Statisches, sondern hochgradig variabel in Raum und Zeit. Räumlich zeigt sich das in den Klimazonen, deren primäre Ursache übrigens bereits im antiken Griechenland bekannt war. Der Klimabegriff leitet sich nämlich vom griechischen Wort Neigung *(clino)* ab, wobei der in den verschiedenen Klimazonen unterschiedliche mittlere Neigungswinkel der Sonneneinstrahlung gemeint ist. Heute betreiben wir Klimatologie in fast beliebig vielen räumlichen Größenordnungen, vom Klima (Bioklima) einer Blattoberfläche bis hin zum globalen Klima mit unterschiedlicher räumlicher Auflösung.

Klima ist, wie gesagt, auch zeitlich variabel, und das in allen zeitlichen Größenordnungen und in vielfältigen Erscheinungsformen. Formale Aspekte der Unterscheidung von Trend, Wende, Fluktuation usw. sollen hier außer acht bleiben. Klimaänderungen sind für uns alle relativ langfristigen und damit über einzelne Tages- und Jahresgänge hinausgehenden zeitlichen Änderungen bestimmter Klimaelemente, wie beispielsweise der bodennahen atmosphärischen Lufttemperatur, die sich erkennbar deutlich vom Verhalten des Klimas in der Zeitspanne davor abheben. Es ergibt sich das faszinierende Bild des Klimas im Wandel, zunächst ausschließlich aufgrund natürlicher Ursachen. Davon soll nun die Rede sein. Erst danach gehen wir auf die menschlichen Eingriffe ein.

3 Klimageschichte: Tatsachen und Unschärfen

3.1 Von der Frühzeit der Erde: heiß und trocken

Im Anfang, so stellen sich das die Astronomen[1] vor, gab es einen Urnebel, aus dem durch mehr oder weniger zufällige Materieverdichtung die Sterne, darunter unsere Sonne, und die Planeten, darunter unsere Erde, entstanden. Es gibt keine Möglichkeit, aus dieser Frühzeit irgendwelche direkten Informationen zu erhalten. Wir sind vollständig auf theoretische Überlegungen angewiesen, die zum Teil hypothetisch sind. Zum Teil helfen aber auch Analogien weiter, so beispielsweise der Vergleich mit unseren Nachbarplaneten Venus und Mars. Nach gängigen Schätzungen ist das Universum etwa fünfzehn bis zwanzig Milliarden Jahre alt, die Milchstraße, unsere Galaxie, etwa zehn Milliarden Jahre.

Sterne entstehen im Weltall ständig neu, durchlaufen eine gewisse Lebenszeit, um dann zu verlöschen. Unsere Sonne ist vermutlich zusammen mit ihren Planeten vor rund fünf Milliarden Jahren entstanden. Ihre Energie bezieht sie aus der Fusion von Wasserstoff zu Helium in ihrem Inneren; sie ist also ein riesiger Kernfusionsreaktor. Im Verlauf der kommenden fünf Milliarden Jahre, so schätzt man, wird sie sich immer stärker aufblähen und heißer werden, um nach dieser Zeit zu verlöschen und zu erkalten, weil der »Kernbrennstoff« Wasserstoff dann aufgebraucht ist[1]. Dies alles hat natürliche Konsequenzen für das Erdklima.

Das Alter der Erde ist genauer bekannt als das der Sonne: 4,6 Milliarden Jahre. Vorstufe dazu war, wie bei der Sonne, ein Urnebel, dessen Zusammensetzung wohl ähnlich war, wie sich das an der Häufigkeit der Elemente im Kosmos noch heute zeigt: etwa 92 Prozent Wasserstoff, 7 Prozent Helium, 0,03 Prozent Kohlenstoff, 0,008 Prozent Stickstoff, 0,006 Prozent Sauerstoff, 0,005 Prozent Neon, 0,003–0,004 Prozent Magnesium, Silizium und Eisen usw.[1,2] Ähnliches gilt auch für die Sonne.

Wie jeder Urnebel war auch der Erd-Urnebel sehr kalt, erwärmte sich früh aber auf vermutlich mehrere tausend Grad, als er sich unter dem Einfluß des eigenen Schwerefeldes stark zusammenzog. Unter dieser Hitze verdampften die weitaus größten Anteile von Wasserstoff und Helium in den Weltraum, da die Erde viel kleiner als die Sonne ist und daher, anders als die Sonne, eine zu geringe Schwerkraft besitzt, um diese leichten Elemente festzuhalten. Sicherlich bildeten sich sehr bald auch viele chemische Verbindungen wie Eisenoxide, Kohlenoxide und Wasserdampf. Als die Kontraktion des Urplaneten Erde abgeschlossen war, was so ungefähr seiner Geburtsstunde entspricht, setzte durch Abstrahlung der heißen Materie in den Weltraum eine allmähliche Abkühlung ein, wobei sich die schweren Elemente und Verbindungen im inneren Bereich der Erde sammelten, langsam verflüssigten und anschließend verfestigten. Um diesen Erdkörper herum bildeten die leichteren Substanzen eine Gashülle, die Atmosphäre.

Obwohl die Abkühlung relativ rasch verlief (Abb.2), hat die Erdoberflächentemperatur und mit ihr auch die untere Atmosphäre erst

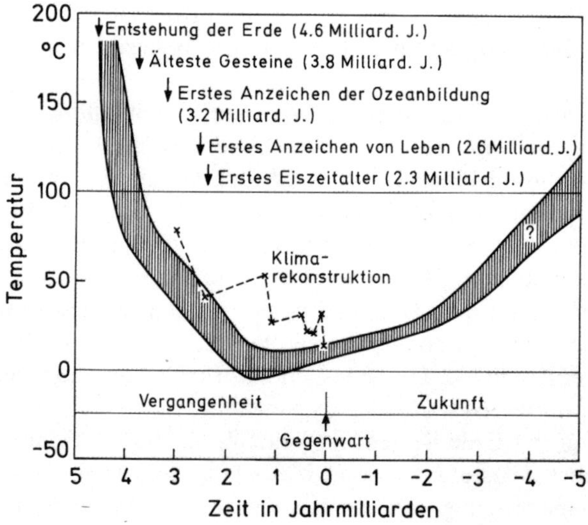

Abbildung 2 Vermutlicher Temperaturverlauf der bodennahen Atmosphäre seit Entstehung der Erde (Unsicherheitsbereich schraffiert) sowie entsprechend lange Vorhersage; mit Markierung einiger besonderer Meilensteine in dieser Entwicklung. Die frühe Klimarekonstruktion ist eher als relativer Verlauf und weniger als genaue Zahlenangabe aufzufassen; heutiger Temperaturwert: 15,5° C. Quelle: C.-D. Schönwiese[3], nach verschiedenen Primärquellen.

nach einigen hundert Millionen Jahren, so ungefähr vor vier Milliarden Jahren, die 100° C-Grenze unterschritten. Nach dem Urnebelstadium und einer ersten, durch Abgasung weitgehend verlorengegangenen Atmosphäre, vielleicht auch nach noch weiteren Zwischenstufen, darf man sich diese frühe Atmosphäre ähnlich der heutigen Venusatmosphäre vorstellen, entstanden aus dem Rest der Uratmosphäre, Ausgasung der Gesteine und Vulkanismus. Etwa 95 Prozent der Venusatmosphäre[2] besteht aus Kohlendioxid, es folgen Stickstoff mit 4 Prozent, Wasserdampf mit 0,1 Prozent und die zahlreiche Familie der übrigen Spurengase. Kohlendioxid und auch Wasserdampf sind im übrigen Treibhausgase, welche die Sonneneinstrahlung weitgehend ungehindert zur Planetenoberfläche hindurchlassen, jedoch die dortige Wärmeabstrahlung blockieren. Dies sowie der relativ geringe Abstand zur Sonne erklären die hohe Oberflächentemperatur der Venus: +462° C. Die Marsatmosphäre[2] besteht zwar auch zum größten Teil aus Kohlendioxid (95 Prozent) und Stickstoff (3 Prozent), ist aber extrem dünn (nur 0,7 Prozent des Atmosphärendrucks der Erde), so daß dieser »Treibhauseffekt« nicht zum Tragen kommt. So liegt die Oberflächentemperatur des Mars bei nur −50° C.

Auf der heutigen Erde ist der Treibhauseffekt zwar nicht so extrem stark wie auf der Venus, aber doch sehr deutlich ausgeprägt. Ohne diesen Effekt, das heißt ohne die Treibhausgase, läge die Erdmitteltemperatur in der untersten Atmosphäre bei −18° C, was wohl eine total vereiste und damit denkbar lebensunfreundliche Erde bedeuten würde. Tatsächlich, mit dem Treibhauseffekt, sind es angenehme +15° C, woran mit 62 Prozent der Wasserdampf und mit 22 Prozent das Kohlendioxid beteiligt sind. Später (Kap. 7) wollen wir uns mit den menschlichen Eingriffen in diese Gegebenheiten beschäftigen. Vorerst bleiben wir aber bei der frühen Erde und den natürlichen Vorgängen.

Sehr heiß war es auf der frühen Erde während dieser ersten Jahrmilliarde. Wie auf der Venus gab es kein Wasser, damit auch keinen Ozean und keine Niederschläge; das damalige Klima läßt sich daher auch als extrem trocken kennzeichnen. Im weiteren Verlauf aber wirkte sich der günstige Abstand der Erde zur Sonne aus, der für die vielleicht im Weltall einzigartige Evolution unseres Planeten die Voraussetzung bildete. Dieser Abstand ist nämlich groß genug, um damals die Abkühlung unter 100° C sinken zu lassen, aber nicht so groß wie beim Mars, wo überall Dauerfrost herrscht. Die durch Thermik und Turbulenz in der Atmosphäre aufsteigenden und an anderer Stelle absinkenden Gase kühlen sich auf ihrem Weg nach oben, wo sie in Bereiche geringeren Luftdrucks kommen, ab. Eines dieser Gase, nämlich der Wasserdampf, erreicht dann, übrigens als einziges Gas unter natürlichen Gegebenheiten, seinen Kondensationspunkt und verwandelt sich daher in Wassertropfen. Irgendwann hat es aufgrund dieser Vorgänge auf der Erde, ganz im Gegensatz zu Venus und Mars, zu regnen begonnen, und dies mehr und mehr. Das viele Wasser sammelte sich in den Beckenlagen der Erde, der Ozean entstand. Schon vorher, etwa vor 3,8 Milliarden Jahren, waren die ältesten noch heute auf der Erde existierenden Gesteine entstanden, die die ältesten Zeugnisse der Erd- und Klimageschichte enthalten, wie wir noch sehen werden. Die ältesten Minerale, sogenannte Zirkone, sind sogar 4,2 Milliarden Jahre alt. Die ältesten Anzeichen für das Vorhandensein eines Ozeans reichen 3,2 Milliarden Jahre zurück (Abb. 2).

Mit dem Ozean, der den weitaus größten Teil der Hydrosphäre bildet, aber war eine weitere Voraussetzung für die wohl einzigartige Erdevolution geschaffen: Es entstand das Leben; die ersten Anzeichen dafür werden auf etwa 2,6 Milliarden Jahre vor unserer Zeit datiert. Diese Entwicklung veränderte nicht nur die Erdoberfläche, als das zunächst im Ozean entstandene Leben das Festland und die dortigen Süßwassergebiete eroberte, sondern auch die Atmosphäre. Das Hauptgewicht fällt dabei der Vegetation zu, deren wesentliches Kennzeichen die Assimilation ist, das heißt aus Kohlendioxid und Wasser werden organische Substanzen, sogenannte Biomasse, und Sauerstoff gebildet. Die frühe Atmosphäre war mit Sicherheit sauerstofffrei, da Sauerstoff, insbesondere bei hohen Temperaturen, ein sehr reaktionsfreudiges Gas ist und daher eine Reihe von Verbindungen bildet, wie Eisenoxid und viele andere Oxide. Immer mehr Vegetation bedeutete aber auch immer höhere Sauerstoffabgaben an die Atmosphäre, die sich bei fortschreitender Abkühlung dort anreicherten. Die Abkühlung aber wurde auch dadurch unterstützt, daß große Teile des »Treibhausgases« Wasserdampf nun im Ozean und im Süßwasser der Landgebiete gebunden waren, so daß dieses Gas zu dem Spurengas wurde, das es heute ist.

Noch drastischer war der Abbau der Kohlendioxid-Konzentration der Erdatmosphäre, und zwar nicht nur durch die Assimilationstätigkeit der Pflanzen, die den Kohlenstoff letztlich als »tote Biomasse« im Boden ablagern, sondern auch durch den Ozean, in dessen Wasser sich Kohlendioxid löst, und ebenfalls umwandelt, und zwar hauptsächlich in verschiedene Karbonatverbindungen. In dieser Form landet der Kohlenstoff letztlich in den Sedimenten des Meeresbodens. Insgesamt finden wir die weitaus größten Kohlenstoffvorräte wegen dieser Vorgänge heute in den Sedimenten von Ozean und Festland, zum Teil auch in Form von Kohle, Erdöl und Erdgas, und im Boden, so daß auch Kohlendioxid in unserer Atmosphäre zum Spurengas geworden ist. In der Häufigkeitsskala ist der früher an dritter Stelle stehende Stickstoff an die erste Stelle gerückt. Etwa vor zwei Milliarden Jahren hatte dann auch der Sauerstoff fast seine heutige Konzentration erreicht, der zusammen mit dem Stickstoff heute 99 Prozent der Erdatmosphäre bildet, wenn man trockene, also wasserdampffreie Luft betrachtet (Tab. 1).

Vor ungefähr zwei Milliarden Jahren ist dann nicht nur bezüglich der Temperatur (Abb. 2), ein gewisser Gleichgewichtszustand erreicht worden; die immer noch existenten Klimaschwankungen, so groß ihre Wirkung auch sein mag, sind gemessen an den gewaltigen Umwälzungen der hier skizzierten vorangegangenen Evolutionsgeschichte relativ klein. Auch die Umwandlungen der Atmosphäre, die unter anderem mit den Stoffkreisläufen zusammenhängen, hatten damals ein gewisses Gleichgewicht erreicht. Erst in unserem Jahrhundert sollte sich das wieder dramatisch ändern, wieder durch das Leben, und zwar durch den Menschen, allerdings nicht in der vorteilhaften Art und Weise wie in den früheren Jahrmilliarden. Vor der Diskussion dieser Problematik erörtern wir aber noch weitere über zwei Milliarden Jahre Erd- und Klimageschichte, bevor der Mensch die Bühne des Geschehens betritt.

3.2 Das erste Eiszeitalter: vor 2,3 Milliarden Jahren

Die Geologen, die sich mit der Entwicklungsgeschichte der Erde und des Lebens auf der Erde beschäftigen, benützen zur Aufhellung dieser Geschichte die Befunde aus den Boden- und Gesteinsschichten der Erde und aller Relikte darin, die auf früheres Leben schließen lassen. Dabei haben sie eine Zeitskala entwickelt, die in Tabelle 2 wiedergegeben ist. Die Grobeinteilung lautet: Neozoikum seit 65 Millionen Jahren vor heute; davor seit 225 Millionen Jahren das Mesozoikum, und davor seit 570 Millionen Jahren das Paläozoikum. Die früheste Unterepoche des Paläozoikums, der Geologe spricht von Formation oder Periode, ist das Kambrium (570 bis 500 Millionen Jahre vor unserer Zeitrechnung), das uns noch beschäftigen wird. Die Zeit davor, das sogenannte Präkambrium, ist auch für die Geologen überwiegend graue Vorzeit, weil die Rekonstruktionsbefunde über diese Zeit nur sehr spärlich sind. Für die Klimageschichte ist dieses Präkambrium aber von großem Interesse. Fällt in diese Zeit doch das erste Eiszeitalter, und vermutlich kommen noch drei weitere dazu. Obwohl wir darüber leider nur sehr wenig wissen, soll uns dieses erste Eiszeitalter nun kurz beschäftigen.

Was ist überhaupt ein Eiszeitalter? Die Frühzeit der Erde, von der im vorigen Kapitel die Rede war, besaß ein heißes Klima, das sich jedoch mehr und mehr abkühlte. Vor etwa 2,3 Milliarden Jahren hatte sich dann ein neuer Klimazustand eingestellt, der im Prinzip auch heute noch von Bedeutung ist: Zum erstenmal erlaubte dieses kühler werdende Klima, daß sich Eis auf der Erdoberfläche bilden konnte. Nach der Atmosphäre, der Lufthülle der Erde, und dem Ozean war die Kryosphäre geboren; so nennt man das Eis auf den Landgebieten und auf dem Ozean. Heute nimmt diese Kryosphäre etwa elf Prozent (14 bis 15 Millionen Quadratkilometer) der Landoberfläche ein, in Form der großen, mehrere kilometerdicken Inlandeise (Antarktis und Grönland) und der Gebirgsgletscher (Tabelle 3); dazu kommt noch das Grundeis, gefrorenes Wasser im Boden. Die heutige Meereisbedekkung, in Form von Packeis und Treibeis, das übrigens maximal nur fünf Meter dick werden kann, macht sieben Prozent der Ozeanoberfläche (26 Millionen Quadratkilometer) aus, wobei zu beachten ist, daß etwa zwei Drittel der Erdoberfläche ozeanisch und nur das verbleibende Drittel Landoberfläche ist.

Vor 2,3 Milliarden Jahren, zur Geburtsstunde der Kryosphäre, hat sich möglicherweise nur Landeis gebildet, weil das Klima damals wohl noch deutlich wärmer als heute war. Für diese frühe Zeit sind Vereisungsspuren im Bereich des heutigen Kanada, Indien und Südafrika nachgewiesen[3]. Generell nennt man nun jede Klimaepoche, die Eisbildungen auf der Erdoberfläche zuläßt, ein Eiszeitalter. Da das hier betrachtete, sehr wahrscheinlich früheste Eiszeitalter, das in die geologische Formation (Periode, Tabelle 2) des Archaikums fällt, wird meist »Archaisches Eiszeitalter«[4] genannt. Von großer Wichtigkeit ist dabei, daß der damalige relativ kühle Klimazustand eines Eiszeitalters keinen Bestand hatte. Ganz im Gegenteil: Es wurde wieder wärmer, so warm, daß die Eisbildungen verschwanden. Allgemeiner gesagt, schon damals hatten wir es offenbar nicht nur mit einem einfachen Klimatrend, nämlich Abkühlung seit der Frühzeit der Erde, zu tun, sondern das überaus vielfältige und komplizierte Wechselspiel der Klimaschwankungen hatte schon begonnen.

Eiszeitalter sind offenbar nur seltene Ereignisse in der langen Klimageschichte. Das ist uns sicherlich wenig bewußt, weil sich die Erde seit zwei oder drei Millionen Jahren wieder in einem solchen Eiszeitalter befindet, dem »Quartären Eiszeitalter«. Dieses jüngste und weitere seit dem »Archaischen« aufgetretene Eiszeitalter werden uns noch beschäftigen. Schon hier aber ist hervorzuheben, daß diese Eiszeitalter allesamt nur Episoden waren, auch wenn sie jeweils einige Jahrmillionen angedauert haben. Etwa 80 oder gar 90 Prozent der überschaubaren Klimageschichte, und das ist etwa die Zeit seit 3,8 Milliarden Jahren, waren offenbar so warm, daß die Erdoberfläche völlig eisfrei war; man spricht vom akryogenen (nicht-eisbildenden) Warmklima, das offenbar der Normalzustand des irdischen Klimas ist, wenn »normal« dem Begriff »am häufigsten« gleichgesetzt wird. Alle diese Betrachtungen aber sind relativ; denn für die letzte Jahrmillion ist der Klimazustand eines Eiszeitalters normal, und für andere Zeitepochen sind es wieder andere Klimazustände.

Regional, besonders in Nordamerika, wird das »Archaische Eiszeitalter« auch als »Huronische« Vereisung bezeichnet, gelegentlich leider als »Huronische Eiszeit«. Dies ist sehr ungeschickt und verwirrend, weil die Begriffe »Eiszeitalter« und »Eiszeit« unterschieden werden müssen. Eiszeiten sind relativ kalte Epochen innerhalb eines Eiszeitalters, die sich mit relativen Warmzeiten oder Zwischeneiszeiten abwechseln. Auch dieser letzte Begriff ist mißverständlich, weil dabei die Eisbedeckung der Erde erhalten bleibt. Daher ist es sinnvoller, von relativen Kalt- und Warmzeiten innerhalb eines Eiszeitalters zu sprechen. Diese sind aber nur für das jüngste, das Quartäre Eiszeitalter, in ihrem zeitlichen Ablauf erschlossen, was uns noch eingehend zu beschäftigen hat, obwohl sie vermutlich charakteristisch für alle Eiszeitalter sind.

Es bleibt nachzutragen, daß das Archaische Eiszeitalter an beiden geographischen Polarbereichen, also auf der Nord- wie Südhalbkugel, zu Vereisungen geführt hat, was keineswegs selbstverständlich ist. Danach folgte mehr als eine Jahrmilliarde mit einem heißen (akryogenen) Warmklima, bis sich um 950 Millionen Jahre vor heute ein zweites Eiszeitalter einstellte, das aber offenbar nur das Polargebiet einer Halbkugel der Erde erfaßte. Soweit für diese frühe Klimageschichte Niederschlags- und Feuchteaussagen überhaupt möglich sind, darf man davon ausgehen, daß die Eiszeitalter relativ trocken waren und somit relativ wenig Niederschlag hervorbrachten, während sich im Warm- bzw. Heißklima viel Wasserdampf in der Atmosphäre befindet, die Luft also sehr feucht ist, und auch relativ viel Niederschlag fällt. Gerade die genaue Rekonstruktion der jüngeren Klimageschichte zeigt jedoch, daß Temperatur- und Niederschlagsschwankungen keinesfalls immer parallel verlaufen.

3.3 Klimarekonstruktion: Wie funktioniert das überhaupt?

Woher weiß man eigentlich, wie das Klima früherer Zeiten gewesen ist, noch dazu, wenn Jahrmillionen oder gar Jahrmilliarden inzwischen vergangen sind? Die Antwort auf diese Frage ist sehr vielschichtig, und nur die wichtigsten Aspekte sollen hier im Überblick genannt sein.

Am verläßlichsten sind natürlich direkte Messungen der Klimaelemente (Temperatur, Niederschlag usw.) mit Hilfe auch heute noch üblicher Meßinstrumente[3]. Solche direkten Messungen, man spricht in diesem Zusammenhang von der »Neoklimatologie«, liegen kontinuierlich seit 1659 n. Chr. vor, zunächst jedoch nur für ein eng begrenztes Gebiet (siehe dazu auch Kap. 3.7).

Darüber hinaus gibt es viele historische Informationen[3], die ebenfalls von Menschenhand direkt erfaßt, aber keine klimatologischen Meßdaten sind. Dazu gehören einige, zum Teil berühmt gewordene Tagebücher, die in Worten den Wetter- und Witterungsablauf an bestimmten Orten beschreiben. Bedeutend sind beispielsweise die Witterungsaufzeichnungen der Astronomen Johannes Kepler aus den Jahren 1617 bis 1626 in Linz und Tycho Brahe von 1582 bis 1597 auf der Insel Havn im Öresund (Dänemark) oder die William Merle von 1337 bis 1344 in Oxford notiert hat. Das früheste derartige Klimazeugnis stammt, so weit wir wissen, von Claudius Ptolemäus, der von 127 bis 151 n. Chr. in Alexandria ein derartiges Tagebuch geführt hat.

Die Aufzeichnungen von 1652 bis 1658 des Abtes Mauritius Knauer aus Langheim bei Lichtenfels (Mittelfranken) haben geschäftstüchtige Leute als »Hundertjährigen Kalender« mißbraucht, mit der Unterstellung, daß der Witterungsablauf, der dort über sieben Jahre lang festgehalten wurde, sich in genau der gleichen Art über Jahrhunderte hinweg im Sieben-Jahre-Rhythmus ständig wiederholen würde und dann auch noch für ganz Deutschland repräsentativ sei. Dieser Unsinn läßt sich natürlich leicht widerlegen; trotzdem wird der »Hundertjährige Kalender« noch heute verbreitet und verkauft.

Neben den Witterungsaufzeichnungen, die zumeist von Naturwissenschaftlern stammen und entsprechend akribisch geführt sind, werden zur Klimarekonstruktion auch Tagebücher, Briefe, Expeditions- und Reiseberichte von Laien, die nur so nebenbei auch Wetter- und Witterungserscheinungen festgehalten haben, verwendet. In beiden Fällen, den naturwissenschaftlichen wie den Aufzeichnungen von Laien, bleibt das Problem, die meist verbalen Angaben – wie sehr kalt, kalt, heiß; trocken –, die auch sehr relativ gemeint sind, in quantitative Informationen zu übertragen. Dieses schwierige Unterfangen ist erst teilweise gelungen, in bemerkenswerter Pionierarbeit beispielsweise für die Schweiz, wo der dortige Klimahistoriker Christian Pfister[5] aus solchen Informationen sogenannte thermische und hygrische Indizes, das heißt Maßzahlen für die Temperatur- und Niederschlagsvariationen ab 1500 aufgestellt hat.

Noch schwieriger, aber auch interessanter wird es, wenn die alten historischen Aufzeichnungen solche Informationen betreffen, aus denen sich nur indirekt auf die Klimageschichte rückschließen läßt. Das sind mehr oder weniger offizielle Chroniken über Getreidepreise, Menge und Güte der Weinernte, Zufrieren von Seen und Flüssen, katastrophale Stürme, Sturmfluten, Flußhochwasser und vieles andere. Manchmal findet man an Brücken und Gebäuden Hochwassermarken mit Jahresangaben, die auf entsprechend starke Niederschläge schließen lassen, dies allerdings nur so lange, wie durch Flußregulierungen nicht allzustark in den Abfluß eingegriffen worden ist, denn jede Flußbegradigung und Kanalisation führt zu schnellerem Abfluß und erhöht damit die Hochwassergefahr. Bei Getreide- und Weinernten muß die Ertragsänderung durch Düngemaßnahmen und Schädlingsbefall berücksichtigt werden. Trotzdem sind gerade Weindaten mit Erfolg zur Klimarekonstruktion verwendet worden, so von Wilhelm Lauer und Peter Frankenberg[6] für die Pfalz oder K. Müller[7] für Baden.

Berühmte Beispiele für katastrophale Ereignisse in Deutschland sind die Hochwässer des Jahres 1342 (19.–22. Juli), welche mehrere der mittelalterlichen Steinbrücken zerstörten[8], oder die Sturmfluten des 11. bis 13. Jahrhunderts an der englischen, niederländischen und deutschen Nordseeküste. Einer der renommiertesten Klimatologen unseres Jahrhunderts, der Engländer Hubert Lamb[9], hat sich unter anderem sehr eingehend mit Wind und Sturm beschäftigt. Einige Befunde seiner detektivischen Arbeit sind:

- 1099 etwa 100 000 Tote bei Sturmfluten in England und in den Niederlanden;
- 1212 etwa 300 000 Tote bei Sturmfluten in den Niederlanden;
- 1218 Entstehung des Jadebusens nach einer Sturmflut;
- 1287 Entstehung der Zuyder-See nach einer Sturmflut.

Diese Befunde wie auch die Tatsache, daß in jener Zeit die Friesischen Inseln erst vom Festland getrennt worden sind (vor allem um 1362), weisen darauf hin, daß es damals in unserer Klimazone viel häufigere und intensivere Sturmfluten gegeben haben muß als in den letzten beiden Jahrhunderten (Abb.3). Die klimatische Interpretation solcher

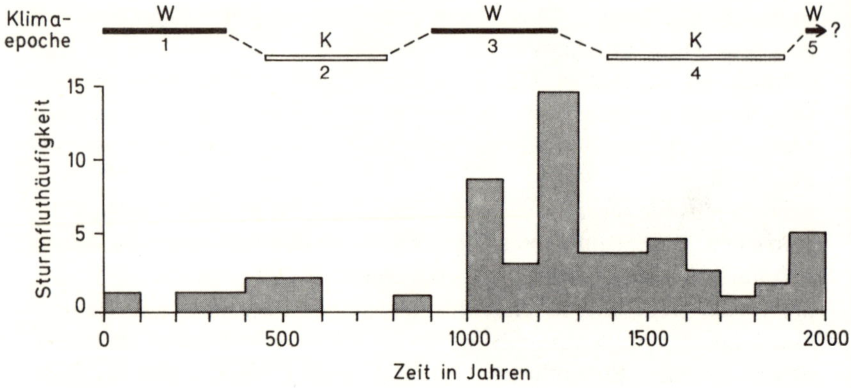

Abbildung 3 Häufigkeit schwerer Sturmfluten an der Nordseeküste (England, Niederlande und Deutschland) im Vergleich mit relativ warmen (W) und relativ kalten (K) Klimaepochen. W3 ist das »Mittelalterliche Klimaoptimum«, K4 die »Kleine Eiszeit« (vgl. auch Abb. 8). Quelle: C.-D. Schönwiese[10], nach H. H. Lamb[9] und anderen Primärquellen.

Ereignisse wird uns noch zu beschäftigen haben. Nicht vergessen darf man dabei aber, daß Küstenschutzmaßnahmen die Sturmschäden stark verringern. Ein Ereignis wie die Hamburger Sturmflut von 1962 hätte in früheren Jahrhunderten vielleicht auch zehn- oder gar hunderttausend Tote gefordert.

Ein sehr wichtiges weiteres Feld der indirekten historischen Klimarekonstruktion ist die Phänologie. Darunter versteht man das Beobachten und Charakterisieren bestimmter Wachstumsphasen der Pflanzen wie den Blühbeginn bestimmter Arten, Fruchtreife, Laubverfärbung usw.; im weiteren Sinn gehören auch Getreide und Wein dazu, allerdings ohne die ertragsspezifischen und wirtschaftlichen Aspekte. In Europa gibt es ein Netz phänologischer Gärten, in denen aus gleichem Erbgut gewonnene Pflanzen hinsichtlich ihrer Wachstumsphasen beobachtet werden. Das erstaunlichste Beispiel freilich stammt aus Japan, wo seit dem Jahr 812 der alljährliche Beginn der Kirschbaumblüte festgehalten ist[9].

Das bereits genannte Zufrieren von Seen und Flüssen, für den Suwa-See in Japan seit 1444 und für den Bodensee seit dem 13. Jahrhundert aufgezeichnet[9], ist zum Teil auch in alten Gemälden und Zeichnungen festgehalten. Klimatologisch vielleicht noch wichtiger sind die Gemälde von Alpengletschern, oft in sehr realistischer Darstellung, so

Abbildung 4 Vernagt-Ferner in den Ötztaler Alpen (Österreich), jeweils vom gleichen Standpunkt aus fotografiert; oben Sommer 1912, unten September 1968. Dieser eindrucksvolle Gletscherrückzug war mit einem Eismassenverlust (Volumen) von 31 Prozent verbunden. Quelle: Kommission für Glaziologie der Bayerischen Akademie der Wissenschaften, Reproduktion nach C.-D. Schönwiese[11], mit freundlicher Genehmigung des Springer-Verlages.

daß es sich hier um eine sehr wertvolle Ergänzung alter Fotografien handelt; denn offensichtlich haben sich die Gletscher nie »ruhig« verhalten, sondern befanden sich schon immer in ständigem Hin und Her zwischen Rückzug und Vorstoß. Da dies relativ langsam geschieht – ein Gletscher reagiert kaum merklich auf die Launen des Wetters, sondern wegen seiner Trägheit praktisch nur auf die Gunst oder Ungunst vieljähriger Klimatrends – erbringt das Studium der Gletscherschwankungen[12] sehr konkrete Hinweise auf die Klimageschichte, wozu seit dem vergangenen und insbesondere diesem Jahrhundert auch fotografische Dokumente zählen. Abbildung 4 illustriert dies anhand des Vernagt-Ferners in Österreich. Viele Alpengletscher hatten um 1850 offenbar ihren letzten relativen Höchststand.

Alle indirekten Zeugen für frühere Klimavariationen bedürfen allerdings sogenannter Transferfunktionen, die erlauben, die gewünschten Klimainformationen zu gewinnen. Das können mathematisch-statistische Gleichungen sein, die auf der überwiegend formalen Analyse von Zusammenhängen beruhen (Korrelations- und Regressionsrechnung), oder aber Analysen von teilweise sehr komplizierten physikalisch-chemischen Prozessen: Letzteres ist zum Beispiel bei Gletschern der Fall, deren Massenbilanz keinesfalls nur von langfristigen Temperaturtrends, sondern vom Zusammenwirken der Temperatur- und Niederschlagsgegebenheiten abhängt, einschließlich der jahreszeitlichen Ausprägung. Ein Trend zu milderen und zugleich niederschlagsreicheren Wintern wird weitaus wahrscheinlicher einen Gletschervorstoß als einen Rückzug zur Folge haben. Prinzipiell kommen damit zu allen Unsicherheiten der historischen Informationen auch solche des Transfers in klimatologische Aussagen. Das gilt auch dann, wenn die historischen Informationen streng quantitativ sind, wie bei Flußpegelmessungen.

Solche Pegelmessungen, am Nil, bis zum Jahr 3050 v. Chr. zurückreichend – in der frühen Zeit allerdings nur sporadisch und sehr unsicher –, sowie Höhlenmalereien gehören zu den ältesten historischen oder auch prähistorischen Zeugnissen der Klimageschichte. Damit überdeckt die historische Klimatologie etwa die letzten 5000 Jahre. Selbst Mythen und Legenden, die in ihrer naturwissenschaftlichen Verläßlichkeit besonders fragwürdig sind, erreichen diese frühe Zeit nicht oder kaum. Ein besonders interessantes Beispiel aus dem normannischen Bereich soll hier jedoch erwähnt sein: Nach »Landnam-Saga« (ca. 1200 n. Chr. aufgeschrieben) unternahm der Norweger Floke Vilgerdson im Jahr 865 n. Chr. den Versuch, in Island eine Siedlung zu errichten. Angesichts eines »Fjordes voller Eis« nannte er die Insel

»Island«, was nichts anderes als Eisland bedeutet, und gab den Versuch auf. Nur wenig später, nämlich 874, war Ingolf Arnarson in »Grönland«, (Grünland) erfolgreich, und bis 930 folgten viele weitere Siedler. W. Daansgaard[13] hat diese interessante Begebenheit berichtet und gezeigt, daß die Besiedlung Grönlands in eine Epoche rasch wärmer werdenden Klimas fiel, so daß – zufällig – Grönland und Island genau die umgekehrten Namen tragen, die sie aus heutiger, klimatologisch-vergleichender Sicht, eigentlich tragen müßten.

Nun sind wir mit unserer skizzenhaften Beschreibung der historischen klimatologischen Informationsquellen aber keinesfalls in die Jahrmillionen und Jahrmilliarden früherer und frühester Klimageschichte vorgestoßen, von der bereits relativ ausführlich die Rede war. Um auch diesen Sprung zu schaffen, müssen wir die überaus vielseitige und vielversprechende Bühne der Paläoklimatologie betreten. Auch dies kann hier nur sehr skizzenhaft und in grober Übersicht geschehen. Der Name Paläoklimatologie (von paläo = alt) sagt jedoch wenig aus. Gemeint ist die durchweg indirekte Rekonstruktion des früheren Klimas mit Hilfe vieler, zum Teil technisch sehr aufwendiger und präziser Methoden[14]. Dabei gibt es Überlappungen mit der Neo- (= neu) und der historischen Klimatologie, was wegen der genannten Transferfunktionen wichtig und hilfreich ist. Es öffnet sich aber auch der Blick sehr weit zurück in die Vorzeit.

Die Gebirgsgletscher sind uns im Rahmen der historischen Klimarekonstruktion bereits begegnet (Abb. 4). Ihre Ausbreitungsänderungen sind uns nicht nur durch historische Gemälde und Beschreibungen sowie durch Fotos überliefert. Gletscherbewegungen hinterlassen viele Spuren in der Landschaft, insbesondere Moränen (aufgeworfene Erdhügel), Steinschliffe (als Kratzspuren des sich bewegenden Eises) und transportiertes Material (Schotter, einzelne Felsbrocken, sogenannte »Findlinge«). Wer also die Oberflächengestalt der Erde hinsichtlich ihrer Entstehung zu deuten weiß – Beiträge hierzu liefert die Geomorphologie, eine Teildisziplin der physischen Geographie – und auch über geeignete Methoden der Altersbestimmung verfügt, kann auch rekonstruieren, wann die Gebirgsgletscher eine größere Ausdehnung als heute hatten, was mit einiger Vorsicht bewertet auf relativ kaltes Klima schließen läßt.

Bei der Altersbestimmung[14] kommen hier vor allem Methoden in Frage, die auf der natürlichen Radioaktivität gewisser Substanzen beruhen, die in Gesteinen sowie in fossilen Bäumen enthalten sind, wie das Isotop Kohlenstoff 14, atomphysikalisch gesehen also das Element

Kohlenstoff, das im Atomkern über 14 Nukleonen verfügt: ^{14}C. Nukleonen ist die Sammelbezeichnung für die Protonen und Neutronen, aus denen der Atomkern besteht. Etwa 5000 bis 6000 Jahre lassen sich dadurch abdecken. Insgesamt gelingen Rekonstruktionen der Gletschergeschichte für die letzten rund 10000 Jahre, das ist in etwa der Zeitraum nach Ende der letzten Eis- oder besser Kaltzeit. Genaue Zeitbestimmungen stoßen aber auf eine Schwierigkeit: Immer wieder sind frühere relativ große Gletscherausdehnungen von späteren, noch größeren überrollt worden, so daß oft nur die Zeugen dieser letzten Maximalausdehnungen verläßlich rekonstruierbar sind. Gerade im Hochgebirge, wo es keine Vegetation und daher kaum Bodenbildung gibt, sind solche Maximalausdehnungen auch heute noch sehr deutlich zu sehen. Meist aber ist es in der Paläoklimatologie notwendig, mehrere Methoden der Klimarekonstruktion zu verbinden, um die Zuverlässigkeit und Genauigkeit zu verbessern.

Eine weitere Methode ist die Analyse des jährlichen Holzzuwachses gewisser Bäume, besonders Nadelbäume, in den gemäßigten Breiten der Nordhalbkugel der Erde. Tropische Gehölze weisen keinen regelmäßigen Jahresgang der Vegetationsperiode, das heißt der Wachstumsphase, auf und sind daher ungeeignet. Früher hat man dieses Phänomen, das sich in einer typischen Abfolge von relativ schmäleren und breiteren »Jahresringen« zeigt, vor allem zur Altersbestimmung benützt, und zwar nicht nur für lebende Bäume, sondern auch für Balken, die in alten Gebäuden verwendet worden sind, oder auch für fossiles Holz, das von Bäumen stammt, die irgendwann von vorstoßenden Gletschern überrollt und begraben worden sind. Das setzt voraus, daß es gelingt, in einer bestimmten Region genügend viele sich gegenseitig zeitlich überlappende Hölzer aufzufinden, aus der dann eine »Dendrochronologie«, das heißt eine Folge von Werten des Jahreszuwachses der Bäume, abgeleitet werden kann. Der große Vorteil dieser Methode ist, daß dann die Datierungen auf das Jahr genau gelingen. So läßt sich beispielsweise sagen: »Dieser Baumrest ist im Jahr 1611 vom vorstoßenden Aletschgletscher (Schweiz) überrollt worden« oder »dieser in einer Kirche untersuchte Balken stammt von einem im Jahr 1297 gefällten Baum«.

Die Ursache der Bildung schmälerer oder breiterer Baumringe aber sind die Klimaschwankungen. Die Ausnutzung dieser Tatsache führt von der Dendrochronologie zur Dendroklimatologie[15]. Im einzelnen sind darauf beruhende Klimarekonstruktionen aber sehr schwierig und selten eindeutig; denn der Jahreszuwachs eines Baumes hängt in sehr komplexer Weise vom Verhalten vieler Klimaelemente während der Vegetationsperiode ab. Manchmal gewinnen darüber hinaus der Einfluß von Bodenbeschaffenheit oder auch witterungsabhängiger Schädlingsbefall die Oberhand. Außerdem gibt es »Aufholerscheinungen«; reduziertes Wachstum in einem kühlen Frühjahr kann durch günstigere Temperaturbedingungen im Frühsommer kompensiert werden, vorausgesetzt, der Bodenwassergehalt ist ausreichend. Oder es können extreme Kurzzeitereignisse, wie ein rascher Übergang von relativ hohen Temperaturen zu einem Spätfrost im Frühjahr so nachhaltige Schäden verursachen, daß sie durch günstigere Klimabedingungen während des gesamten restlichen Jahres nicht mehr kompensiert werden.

Aus dieser recht schwierigen Situation – wir können eben nicht aus einer Wirkungsgröße, der Baumringjahresbreite, ohne weiteres auf viele Einflußgrößen schließen – führen im Prinzip nur zwei Wege:

1. Das Aufsuchen ganz bestimmter Regionen und Baumstandorte, in oder an denen ein ganz bestimmtes Klimaelement zum begrenzenden und daher dominierenden Einflußfaktor wird und wo der Baum insgesamt einem solchen Streß ausgesetzt ist, daß er auf Klimaänderungen besonders empfindlich, also mit großen Änderungen des Jahreszuwachses, reagiert.
2. Der Übergang zu den Größen, die aus dem Jahreszuwachs abgeleitet sind und bei denen vielleicht besser erkennbare Verknüpfungen mit dem Klima bestehen, verhilft uns zu einem besseren Verständnis. Sensible Regionen und Standorte findet man in der Nähe der Baumgrenze, sei es in Wüstenrandzonen (USA), wo der Niederschlag der begrenzende Faktor ist und der Jahreszuwachs dann vor allem Niederschlagsvariationen von Jahr zu Jahr widerspiegelt, oder an der Baumgrenze der Alpen, wo diese Rolle im allgemeinen die Temperatur übernimmt. Was den zweiten Weg betrifft, so hat der Schweizer Forstwissenschaftler Fritz Schweingruber[15] insofern Pionierarbeit geleistet, als er nicht die Jahresringbreite, sondern die mit Röntgenmethodik bestimmte Dichte (Radiodensitometrie) verwendet, die einen sehr guten Zusammenhang mit der Sommertemperatur aufweist. Dichte ist physikalisch die Masse, die man in einem bestimmten Volumen, das heißt Rauminhalt, vorfindet, beim Holz häufig in Zusammenhang mit der Härte. Weitere Methoden betreffen bestimmte Isotopenanalysen, die wir, um den Rahmen dieses Überblicks nicht zu sprengen, im Zusammenhang mit den polaren Eisablagerungen betrachten wollen. Insgesamt decken klimatologische Baumanalysen maximal die letzten rund 10000 Jahre ab.

Ähnliches gilt auch, allerdings im einzelnen nur episodisch, für die sogenannten »Bändertone«. Dies sind jahreszeitlich wechselnde Bodenablagerungen von Gletscherabflüssen, deren Ton- bzw. Sandgehalt variiert. Eine Jahresschicht solcher Bändertone, die aus einer tonreicheren, dunkleren und einer sandreicheren, helleren Teilschicht besteht, heißt Warwe. Die Ausprägung dieser Bändertone läßt auf Variationen der Gletscher und damit auf Schwankungen der Temperatur- und Niederschlagsgegebenheiten schließen.

Weitere Klimainformationen, die zwar wichtig, aber nicht einfach erfaßbar oder interpretierbar sind, haben die wechselnden Wasserstände von Binnenseen hinterlassen die ganz oder teilweise ohne Abfluß waren. Insbesondere in den ariden Zonen Afrikas ist es gelungen, die wechselnden Wasserstände zu rekonstruieren, beispielsweise beim Tschad-See, aber auch beim Titicaca-See in Südamerika oder beim Kaspi-See in der UdSSR. Arid bedeutet, daß im Mittel die Verdunstung größer als der Niederschlag ist; dann reagiert die Seespiegelhöhe besonders empfindlich auf Niederschlagsschwankungen in der betreffenden Region, und die mehr oder weniger vollständige Abgeschlossenheit des betreffenden Seebeckens verhindert, daß der Niederschlagsüberschuß gleich wieder abfließt. Etwa bis zu 100000 Jahre zurück beträgt die Reichweite solcher Rekonstruktionen, ähnlich den Gletscherausdehnungen, jedoch mit schlechter zeitlicher Auflösung, da häufig nur relative Maximalausdehnungen genügend sicher erfaßbar sind.

Auch die wechselnde Spiegelhöhe des Weltmeeres weist Spuren auf und zwar in Form von Brandungsmarken an früheren Küsten oder Riffbildungen, die sich etwa bis zu maximal 500000 Jahre zurückverfolgen lassen. Die Meeresspiegelhöhe selbst gibt Aufschluß über das Volumen des Landeises: je mehr sich davon bildet, um so mehr sinkt der Meeresspiegel ab, je mehr davon schmilzt, um so mehr steigt er. Die Schmelzvorgänge selbst werden, wie bei den Gebirgsgletschern erwähnt, im wesentlichen vom Temperatur- und Niederschlagsverhalten gesteuert, wobei globale Betrachtungen nun allerdings erfordern, daß wir die unterschiedlichen Reaktionen von polaren und außerpolaren Eisablagerungen auseinanderhalten. Das größte zusammenhängende Eisgebiet mit etwa 2,5 Kilometern mittlerer Dicke und einer Fläche von 12 Millionen Quadratkilometern finden wir derzeit in der Antarktis (Tabelle 3). Sein Abschmelzen, das schätzungsweise mindestens 15000 Jahre in Anspruch nehmen würde, könnte den Meeresspiegel um 65 Meter ansteigen lassen; das ist das sogenannte »Meeresspiegeläquivalent«. Es folgt das grönländische Eis mit einer Flächenausdehnung von 1,7 Millionen Quadratkilometern und einem Meeresspiegeläquivalent von 7 Metern. Seine »Schrecksekunde« nach einer drastischen Erwärmung dürfte bei etwa 5 000 Jahren liegen; diese Zeit würde ein Abschmelzen mindestens erfordern. Allein der Rest, hauptsächlich die außerpolaren Gebirgsgletscher, sind mit einer Reaktionszeit von einigen Jahren bei kleinen Gebirgsgletschern bis zu etwa tausend Jahren bei größeren Gletschern schneller; ihr Meeresspiegeläquivalent liegt bei vierzig Zentimetern. An dieser Stelle soll jedoch erwähnt werden, daß ein Teil des antarktischen Eisschildes relativ labil ist, nämlich das westantarktische Schelfeis, das auf dem Meeresboden aufsitzt und ein Meeresspiegeläquivalent von ca. 3 bis 5 Metern aufweist. Seine »Reaktionszeit« liegt aber auch, ähnlich wie beim grönländischen Eis, bei einigen Jahrtausenden. Das Pack- und Treibeis des Ozeans beeinflußt die Meeresspiegelhöhe nicht, da es sich im Schwimmgleichgewicht mit dem Ozean befindet.

Merkliche Änderungen der Meeresspiegelhöhe im Schwankungsbereich von Metern erfordern daher Ursachen, die sich jeweils über mindestens einige Jahrtausende erstrecken. Für das Welteis ist die Situation auch hierbei – also nicht nur bezüglich der Reaktionszeit – anders als im Fall eines Gebirgsgletschers, weil das jahreszeitliche Gepräge der Klimaschwankungen praktisch keine Bedeutung hat und vorwiegend sehr langfristige Trends ins Auge zu fassen sind. Keinesfalls aber ist der generelle Schluß erlaubt: »Wenn es wärmer wird, dann schmilzt das Polareis.« Ganz unabhängig von der langen Reaktionszeit kann es auch so sein, daß in einem wärmer werdenden Klima der Niederschlag zunimmt, so daß es dann in den Polargebieten mehr schneit. Ist die Temperaturerhöhung dabei relativ moderat, so daß sie zumeist unter 0° C bleibt, wird das Eis gar nicht abschmelzen; im Gegenteil: der zunehmende Schnee-Niederschlag läßt das Eis anwachsen. Diese Gesichtspunkte sind sehr wichtig, wenn die richtigen Schlüsse angesichts des Problems der menschlichen Beeinflussung des Globalklimas (Kap. 7) gezogen werden sollen. Für die Rekonstruktion der Klimageschichte bedeutet das folgendes: Änderungen der Meeresspiegelhöhe können ein wertvolles Indiz dafür sein, daß es globale Temperaturvariationen gegeben hat, sofern es sich um zeitliche Variationen von vielen Jahrtausenden handelt, die Spiegelschwankungen in der Größenordnung von mindestens einigen Metern liegen und die Temperaturvariationen entsprechend ausgeprägt waren. Andernfalls kann auch der Niederschlag der dominierende Klimaeinflußfaktor gewesen sein. Tatsächlich hat es im Laufe der Klimageschichte der Jahrhunderttausende und Jahrmillionen so ausgeprägte Temperaturänderungen gegeben, daß der Meeresspiegel um bis zu 150 Meter vom heutigen Stand abgewichen ist und tatsächlich hat es eisfreie Zeiten gegeben, zumal in der Frühzeit des Erdklimas. Was die Rekonstruktionen der Küstenlinien und damit die Meeresspiegelhöhe betrifft, so reicht unser Rückblick etwa 500 000 Jahre weit.

Das Eis der Erde, die Kryosphäre, ist aber noch in weiterer Hinsicht für die Klimageschichte von großer Bedeutung: Es ist auch Träger vielfältiger, überaus aussagekräftiger Informationen zur Klimarekonstruktion. Und wieder geht es dabei vor allem um die großen Landeisschilde der Erde in der Antarktis und in Grönland: Eine der wichtigsten und genauesten Methoden, nicht nur hinsichtlich der Eisanalyse, sondern der gesamten Klimarekonstruktion, betrifft die schon erwähnten Isotope. Diesmal dreht es sich um die Sauerstoff-Isotope mit den Massenzahlen 18 und 16, abgekürzt ^{18}O und ^{16}O. Ihr Verhältnis ist bei der Bildung der polaren Eisschichten und auch der Meeresbodensedimente streng temperaturabhängig. Diese aufsehenerregende Entdeckung, die große Bereiche der Paläoklimatologie revolutioniert und unsere Erkenntnisse über die Klimageschichte sprunghaft erweitert hat, geht im Prinzip auf den amerikanischen Geologen Harold Urey[16] zurück, der im Bewußtsein dieser Entdeckung (1951) gesagt hat: »Plötzlich sah ich, daß ich ein geologisches Thermometer in Händen habe.« Bezüglich der polaren Eisablagerungen hat die wesentliche Theorie der dänische Glaziologe W. Daansgaard[17] entwickelt.

Diese theoretischen Grundlagen erlauben uns folgendes: Von einer Station aus werden, mit großem technischen Aufwand, Eisproben aus unterschiedlicher Tiefe nach oben geholt. Je tiefer man kommt, um so älter ist das Eis. Diese Eisproben werden dann in einem speziellen Gerät, dem Massenspektrometer, auf ihr Verhältnis $^{18}O/^{16}O$, das heißt der Sauerstoff-Isotope 18 und 16 untersucht, und daraus die frühere Temperatur in der betreffenden Region berechnet. Für die letzten rund 1 000 Jahre ist diese Methode so genau, daß sogar der Jahresgang (Unterschied Sommer/Winter) erkennbar ist. Man muß dann nur von oben nach unten abzählen, um das betreffende Jahr zu erfahren, ähnlich der Dendroklimatologie. Je weiter man nach unten kommt, um so dünner werden unter dem Druck der Eismassen allerdings die Jahresschichten, bis sie dann nicht mehr trennbar sind. Dann helfen Eisflußmodelle, Staubschichten, die man bestimmten Vulkanausbrüchen zuordnen kann, und andere Methoden weiter. Insgesamt lassen sich so rund 200 000 Jahre Temperaturgeschichte so genau wie mit keiner anderen

Methode rekonstruieren, wenn an günstigen Stellen die gesamte Eisschicht von zwei bis vier Kilometer Dicke durchbohrt wird. Allerdings ist auch diese Methode, trotz ihrer Vorzüge, nicht ganz frei von Fußangeln, wenn komplizierte und nicht genau identifizierbare Mechanismen des Eisflusses angetroffen werden; denn wie Atmosphäre und Ozean zirkuliert auch das Eis, allerdings sehr langsam (Tab. 3).

Die Vorzüge der Analyse polarer Eisablagerungen gehen nun aber durchaus noch weiter. Neben der Sauerstoff-Isotopenmethode werden auch andere Isotopenverhältnisse untersucht, die unter anderem auch Rückschlüsse auf die Sonnenaktivität zulassen und zwar mit Hilfe des Kohlenstoffisotops 14 (^{14}C) und des Berylliumisotops 10 (^{10}Be). Vulkanische Staubschichten sind schon erwähnt worden. Im geophysikalischen Isotopenlaboratorium in Kopenhagen haben W. Daansgaard und seine Mitarbeiter in diesem Zusammenhang eine raffinierte Methode entwickelt, bei der die elektrische Leitfähigkeit der Eisproben gemessen wird. Dies ist ein Maß für die in den Proben enthaltenen Wasserstoffionen (H^+; Ionen sind positiv geladene Atome), zugleich ist es ein sogenannter »Säure-Index«, der Rückschlüsse darauf erlaubt, wie stark die vulkanischen Ablagerungen und damit die Vulkanaktivität in früherer Zeit gewesen ist. Somit erfahren wir aus den Eisbohrungen nicht nur etwas über den Ablauf der Klimageschichte, sondern auch etwas zu den Ursachen der Klimaänderungen.

Aus der großen Vielfalt der Aspekte soll hier noch ein weiterer besonders wichtiger Punkt genannt sein. In den Eisschichten haben sich Lufteinschlüsse erhalten, die uns darüber Auskunft geben, wie die Zusammensetzung der Atmosphäre in früherer Zeit ausgesehen hat. Da die Hauptbestandteile Sauerstoff und Stickstoff in ihren Konzentrationen über sehr lange Zeiten, mindestens in den letzten Jahrmillionen, streng konstant waren, sind die Spurengase von besonderem Interesse, und zwar diejenigen, die keine allzu kurze Verweilzeit in der Atmosphäre haben, also relativ reaktionsträge sind. Dazu gehören vor allem Kohlendioxid (CO_2) und Methan (CH_4) (Tabelle 1). Es dauert nämlich einige Jahre, bis der Luftabschluß wirksam zustande kommt. Auch diese Analysen sind überaus wichtig, weil es Zusammenhänge zwischen atmosphärischen CO_2- bzw. CH_4-Variationen und Klimaschwankungen gibt. Neben den französischen Glaziologen Claude Lorius und seinen Mitarbeiter[18] hat die Arbeitsgruppe des Schweizer Physikers Hans Oeschger[19] Weltgeltung auf diesem Gebiet der Rekonstruktionsarbeit erreicht. Aus der Schichtdicke der Eisablagerungen lassen sich auch Rückschlüsse auf die Niederschlagsrate ziehen, allerdings mit weitaus geringerer Präzision als bei der Temperaturrekonstruktion. Hinzu kommt, daß in den Polargebieten die Temperaturschwankungen viel ausgeprägter sind als die des Niederschlages.

Eine weitere paläoklimatologische Methode zur Rekonstruktion des Klimas sind Bohrungen auf dem Festland, um aus den Bodenproben früherer Zeit Pflanzenpollen zu extrahieren. Die relativen Häufigkeiten der Pollen, die sich gewissen Pflanzen zuordnen lassen, geben Aufschluß über die Zusammensetzung der Pflanzengesellschaften in früherer Zeit, und dies ist wiederum ein Spiegelbild der Klimavariationen. Ähnlich der Baumringanalyse ist die Zuordnung zu bestimmten Klimaelementen allerdings schwierig und keinesfalls immer eindeutig. In mühsamer Sisyphusarbeit durch Kombination vieler Bodenbohrungen und nicht zuletzt auch durch Kombination mit anderen paläoklimatologischen Methoden lassen sich Verlagerungen der Ausbreitungsgebiete bestimmter Pflanzen oder Verschiebungen der Baumgrenze ermitteln, maximal bis zu einer Jahrmillion zurück[20].

Zehnmal so weit zurück, also etwa zehn Millionen Jahre, kommt man bei der Analyse der Bodentypen selbst, die unter anderem von verschiedenartigen, klimabedingten Verwitterungsvorgängen beeinflußt werden. In manchen Klimazonen, so auch in Mitteleuropa, findet man unter dem heutigen Boden, der »Pedosphäre«, eine Schotter- und Geröllschicht, die in Zeiten wesentlich kälteren Klimas (»Eiszeit«) durch Gletscher angelagert worden ist; in einer weiteren Schicht unter dem Einfluß eines milderen Klimas entstand wieder ein Boden, diesmal ist es ein »fossiler« und so weiter. Solche Bodenanalysen erlauben allerdings kaum quantitative, sondern eher qualitative Aussagen über das Temperatur-Feuchte-Niederschlags-Gefüge früherer Klimazustände.

Anders ist das bei den Sedimenten des Meeresbodens, weil dabei unter anderem wieder die Sauerstoff-Isotopenmethode angewandt werden kann. Zielpunkt der Untersuchung sind vor allem kalkbildende Mikroorganismen, da Kalk Sauerstoff enthält, und zwar vor allem planktonische Foraminiferen, die sich am Meeresboden abgelagert haben. Da die Sedimentationsrate dort gering ist – sie liegt bei Millimetern bis Zentimetern pro Jahr –, kann ein Meeresboden von einem Kilometer Dicke Informationen von vielen Jahrmillionen Klimageschichte, in diesem Fall vor allem der Temperaturgeschichte, enthalten. Maximal reichen diese Methoden der Bohrungen im Ozeanboden, wofür besondere Bohrschiffe verwendet werden, etwa hundert Millionen Jahre zurück. Bei der Altersbestimmung helfen neben Methoden, die auf radioaktivem Zerfall beruhen, auch magnetisierbare Gesteine in Zusammenhang mit Änderungen des Erdmagnetfeldes[21].

Wer noch weiter zurückschauen will, muß auf relativ genaue, quantitative Aussagen verzichten. Aussichtslos ist der Versuch dennoch nicht, die Klimarekonstruktionen noch wesentlich weiter in die Vergangenheit zu führen. So lassen Mineralien und Gesteine, nicht zuletzt auch Bodenschätze wie Kohle und Erdöl, Schlüsse darüber zu, wie die Temperatur- und Niederschlagscharakteristik in dieser früheren Zeit gewesen ist. Martin Schwarzbach und Lawrence Frakes[14] listen in ihren Lehrbüchern detailliert auf, was in diesem Zusammenhang Zeugnis über relativ warmes beziehungsweise trockenes Klima ablegt. Dazu kommen die schon erwähnten geomorphologischen Methoden, die erkennen lassen, ob es auf der Erdoberfläche Gletscherbewegungen gegeben hat oder nicht. Alles in allem führen diese Methoden zwar mehr und mehr nebulös, aber dennoch maximal 3,8 Milliarden Jahre in die Vergangenheit zurück. Da die Erde 4,6 Milliarden Jahre alt ist, überblicken wir damit klimatologisch immerhin 83 Prozent der Erdgeschichte.

Auch wenn vieles unsicher ist, die indirekt gewonnenen Informationen erst in Klimainformationen umgesetzt werden müssen, es Repräsentanzprobleme gibt und die Genauigkeit der auf diese Weise gewonnenen Klimadaten vielfach zu wünschen übrig läßt: Was die Paläoklimatologen alles zusammengetragen haben, was dann die historische und die Neoklimatologie durch direkt gewonnene Klimadaten beiträgt, ist in seiner Fülle fast unübersehbar und gestattet uns viele wertvolle Einblicke in die Klimageschichte, die fast vollständig eine Geschichte der natürlichen Klimaschwankungen ist.

Setzen wir das Alter der Erde gleich einem Jahr, so überblicken wir in diesem Vergleich zehn Monate Klimageschichte. Der Mensch, als Homo erectus eines gewissen, relativ fortgeschrittenen Entwicklungsstadiums (praesapiens) seit ungefähr 500 000 Jahren nachweisbar, beansprucht von diesem angenommenen Jahr gerade knapp eine Stunde. Gehen wir weiterhin davon aus, daß es seit etwa zweihundert Jahren, seit dem industriellen Zeitalter, menschliche Einflüsse auf das Globalklima gibt, so entspricht das gerade 1,4 Sekunden. Wir sollten in unserem angenommenen Jahr Erdgeschichte daher nicht nur die letzten Sekunden betrachten, sondern ein bißchen mehr. Wer die Vergangenheit nicht kennt, wird die Zukunft kaum verstehen können. Das wird leider immer wieder vergessen.

3.4 Eiszeitalter und Kontinentaldrift: Klima im Wandel

Bei unserem Gang durch die Klimageschichte haben wir uns mit der Frühzeit bereits befaßt und erkannt, daß sich im Zuge der allmählichen Abkühlung der Erde und ihrer Atmosphäre vor etwa 2,3 Milliarden Jahren das erste Eiszeitalter eingestellt hat, das heißt zum erstenmal Eisbildungen auf der Erdoberfläche aufgetreten sind; eine geologische Zeitgliederung findet sich im Anhang, Tabelle 2.

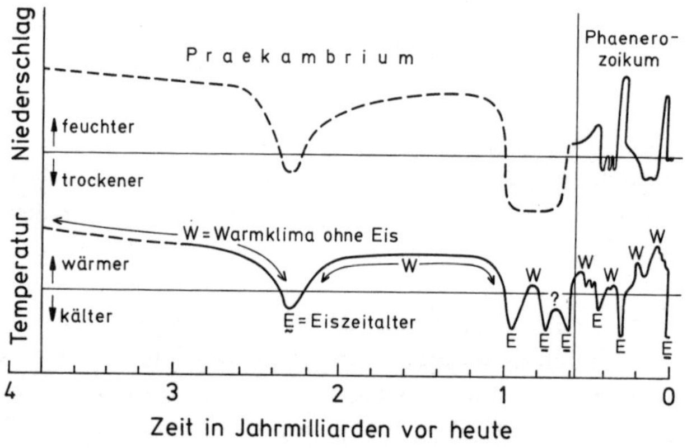

Abbildung 5 Rekonstruktion des mittleren Niederschlags- und Temperaturverlaufs der Erde seit 3,8 Milliarden Jahren, relative Variationen. E bedeutet Eiszeitalter, W eisfreies Warmklima. Falls E unterstrichen ist, sind Vereisungen an beiden geographischen Polen aufgetreten, bei E mit Wellenlinie ist dies wahrscheinlich, aber nicht sicher. Quelle: C.-D. Schönwiese[22], nach verschiedenen Primärquellen.

Sehr lange, nämlich bis etwa 950 Millionen Jahre vor unserer Zeitrechnung, hat es gedauert, bis ein weiteres Eiszeitalter eintrat, das Algonkisches Eiszeitalter oder auch Gnesjö-Vereisung genannt wird. Es erfaßte nur einen geographischen Pol, an dem damals das heutige Europa lag. Von keiner anderen Region der Erde sind aus der damaligen Zeit Spuren von Eisbildungen und -bewegungen bekannt. Dann folgte, wie schon davor, wieder das akryogene (nicht eisbildende) Warmklima, das in der langen Klimageschichte so überaus beherrschend war. In der Abbildung 5 ist zu sehen, daß die nächsten beiden, aber ebenfalls episodisch eingetretenen Eiszeitalter relativ rasch aufeinander folgten, nämlich um 750 und 620 Millionen Jahre vor heute, die beiden Eokambrischen Eiszeitalter (Sturtische und Varanger-Vereisung), die anscheinend bipolare Ereignisse waren, das heißt, beide geographischen Pole der Erde erfaßten und die damaligen Regionen Europa, China, Südwestafrika und Australien im älteren sowie Europa, Nordamerika, Indien, China, Australien, Südamerika und Südafrika im jüngeren Eokambrischen Eiszeitalter betrafen. Vor etwa 440 Millionen Jahren gab es nach langer, erneut sehr warmer, eisfreier Zeit, etwa am Übergang der geologischen Formationen Ordovizium zu Silur ein weiteres Eiszeitalter, das Silur-Ordovizische, das anscheinend im wesentlichen auf das Gebiet der heutigen Sahara (Nordafrika) beschränkt war; deshalb wird es auch Sahara-Vereisung genannt. Vielleicht hat es auch in Südamerika und Südafrika zu dieser Zeit Eisbildungen gegeben, die aber sehr unsicher sind. Sehr ausgeprägt kann dieses Eiszeitalter jedenfalls nicht gewesen sein, wie auch Abbildung 5 andeutet.

Die letzten beiden Eiszeitalter, wieder stärker ausgeprägt und bipolar, traten vor etwa 280 Millionen Jahren an der Wende vom übrigens sehr feucht-warmen Karbon zum Perm ein, Permokarbonisches Eiszeitalter oder Gondwana-Vereisung, auf Südamerika, Südafrika, Indien, Australien, Antarktis ausgedehnt, und letztlich im Quartär. Dieses letzte Eiszeitalter ist in seinem Verlauf begreiflicherweise am besten erforscht und wird uns daher noch detailliert beschäftigen. In globaler Ausprägung hat es vor drei bis zwei Millionen Jahren begonnen und dauert offensichtlich bis heute an. Das bedeutet, wir leben in einem Eiszeitalter, eine gemessen an der gesamten überschaubaren Klimageschichte anomal kalte Epoche, die zu Eisbildungen an beiden Polen und in bestimmten Gebirgsregionen geführt hat.

Wie kommt es nun zu diesen zwar episodischen, aber sehr tiefgreifenden und immerhin jeweils etliche Jahrmillionen andauernden Eiszeitaltern, im Gegensatz zum sonstigen, weitaus häufigeren viel wärmeren völlig eisfreien Klima, mit bis zu etwa 10° C höheren Erdmitteltemperaturen. Was ist die Ursache dieser auffälligen Wandlungen des Klimas? Wie immer, werden mehrere Ursachen beziehungsweise Hypothesen genannt. Am wichtigsten aber ist in diesem Zusammenhang die Kontinentaldrift. Die Verteilung von Kontinenten und Ozeanen, wie sie sich in geographischen Weltkarten darstellt, ist nämlich keineswegs unveränderlich. Ganz im Gegenteil, es hat in der Erdgeschichte auch in dieser Hinsicht vollständig andere Erscheinungsbilder gegeben. Schauen wir zum Beispiel 440 Millionen Jahre zurück, damals trat im Bereich der heutigen Sahara das Silur-Ordovizische Eiszeitalter auf, so erkennen wir die heutigen Kontinente kaum wieder (Abb. 6): Das

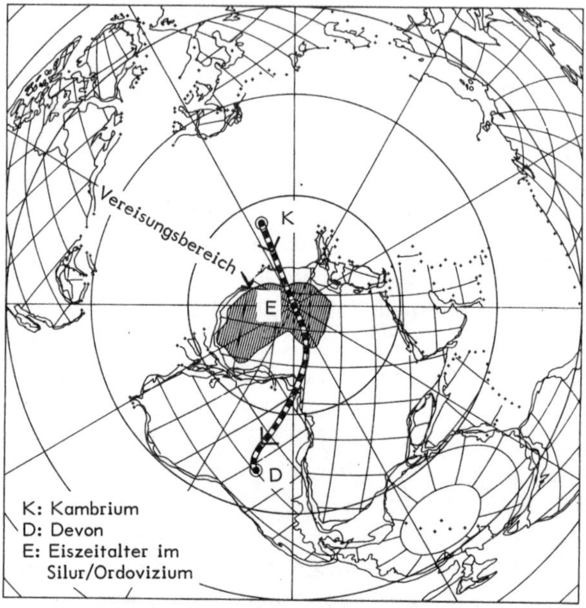

Abbildung 6 Südhalbkugel der Erde, Vereisung (Schraffur) und Gondwana-Kontinent vor etwa 440 Millionen Jahren mit Relativbewegung des Südpols aufgrund der Kontinentaldrift. Quelle: C.-D. Schönwiese[22], nach verschiedenen Primärquellen, leicht verändert.

heutige Südamerika, Afrika mit der arabischen Halbinsel, der indische Subkontinent, Australien und die Antarktis bildeten den riesigen Urkontinent Gondwana (oder Gondwania) und der geographische Südpol lag im Gebiet der heutigen Sahara.

Nun verstehen wir auch, warum damals ausgerechnet die Sahara-Region eisbedeckt war. Gehen wir noch weiter zurück, so finden wir wieder andere Land-Meer-Verteilungen; nicht ganz so weit zurück, im Kambrium, lag der Südpol im offenen Meer; in der Zeit des Devon und insbesondere Karbon geschah das gleiche, wie Abbildung 6 andeutet. Allerdings ist in Wirklichkeit nicht der Südpol gewandert, wie sich auch die Sonne nicht um die Erde dreht, sondern umgekehrt: Die Kontinente wandern und bewegen sich dabei aufeinander zu und dann wieder voneinander weg. So hatte sich schon im Devon zwischen Afrika und Südamerika eine Lücke aufgetan, der entstehende atlantische Ozean, und auch heute noch bewegen sich Afrika und Amerika voneinander weg. Dies geschieht allerdings mit etwa zwei Zentimetern pro

Jahr so langsam, daß wir es praktisch nicht bemerken. Im Laufe vieler Jahrmillionen aber kommen gewaltige Änderungen zusammen.

Die Erkenntnis, daß Kontinente wandern, die Kontinentalverschiebungstheorie, stammt von Alfred Wegener[23]. Zur Zeit ihrer Veröffentlichung wurde diese Vorstellung, wie so viele bahnbrechende wissenschaftliche Befunde, weder von den Wissenschaftlerkollegen noch von der Öffentlichkeit anerkannt. Heute besteht kein Zweifel mehr daran; allerdings ist auch die Ursache weitaus besser geklärt als damals: Es handelt sich um eine sehr langsame »Zirkulation der Erde«, die an bestimmten Stellen, zum Beispiel im Bereich der großen subozeanischen Gebirge wie dem Mittelatlantischen Rücken Material aus dem Erdinnern nach oben transportiert und dann in Form einer Divergenz auseinanderschiebt (*sea floor spreading,* dt. Meeresbodenverbreiterung). Diese Divergenzen verschieben nun auch die großen Teile, aus denen die obere feste Erde besteht (»tektonische Platten«) wie Afrika und Südamerika. Dabei kommt es zu Kollisionen, was dann Gebirgsbildungen (Orogenese) veranlaßt oder eine Platte »taucht« unter die andere ab (Subduktion), verbunden mit ozeanischen Grabenbildungen. Diese Kollisionszonen an den Plattenrändern sind auch heute ständige Unruheherde, markiert von Vulkanismus und besonders von Erdbeben. Die Theorie der Kontinentalverschiebung ist heute so weit entwickelt, daß Rekonstruktionen bis etwa eine Jahrmilliarde zurück und Vorhersagen viele Jahrmillionen in die Zukunft möglich sind.

Was aber hat dieser Vorgang mit dem Klima zu tun? Offenbar ist es so, daß Niederschlag, der in polaren Regionen auch immer als Schnee fällt, nur dann eine Chance hat, Schneedecken und Eisablagerungen zu bilden, wenn sich dort Kontinente befinden. Da die Erdoberfläche überwiegend aus Ozean besteht, der bei total abgeschmolzenem Eis sogar größere Flächen als heute bedeckt, ist dieser Zustand relativ selten. Tritt er aber ein, so reflektiert die entstehende Schnee- und Eisdecke auf der polaren Landmasse einen hohen Anteil der Sonneneinstrahlung, dadurch wird es kälter, und der Schneeanteil am Niederschlag wird größer und reflektiert noch mehr Sonneneinstrahlung, was zur Folge hat, daß es immer kälter wird. Dies ist ein typisches Beispiel für einen sich selbst verstärkenden Prozeß, eine positive Rückkopplung, bei dem relativ kleine Ursachen große Wirkungen haben.

Höchstwahrscheinlich ist dieser Vorgang der Kontinentalverschiebung und entstehenden Schnee- und Eisbedeckung von polaren Kontinenten die primäre Ursache von Eiszeitaltern. Wandert, relativ gesehen, der betreffende geographische Pol wieder in den offenen Ozean, so fällt der Schnee ins Wasser, taut, wird somit wirkungslos. Dadurch wird es wärmer und das betreffende Eiszeitalter geht zu Ende. Es kann auch vorkommen, daß nur ein geographischer Pol mit Land bedeckt ist und der andere im offenen Ozean liegt, wie das beim Silur-Ordovizischen Eiszeitalter der Fall war; dann treten Eisbildungen nur an einem Pol der Erde auf. Heute hingegen, im Quartären Eiszeitalter, hat sich mit der Antarktis am Südpol und großen Landflächen um den Nordpol herum eine Situation eingestellt, die zur Vereisung beider geographischer Pole führen mußte. Ähnlich, allerdings mit anderer Land-Meer-Verteilung, war es beispielsweise auch zur Zeit des Permokarbonischen Eiszeitalters vor etwa 320 Millionen Jahren und vielleicht auch beim frühesten Eiszeitalter vor 2,3 Milliarden Jahren.

Es kommen sicherlich noch weitere Ursachen dazu, die das Kommen und Gehen der Eiszeitalter beeinflussen. So schaffen Gebirge bei ihrer Entstehung höher gelegenes Terrain, auf dem sich dann ebenfalls Schneeflächen sowie Gebirgsgletscher bilden können. Ein weiterer wichtiger Vorgang ist der Vulkanismus, und zwar der explosive, der Material und Gase in die Hochatmosphäre schleudert. Dadurch kommt es zur Absorption von Sonneneinstrahlung in der Hochatmosphäre und entsprechend geringerer Einstrahlung und daher Abkühlungseffekten an der Erdoberfläche. Gerade der Vulkanismus spielt aber auch in kürzeren Zeitspannen eine wichtige Rolle für das Klima (Kap. 7.2). Zunächst aber soll Kapitel 3.5 zeigen, daß der Begriff und die Wirkung eines Eiszeitalters sehr relativ sind und für die Menschheit kurzzeitigere Klimaschwankungen, innerhalb eines Eiszeitalters, weit bedeutsamer sind. So liegt auch das vermutliche Ende des derzeitigen Quartären Eiszeitalters jenseits unserer Vorstellungskraft: es handelt sich um etwa fünf bis zehn Millionen Jahre.

3.5 Kalt- und Warmzeiten: ein Kommen und Gehen, auch heute

Schon im Tertiär, das vor ca. 60 Millionen Jahren begonnen hat (Tabelle 2) und auf das eisfreie, sehr warme Klima des Mesozoikums mit Trias, Jura und Kreide folgte, liegt sozusagen die Initialzündung für eine allmähliche, zum Teil stufenartige Abkühlung, die dann vor etwa zwei bis drei Millionen Jahren in das Quartäre Eiszeitalter hinüberführte, in dem wir heute leben. Die erste dieser Stufen, eine recht rapide Abkühlung in der Zeit um 55 Millionen Jahren vor heute, ist für das Leben auf der Erde offenbar sehr bedeutsam gewesen. Neben vielen anderen Arten starben damals die Dinosaurier aus. Vielleicht gibt es deswegen auch so viele Spekulationen um mögliche Ursachen: Häufungen von Vulkanausbrüchen; riesige Waldbrände; Einschlag eines oder mehrerer gewaltiger Meteore, wofür es einige Indizien gibt.

Wie so oft dürften mehrere Ursachen zusammengekommen sein. So hatte die Antarktis bereits im frühen Tertiär ihre Position am Südpol erreicht und damit das Kommen eines neuen Eiszeitalters vorprogrammiert. Auf der Nordhalbkugel bestanden dagegen noch einige wesentliche Abweichungen gegenüber heute: Nord- und Südamerika waren getrennt, das Mittelmeer war sehr viel größer als heute und nach Osten offen, da weder die arabische Halbinsel noch Indien Anschluß an den asiatischen Kontinent gefunden hatten und die Beringstraße zwischen Alaska und dem Ostzipfel von Nordostasien war viel größer. Damit waren die Vorbedingungen für Vereisungen der Arktis in der Nordhalbkugel noch nicht gegeben. Die Weltmitteltemperatur lag im frühen Tertiär etwa 4 bis 5° C höher als heute; im Mesozoikum hatte diese Abweichung nach oben sogar fast doppelt soviel betragen.

Etwa 38 Millionen Jahre vor heute, mitten im Tertiär, erfolgte die zweite, recht rapide Abkühlung, die, in scharfem Gegensatz zu früheren Vorstellungen, schon mit ausgedehnten Vereisungen der Antarktis in Verbindung gebracht wird. Etwa zehn Millionen Jahre später erreichte diese Vereisung vermutlich den Ozean und konnte sich daher nicht weiter ausbreiten, so daß sich das Klima für lange Zeit nicht weiter änderte. Etwa 16 bis 17 Millionen Jahre vor heute und in einem zweiten Schub ab etwa fünf Millionen Jahren vor heute setzten sich die Abkühlungen dann aber fort, wobei in Verbindung mit diesem zweiten Schub auch schon die ersten nordhemisphärischen Vereisungen in Grönland und Kanada begonnen haben könnten. Vereinzelt wird auch in Asien, insbesondere in der Region Tibet, mit dortigen Vereisungen, ganz im Gegensatz zum heutigen Zustand, der Schlüssel für beginnende nordhemisphärische Vereisungen gesehen[24].

Die Tiefseesedimente, die uns detaillierte Informationen über die Temperaturgeschichte der letzten rund 100 Millionen Jahre liefern, zeigen etwa 3,2 Millionen Jahre vor heute einen erneuten Sprung nach unten an, der heute von manchen Wissenschaftlern als der endgültige Beginn des Quartärs und damit des letzten noch andauernden Eiszeitalters angesehen wird; vorsichtiger geschätzt geschah dies vor zwei bis drei Millionen Jahren. Ein weiterer Sprung vor etwa 800 000 Jahren wird als Beginn der, allerdings jahreszeitlich wechselnden, arktischen Meeresvereisung gedeutet. Bemerkenswert ist, daß somit in der zweiten Hälfte des Tertiärs, etwa in der Zeit von 38 bis 3 Millionen Jahre vor heute, ein kraß asymmetrisches Klima mit vereister Antarktis, aber eisfreier Arktis bestanden hat, ganz ähnlich wie seinerzeit im Silur-Ordovizischen Eiszeitalter.

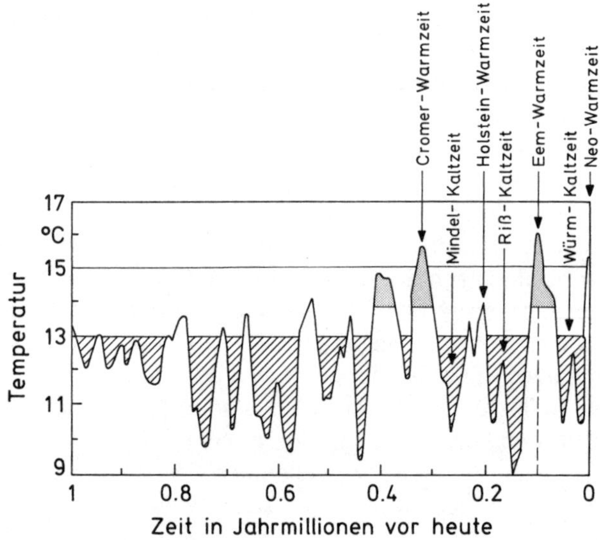

Abbildung 7 Rekonstruktion des mittleren Temperaturverlaufs der Erde, bodennahe Lufttemperatur, während der letzten Jahrmillion mit Angabe der letzten Warm- und Kalt-(Eis-)Zeiten. Quelle: C.-D. Schönwiese[22] und C.-D. Schönwiese und B. Diekmann[25], nach verschiedenen Primärquellen, ergänzt.

Betrachtet man die letzten etwa zwei Millionen Jahre genauer, also das Quartär, mit Eisgebieten sowohl im Bereich der Antarktis als auch der Arktis, so fallen ausgeprägt zyklische Temperaturschwankungen auf, die eine Zykluslänge von rund 100 000 Jahren aufweisen (vergl. Abb. 7). Es handelt sich damit um ein Wechselspiel von kälteren und wärmeren Epochen, also von Kalt- und Warmzeiten. Davon hat es im Quartär mindestens jeweils zwanzig gegeben, und nur der letzte Teil davon, für die letzte Jahrmillion, ist aus der Abbildung 7 ersichtlich. In der älteren, meist noch üblichen Nomenklatur werden diese Kaltzeiten als »Eiszeiten« (Glaziale) und die Warmzeiten als »Zwischeneiszeiten«

(Interglaziale) bezeichnet. Gerade der letzte Begriff ist mißverständlich, weil auch »Zwischeneiszeiten« Eisbedeckungen aufweisen. Ebenso mißverständlich ist die Bezeichnung »Nacheiszeit« (»Postglazial«) für das derzeitige, relativ warme Klima, weil es ja immer noch permanente Eisbedeckungen auf der Erde gibt. Um solche Mißverständnisse zu vermeiden, soll im folgenden von Kalt- und Warmzeiten des Quartären Eiszeitalters die Rede sein. Hervorzuheben ist dabei immer wieder die Relativität: Gemessen an der Klimageschichte der letzten 100 Jahrmillionen ist es derzeit kalt, weil wir eben im Quartären Eiszeitalter leben. Innerhalb dieses Eiszeitalters aber ist es derzeit relativ warm, weil wir uns seit etwa 11 000 Jahren in einer Warmzeit befinden. Und diese Relativität wird auch bei der weiteren Betrachtung der Klimageschichte bedeutsam sein.

Zunächst wollen wir uns aber das Wechselspiel der Warm- und Kaltzeiten näher ansehen, die, wie in Abbildung 7 zu sehen ist, durchaus nicht alle das gleiche Temperaturniveau erreicht haben. Konzentrieren wir uns dabei auf die letzten knapp 500 000 Jahre, die besonders gut untersucht sind, so zeigt sich folgende Sequenz:

- ab etwa 450 000 Jahren: Waal-Warmzeit,
- ab etwa 400 000 Jahren: Günz-Kaltzeiten,
- ab etwa 350 000 Jahren: Cromer-Warmzeit,
- ab etwa 320 000 Jahren: Mindel-Kaltzeit,
- ab etwa 270 000 Jahren: Saale-Warmzeit,
- ab etwa 200 000 Jahren: Riß-Kaltzeit,
- ab etwa 125 000 Jahren: Eem-Warmzeit,
- ab etwa 70 000 Jahren: Würm-Kaltzeit,
- seit etwa 11 000 Jahren: Neo-Warmzeit,

Die derzeitige Neo-Warmzeit wird von den Geologen als Holozän, von den Geographen als Postglazial bezeichnet. Das Nebeneinander der Namen ist recht verwirrend. Die oben genannten Bezeichnungen der Kaltzeiten gehen auf Untersuchungen im süddeutschen Voralpengebiet zurück, die Albrecht Penck und Eduard Brückner[26] zu Beginn unseres Jahrhunderts durchgeführt haben, während die Namen der Warmzeiten aus Norddeutschland und den Niederlanden stammen. In jeder Region sind jedoch für identische Klimaepochen unterschiedliche Namen eingeführt worden. So heißt die Würm-Kaltzeit in Norddeutschland »Weichsel-Zeit«, in England »Devension«, in Rußland »Valdai«, in Nordamerika »Wisconsin« und so weiter. Penck und Brückner verwendeten für Warmzeiten gar keine speziellen Namen und sprachen bei der »Eem-Zeit« einfach von »Würm/Riß«, während dafür die Engländer die Bezeichnung »Ipswich«, die Russen »Mikolino« und die Amerikaner »Sangamon« prägten[22].

Wichtiger als die Namen sind aber die Rekonstruktionen des Klimas selbst, wobei unter den Kaltzeiten natürlich die späteste am besten untersucht ist, nicht zuletzt dank der Eisbohrtechniken. Dabei ist zunächst einmal festzuhalten, daß es auch innerhalb der Kaltzeiten ausgeprägte Klimaschwankungen gegeben hat, wobei die relativ kalten Epochen als »Stadiale« und die warmen als »Interstadiale« bezeichnet werden, wiederum mit vielen schönen und komplizierten Namen, die wir hier beiseite lassen. Drei ausgeprägte Tiefpunkte der Würmkaltzeit, also Stadiale, haben sich um etwa 60 000, 40 000 und 18 000 Jahre vor heute eingestellt, bei denen die Weltmitteltemperatur – wobei sich Nord- und Südhalbkugel sehr ähneln – klimatologisch um bis zu 4 oder 5° C von den heutigen abwich. Dies genügte, um die Fläche der heutigen Eisgebiete der Erde zu verdreifachen, (vergl. Tabelle 3 und Abb. 8). Diese Temperaturabsenkung und Eisbedeckung zog gewaltige Konsequenzen nach sich und war mit ebenso gravierenden Änderungen der atmosphärischen sowie ozeanischen Zirkulation verknüpft. So war vor 18 000 Jahren wegen der umfangreichen Eisgebiete der Meeresspiegel um etwa 135 Meter abgesunken, was große Bereiche der Nordsee verschwinden und die Themse zum Nebenfluß des Rheins werden ließ. Der Golfstrom war stark abgeschwächt, und im westlichen Atlantik verlief die Packeisgrenze bei etwa 40° Nord (Abb. 8).

Wie eigentlich immer in diesen langen Zeiträumen, waren die Klimavariationen in den Tropen relativ gering; auch die antarktische Eisbedeckung konnte sich wegen der Grenzen des antarktischen Kontinents nur recht unerheblich ändern. Ganz anders ist das im Winter und in den Übergangsjahreszeiten der hohen geographischen Breiten der Nordhalbkugel, wo Änderungen der Schnee- und Eisbedeckung über entsprechende Änderungen der Reflexion von Sonneneinstrahlung enorme positive Rückkopplungen, das heißt Verstärkungen der Temperaturvariationen, bewirken. Dies zeigt sich auch noch in Europa, wo beispielsweise vor 18 000 Jahren die Januarmitteltemperatur in der Gegend des heutigen Hamburg bei etwa −20° C gelegen hat; heute sind es 0,3° C; in der Region von Rom lag die mittlere Januartemperatur bei 0° C; heute sind es durchschnittlich 7,1° C. Entsprechend waren Vegetation und Tierwelt verändert: Europa, wo sich im frühen Tertiär noch üppige subtropische Wälder ausgedehnt und Nilpferde im Rhein getummelt hatten, war nun, außerhalb der Eisgebiete, zur baumlosen Tundra geworden, in der im nördlichen Bereich die Eisbären spazie-

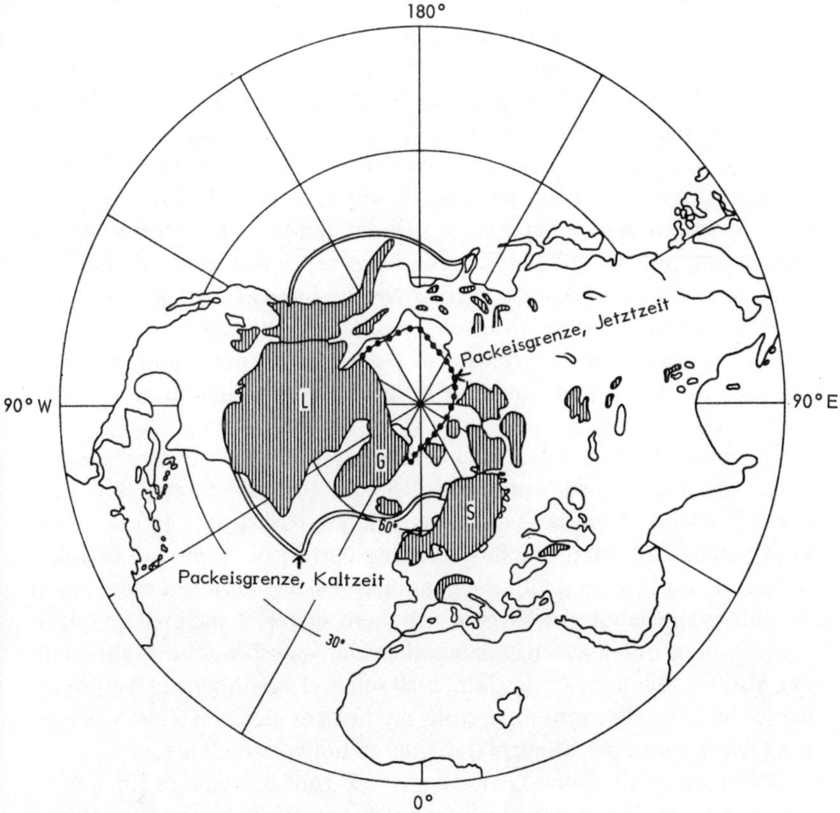

Abbildung 8 Eisbedeckung der Nordhalbkugel der Erde zum letzten Höhepunkt der Würm-Kaltzeit vor etwa 18 000 Jahren, Schraffur (L=Laurentischer, das heißt nordamerikanischer, G=grönländischer, S=skandinavischer Eisschild), und Packeisgrenze (Doppellinie) im Vergleich zum heutigen Verlauf (gepunktet); die Treibeisgrenze hat damals im Bereich des westlichen Atlantik Regionen bis etwa 20° Nord erreicht, während auf der Südhalbkugel die Änderungen gegenüber heute relativ gering waren. Quelle: C.-D. Schönwiese[22], nach H. H. Lamb[21] und anderen Primärquellen, leicht verändert.

rengingen und im südlichen Bereich die Wölfe heulten. Alles das zeigt, daß auch noch so strenge Winter heute mit einer wirklichen Kaltzeit nicht die geringste Ähnlichkeit haben. Der Übergang von der Würm-Kaltzeit zur derzeitigen Neo-Warmzeit verlief, im Gegensatz zum Einsetzen dieser Eiszeit, außerordentlich rasch, so daß darin ein Beispiel für abrupte Klimaänderungen gesehen wird. Auch dieser Begriff ist allerdings relativ; denn einige Jahrtausende, etwa von 15 000 bis 8 000

Jahre vor heute hat es schon gedauert, bis der Übergang vollständig vollzogen war, auch wenn dieser Übergang von heftigen Klimaschwankungen, also auch Kälterückfällen überlagert war und die Kalt-/Warmzeitgrenze nach üblicher Konvention auf 11 000 Jahre fixiert wird.

Woher kommt nun aber dieses Wechselspiel der Kalt- und Warmzeiten und bewegen wir uns womöglich auf eine neue Kaltzeit zu? Die letzte Frage kann man bejahen, wobei das Tempo, mit dem wir uns auf die nächste Kaltzeit zubewegen, allerdings sehr langsam ist. Außerdem ist es von so vielen sonstigen Klimaschwankungen überlagert, daß wir es kaum bemerken können. Die betreffende Vorhersage soll uns in Kapitel 4.3 ausführlicher beschäftigen. Dazu aber ist notwendig, erst einmal das Kommen und Gehen der Kalt- und Warmzeiten in der Vergangenheit zu verstehen.

Es gibt auch heute noch Diskussionen um diverse »Eiszeithypothesen«, obwohl sich aufgrund von Klimamodellrechnungen die sogenannte »Orbitalhypothese« als weitgehend realistisch erwiesen hat. Dies geschah allerdings nicht geradlinig und ist ein typisches Beispiel dafür, wie im Prinzip richtige Annahmen von der Fachwelt erst einmal vehement abgelehnt werden, um sich dann später, manchmal erst nach Jahrzehnten, durchsetzen. Als nämlich der jugoslawische Mathematiker Milutin Milanković[27] im Jahr 1920 seine »Eiszeittheorie« veröffentlichte, hatte er ebensowenig Erfolg wie fast zur gleichen Zeit A. Wegener (1922) mit seiner Theorie der Kontinentalverschiebung.

Dabei schien die Milanković-Hypothese zunächst einiges für sich zu haben. Die Erdbahn um die Sonne weist nämlich bestimmte langfristige Variationen auf: In einem Zyklus von 96 000 Jahren schwankt die Exzentrizität, das heißt die Erdumlaufbahn verläuft einmal mehr kreisförmig und ein anderes Mal mehr eliptisch, wobei die Abweichung von der Kreisform allerdings generell sehr gering ist. Zwei weitere, sogenannte Milanković-Zyklen kommen noch dazu: Die Erdachsenneigung schwankt in einem Zyklus von rund 40 000 Jahren zwischen 21,8° und 24,4° Neigung gegenüber der Ebene der Erdumlaufbahn; derzeit sind es 23,5°. Diese Neigung führt zum Phänomen der Jahreszeiten, wobei der Unterschied zwischen Sommer und Winter um so größer ausfällt, je stärker diese Neigung ist. Schließlich ändert die Erdachse wie ein Kreisel ihre Orientierung im Raum mit einer Periode von etwa 21 000 Jahren, was dazu führt, daß der sonnenfernste (Aphel) beziehungsweise sonnennächste (Perihel) Punkt der Erdumlaufbahn in unterschiedliche Jahreszeiten fällt. Derzeit tritt der Aphel am 3. Juli und der Perihel am 3. Januar auf, so daß der Winter der Nordhalbkugel etwas abgemildert wird. Alle drei Vorgänge werden als Orbitalparameter-Variationen oder eben Milanković-Zyklen zusammengefaßt. Sie führen regional und monatlich zu Änderungen der Sonneneinstrahlung bis zu 12 Prozent, im globalen Mittel allerdings zu weniger als 1 Prozent[27]. Wir wissen heute, daß das Weltklima bereits auf Zehntelprozent-Änderungen der Sonneneinstrahlung empfindlich reagiert und daß, über Rückkopplungen, regionale Änderungen globale Effekte hervorrufen können.

Milanković errechnete nun aus diesen Variationen die solaren Einstrahlungsschwankungen, die natürlich in unterschiedlichen Regionen der Erde und zu den jeweiligen Jahreszeiten verschieden ausfallen. In genialer Voraussicht griff Milanković die mittlere bis subpolare Breitenkreiszone der Nordhalbkugel heraus und versuchte, die dortigen Strahlungsvariationen mit dem Auftreten der Kalt- und Warmzeiten zu koppeln, was ihm weniger geniale Zeigenossen und deren Nachfolger prompt vorgehalten haben. Denn außer dem Exzentrizitätseinfluß handelt es sich bei den Orbitalvariationen tatsächlich nur um Umverteilungen der Sonnenenergie und insgesamt (»integral«) ändert sich an der Sonneneinstrahlung auf der Erde durch diese Vorgänge nichts. Hinzu kam, daß die Klimarekonstruktionen damals sehr ungenau und zum Teil in ihrer zeitlichen Zuordnung falsch waren.

Das hat sich seit den Fortschritten der Eisbohrungen in den siebziger Jahren, geändert. Parallel dazu wurden auf der Basis der Milanković-Überlegungen modifizierte »Eiszeitmodelle« entwickelt, die nun auch Sensitivitäten und Rückkopplungen berücksichtigen. Sensitivität heißt hier, daß die Erde auf solare Einstrahlungsvariationen unterschiedlich reagiert, je nachdem wo und zu welcher Jahreszeit sie auftreten. Eine Ursache dafür ist, daß Verstärkungen (positive Rückkopplungen) auftreten, wenn variable Schnee- und Eisbedeckungen mit im Spiel sind; diese Rückkopplung ist bereits geschildert worden. Ohne weitere komplizierte Einzelheiten zu erörtern, lautet das Ergebnis, daß seit rund zehn Jahren derartige modifizierte und verbesserte Orbitalhypothesen in der Lage sind, die Kalt-/Warmzeitzyklen der Vergangenheit zu erklären, einschließlich der Tatsache, daß sie nur in Eiszeitaltern, also bei Vorhandensein von Eis auf der Erdoberfläche, wirksam werden können. Maßgeblichen Anteil an dieser Entwicklung trägt der belgische Geophysiker und Astronom André Berger[27], und wir werden bei der Behandlung des Problems der Klimavorhersage auf diese Überlegungen zurückkommen. Dadurch sind andere Hypothesen wie die von A. T. Wilson[28] in den Hintergrund gerückt; Wilson hatte vermutet, daß Instabilitäten des Antarktiseises dazu führen, daß in gewissen Zeitabständen große Eismassen aus der Antarktis ausfließen und entsprechend große Flächen des südhemisphärischen Ozeans bedecken, was dann wiederum über erhöhte Reflexion der Sonneneinstrahlung und Rückkopplungen Kaltzeiten auslösen sollte.

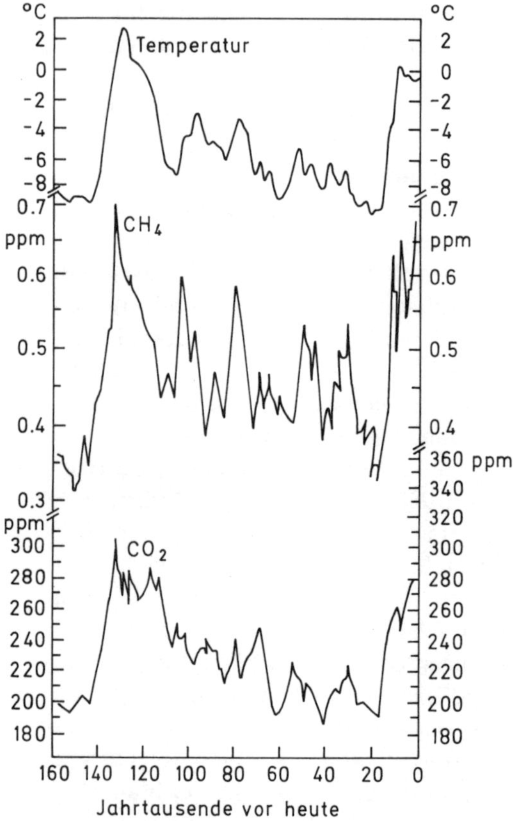

Abbildung 9 Temperatur-, CH_4- und CO_2-Variationen der Atmosphäre während der letzten rund 160 000 Jahre (Eem-Warmzeit, Würm-Kaltzeit, Neo-Warmzeit) nach Eisbohrrekonstruktionen. Quelle: IPCC[29], umgezeichnet.

Das Wechselspiel der Warm- und Kaltzeiten hatte für das gesamte Klimasystem schon immer tiefgreifende und wichtige Konsequenzen: für die Eisgebiete (Abb. 8), für die Vegetation, für die Meeresströmungen und natürlich auch für die Zusammensetzung der Atmosphäre. So ließen die geringe Ausgasung und vermutlich noch weitere Vorgänge im relativ kalten Ozean die CO_2-Konzentration der Atmosphäre zurückgehen, und zwar auf etwa 180 bis 200 ppm zu den Tiefpunkten der Kaltzeiten, was für die letzte Kaltzeit (Abb. 9), durch Rekonstruktionen mittels Bohrungen im polaren Eis nachgewiesen werden konnte. Abbildung 9 weist auch auf geringere CO_2- und CH_4-Konzentrationen während der Kaltzeiten hin, weil auch die Sumpf- und Tundrengebiete der Erde, die wichtigsten natürlichen CH_4-Quellen, weniger ausgasten. Obwohl dies mit Rückkopplungen verbunden ist, sind in dieser zeitlichen Größenordnung derartige Konzentrationsänderungen atmosphärischer Gase die Folge und nicht die Ursache der Klimaänderungen gewesen.

Auch wenn die Orbitalhypothese in ihrer heutigen Gestalt sicherlich die Vorgänge nicht vollständig und ausreichend genau erklärt, so scheint sie doch den primären Auslösevorgang der von ihr erfaßten Klimaschwankungen korrekt zu beschreiben. Damit steht fest, daß Kalt- und Warmzeiten kommen und gehen, solange genügend große Eisbedeckungen auf der Erde verbleiben; es ist also ein Kommen und Gehen auch heute. Der Zyklus mit einem Abstand von rund 100 000 Jahren, bei unterschiedlichen Abläufen aufgrund der Einflüsse der 40 000- und 20 000-Jahre-Subzyklen, beschreibt jedoch nur einen kleinen Ausschnitt der überaus vielfältigen Klimaschwankungen und kann insbesondere nicht die Variationen innerhalb der Epoche ansprechen, der wir uns jetzt zuwenden wollen: der derzeitigen Warmzeit, dem sogenannten Postglazial oder Holozän.

3.6 Historische Klimatologie: Klimaschwankungen und Folgen

Die letzte Eiszeit liegt so lange zurück und die nächste so weit in der Zukunft, daß wir uns heute, trotz aller durchaus interessanten wissenschaftlichen Aspekte und Diskussionen, kaum darum kümmern müßten. Und auch die letzten 10 000 Jahre sind, verglichen mit einem Menschenalter, ein unvorstellbar langer Zeitraum. Dazu kommt, daß die Klimaschwankungen dieser Epoche des Holozän (Neo-Warmzeit, Postglazial) offenbar wesentlich geringer waren als die des Kalt-/Warmzeitzyklus. Lange Zeit hatte man daher die Vorstellung, daß sich das Klima der letzten Jahrhunderte und Jahrtausende praktisch nicht geändert habe. Dies aber ist ein Irrtum: In jeder zeitlichen Größenordnung, von Jahrmilliarden bis zu einigen Jahren, treten Klimaschwankungen auf. Die Folgen scheinbar geringer Klimaschwankungen können gravierend sein, nicht nur in der Vergangenheit, auch in der Zukunft; denn Analysen der Vergangenheit sind immer auch Lehrstücke der Zukunft, was gestern geschehen ist, kann auch morgen passieren.

Obwohl nun, je mehr wir uns der Jetzt-Zeit nähern, die Klimarekonstruktion immer genauer und vielfältiger werden, so liegen die ersten drei Viertel unserer derzeitigen Neo-Warmzeit doch noch recht im dunkeln, besonders, was die Auswirkungen der Klimaschwankungen betrifft. Erst mit dem Auftauchen der Hochkulturen, hauptsächlich der griechischen und römischen, wird das anders.

Der Übergang von der letzten Kaltzeit (»Würm«) zur derzeitigen Warmzeit war von heftigen Klimaschwankungen überlagert und zog sich, obwohl er als relativ abrupt gilt, über mehrere Jahrtausende hin. Das hängt unter anderem damit zusammen, daß die großen Eisschilde in Skandinavien und Nordamerika, vielleicht auch in Nordasien (Tibet usw.), einige Jahrtausende zum Abschmelzen benötigen. Dabei war das skandinavische Eis relativ schnell: Vor etwa 7000 Jahren ist es, bis auf die heutigen Reste von Gebirgsgletschern verschwunden, während der große Laurentische Eisschild in Nordamerika (Abb. 8), dies erst vor etwa 4000 Jahren geschafft hatte. Dies zeigt im übrigen, wie lang-

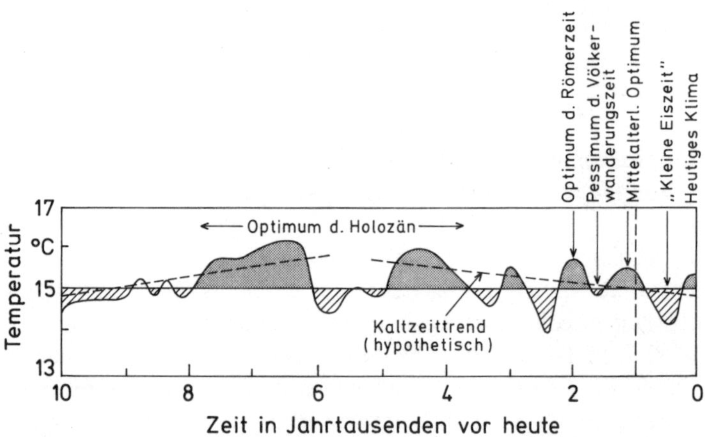

Abbildung 10 Rekonstruktionen des mittleren Temperaturverlaufs der Nordhalbkugel der Erde, bodennahe Lufttemperatur, während der letzten 10000 Jahre mit Angabe einiger relativ warmer beziehungsweise kalter Klimaepochen. Gestrichelt ist der in dieser zeitlichen Größenordnung schon fast nicht mehr erkennbare Trend eingezeichnet, der uns in die kommende Kaltzeit führt. Quelle: C.-D. Schönwiese[22] und C.-D. Schönwiese und B. Diekmann[25], nach verschiedenen Primärquellen, ergänzt.

sam derartige Vorgänge ablaufen. Würde man heute dem Antarktischen Eisschild ähnlich kräftig »einheizen« wie damals während des letzten Kalt-/Warmzeit-Übergangs, würde das Abschmelzen – wie schon erwähnt – mindestens 15 000 Jahre dauern.

Aber dies ist, über die Jahrtausende gesehen, nicht der Fall. Im Gegenteil: etwa vor 8 000 bis 4 000 Jahren (Abb. 10), hat die derzeitige Neo-Warmzeit ihren Höhepunkt bereits erreicht, und wir bewegen uns zwar langsam, aber sicher auf die nächste Eiszeit zu. Dieser Abkühlungstrend ist jedoch, wie Abbildung 10 zeigt, so langsam, daß er im Mittel, das heißt bezogen auf die bodennahe Erdmitteltemperatur oder auch entsprechende nordhemisphärische Mittel, etwa 0,1° C pro Jahrtausend nicht überschreitet. Damit aber werden andere, schon in diesem immer noch sehr langen Zeitintervall, überlagerte Fluktuation bedeutsamer, obwohl sie bei dieser großräumigen Mittelungen Abweichungen vom Mittelwert um jeweils etwa 1° C nach oben und unten nie überschritten haben. Dadurch ist die wärmste Phase der Neo-Warmzeit in mindestens zwei relativ wärmste Phasen aufgespalten, eine 6 500 Jahre vor heute, zu Beginn des sogenannten »Atlantikums«, und eine vor etwa 4 500 Jahren, gegen Ende dieses »Atlantikums«, das auch »Altithermum« (Zeit der höchsten Temperatur) oder »Klimaoptimum«, genauer »holozänes Hauptoptimum« heißt.

Es ist vielleicht kein Zufall, daß in dieser Zeit des »Atlantikums« die Menschen seßhaft wurden, erstmals Ackerbau und Viehzucht betrieben sowie die ersten Hochkulturen in Mesopotamien und Ägypten entstanden. Auffallend ist dabei auch, daß diese Hochkulturen aus einer Region stammen, in der heute für den Ackerbau nicht gerade günstige Trockengebiete liegen. Aus den Tropen und Subtropen gibt es jedoch viele Indizien für offenbar viel niederschlagsreicheres Klima in jener Zeit, verglichen mit heute. Satellitenaufnahmen zeigen, daß es früher in Nordafrika, zum Teil sogar im Bereich der Sahara, umfangreiche Flußsysteme gegeben haben muß, was nur im Zusammenhang mit entsprechend ergiebiger Niederschlagstätigkeit denkbar ist. Berühmt sind die Rekonstruktionen des »Paläo-Tschad-Sees«, der mit relativen Höchstständen vor etwa 8 500, 6 000 und 5 000 Jahren, also 9 000 bis 5 000 Jahre vor heute, eine bis zu zehnmal größere Fläche bedeckt hat, als das derzeit der Fall ist, (Abb. 11). In extremen Trockenjahren, wie 1974, ist er sogar noch weiter geschrumpft, um bis zu 50 Prozent. Eine geradezu atemberaubende Ausdehnung, wurde dagegen für die Zeit zwischen 30 000 und 22 000 Jahre vor heute, in der Würm-Kaltzeit, rekonstruiert (Abb. 11). Ferner können die prähistorischen Höhlen-

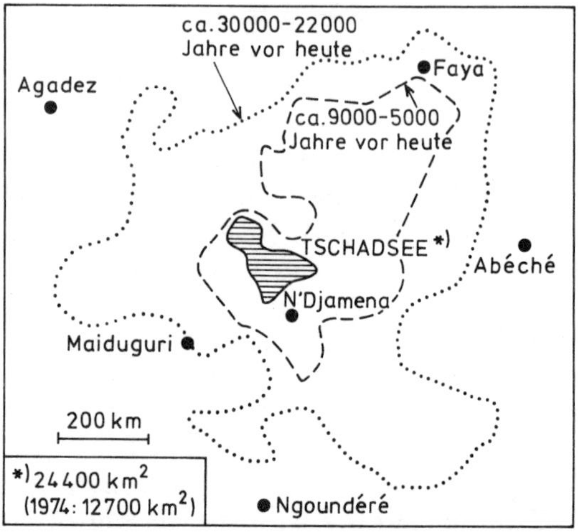

Abbildung 11 Ausdehnung des Tschad-Sees in der Sahelzone (Afrika) heute (schraffiert) und in früherer Zeit. In ausgeprägten Trokkenjahren wie im Jahr 1974 ist eine weitere Schrumpfung um bis zu etwa 50 Prozent der heutigen Normalausdehnung eingetreten. Quelle: B. Messerli[30], stark vereinfacht.

zeichnungen in Nordafrika[31], der heutigen Sahara-Wüste, die Bison-Jagdszenen zeigen, als Indizien für dieses feuchtere Klima dienen; sie sind wohl etwa vor 5 000 bis 6 000 Jahren entstanden. Zum Teil dürften diese ergiebigen Niederschläge auch ein katastrophales Ausmaß angenommen haben. So wird der letzte relative Höchststand des Tschad-Sees vor etwa 5 000 Jahren mit biblischen Berichten über die »Sintflut« in Verbindung gebracht.

Simple Überlegungen bringen nun relativ warme Epochen der Klimageschichte generell mit viel Niederschlag in Verbindung, da dann durch erhöhte Verdunstung mehr Wasserdampf in die Atmosphäre kommt und der hydrologische Zyklus (Verdunstung – Niederschlag – Verdunstung) sich beschleunigt, was im Prinzip auch richtig ist. Aber es gibt gleichzeitig auch immer Umstellungen der atmosphärischen Zirkulation, und wahrscheinlich auch, aber in größeren Zeitabschnitten, der ozeanischen. Dafür aber gibt es offenbar mehrere Möglichkeiten, der Theoretiker sagt »Freiheitsgrade«. Nur so ist es zu erklären, daß Niederschlags- und Temperaturschwankungen der Klimageschichte keineswegs immer parallel verlaufen. Es gibt somit in bestimmten mehr oder weniger großen Regionen der Erde – immer relativ gesehen – warmfeuchte, warm-trockene, kalt-feuchte und kalt-trockene Phasen, also alle möglichen Kombinationen von Temperatur- und Niederschlagsanomalien. Verschiedene Wissenschaftler haben daher, analog zu den Begriffen »Glazial« (relativ kalt) und »Interglazial« (relativ warm) die

Begriffe »Pluvial« (relativ niederschlagsreich) und »Interpluvial« (relativ trocken) eingeführt. Ein solches »Pluvial« muß es beispielsweise vor 5000 Jahren gegeben haben. Es folgten drastische Niederschlagsrückgänge, so um 2000 v. Chr. besonders ausgeprägt in Indien, was zum Untergang der dortigen frühen Hochkulturen (Rajasthan) führte. Aber auch Nordafrika ist seit jener Zeit viel trockener geworden.

In Europa – Südeuropa jedoch weitgehend ausgenommen –, scheinen die Temperaturfluktuationen gegenüber den Niederschlagsvariationen folgenschwerer gewesen zu sein. Der relativ warmen und wohl auch niederschlagsreichen Klimaepoche etwa 500 vor bis 500 nach unserer Zeitrechnung, dem »Optimum der Römerzeit«, folgte eine Abkühlung, die im nordhemisphärischen und klimatologischen Mittel zwar kaum mehr als 1° C ausmachte, dennoch aber in ihren Auswirkungen wahrlich nicht von Pappe war. Der englische Klimatologe Hubert Lamb[31] weist darauf hin, daß eine längerfristige Abkühlung in Südengland um nur 0,5° C die Vegetationszeit um etwa 14 Tage verringert. Bei 1° C verkürzt sich damit die landwirtschaftlich nutzbare Zeit um einen Monat, und das reicht bei weitem, um katastrophale Hungersnöte auszulösen.

Ist es ein Zufall, daß die germanische Völkerwanderung um 370 bis 570 n. Chr. in eine solche Zeit der Abkühlung Mittel- und Nordeuropas und damit in eine Klimaverschlechterung fiel? Es gibt viele solcher Parallelen zwischen Klima- und Menschheitsgeschichte[32]. Historiker stellen jedoch meist ganz andere als klimatologische Ursachen in den Vordergrund, für die Völkerwanderung werden so hauptsächlich die Mongolischen Reitervölker aus dem Osten verantwortlich gemacht. Es ist aber wohl kaum falsch, anzunehmen, daß Klimaschwankungen dabei auch mitgewirkt haben. Auf jeden Fall war die kalte Klimaepoche zwischen ca. 500 und 800 n. Chr., das »Pessimum der Völkerwanderungszeit«, mit vielen Schwierigkeiten für die Menschen besonders in Mittel- und Nordeuropa verbunden. In den Alpen mußte in höheren Lagen der Bergbau eingestellt werden und Alpenpässe, die in wärmerer Zeit noch Hannibal mit seinen Kriegern und Elefanten im zweiten Punischen Krieg gegen Rom benutzt hatte (218–201 v. Chr.), wurden unpassierbar.

Dann aber folgte, ab etwa 800 n. Chr. mit dem Höhepunkt um 1000 bis 1100 n. Chr. wieder eine wärmere Epoche (Abb. 10 und 12), das »Mittelalterliche Optimum«, und zwar bei zunächst mäßigen, gegen Ende der Epoche aber hohen Niederschlagsraten. Die historischen Berichte, die sozioökonomische Fakten beschreiben, sind aus dieser Zeit schon sehr zahlreich. Unter anderem ist verbreiteter Weinanbau in England zu jener Zeit belegt. Im deutschen Sprachgebiet weist mancher mittelalterliche Ortsname auf Weinanbau hin, wo heute keine Reben mehr gedeihen. Auch zur Zeit des Mittelalterlichen Optimums ist es in Europa wärmer als heute gewesen, im nordhemisphärischen Mittel um ca. 0,5° C, aber vermutlich nicht mehr so warm wie zur Zeit des Optimums der Römerzeit oder gar des Altithermums (Optimum des Holozäns); denn von damals an geht es mit der Temperatur bergab. Es sei aber nochmals betont, daß dieser langsame Abkühlungstrend, der uns in die nächste Kaltzeit führt, angesichts viel ausgeprägter überlagerter Fluktuationen selbst für die nächsten Jahrtausende von sehr untergeordneter Bedeutung ist und die diesem Langzeittrend überlagerten Fluktuationen viel wichtiger sind.

Eine solche überlagerte Fluktuation ist die sogenannte »Klimawende« zwischen 1200 und 1400 n. Chr., eine zeitweise recht drastische Abkühlung, die vom Mittelalterlichen Klimaoptimum in eine kältere Epoche führte. Diese kältere Epoche, die erst gegen Ende des letzten Jahrhunderts ausklang, wird von den Engländern übertreibend »Little Ice Age«, »Kleine Eiszeit«, genannt. Für das Weltklima bedeutete das nämlich *nur* eine Abkühlung um ca. 1° C, mit allerdings gravierenden sozioökonomischen Folgen.

Abbildung 12 zeigt Rekonstruktionen des Temperaturverlaufs der letzten rund tausend Jahre für die Schweiz, Island, England, Nordamerika und Neuseeland, wobei in allen Fällen die genannte Klimawende zwischen 1200 und 1400 deutlich zu erkennen ist. Dies ist bemerkenswert, weil im Gegensatz zum Kalt-/Warmzeitzyklus des Quartären Eiszeitalters, also den sehr langfristigen Klimaschwankungen der letzten Jahrmillionen, die holozänen Klimaschwankungen – die letzte vor rund 10 000 Jahren – auf der Nord- und Südhalbkugel der Erde keinesfalls synchron verlaufen sind, wie wir ja auch schon im späten Tertiär, also vor 5 bis 25 Millionen Jahren ein stark asymmetrisches Klima mit vereister Südhalbkugel und eisfreier Nordhalbkugel der Erde hatten.

Die »Klimawende« aber scheint ein Phänomen beider Hemisphären gewesen zu sein, wobei die nordamerikanischen Indizien in Abbildung 12 aus kalifornischen Baumringdaten stammen und somit auch ökosystemare Bezüge ins Spiel bringen. Fragezeichen gibt es nur hinsichtlich Ostasiens, wo es mindestens Zeitverschiebungen bezüglich der andernorts eingetretenen Klimaschwankungen gegeben hat. Und wie oft sind die Tropen von den Temperaturfluktuationen der gemäßigten und polaren Breiten weitgehend unbeeinflußt geblieben oder haben ihr

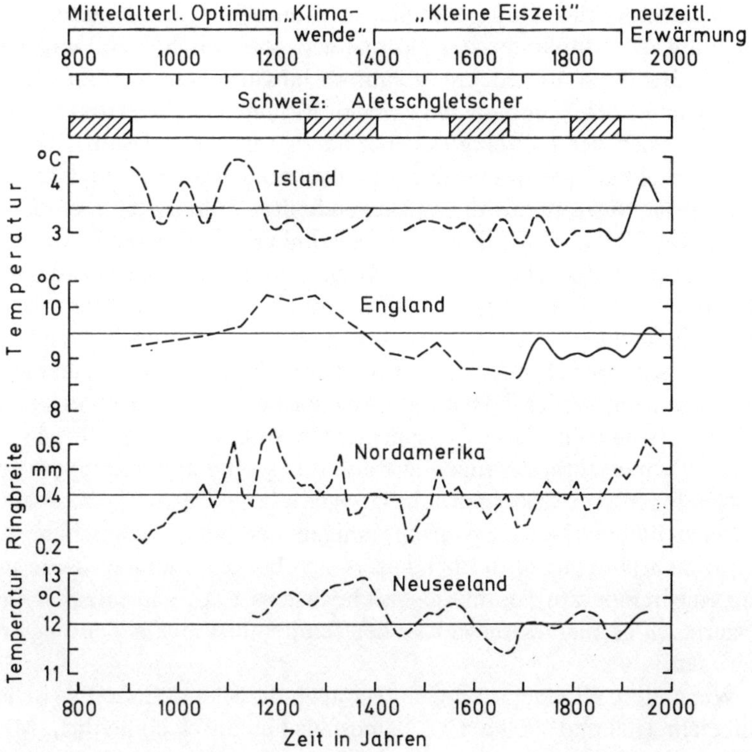

Abbildung 12 Rekonstruktion des Temperaturverlaufs der bodennahen Lufttemperatur in verschiedenen Regionen der Erde während der letzten tausend Jahre, wobei ausgezogene Kurven auf direkt gemessene Klimadaten hinweisen. Quelle: C.-D. Schönwiese[22], vereinfacht; Vorstöße (schraffiert) oder Rückzüge des Aletschgletschers (Schweiz) schematisch nach P. Holzhauser[33], ergänzt.

Eigenleben geführt. Dabei kann es sein, daß die Abkühlungen in Europa und Nordamerika, die dort zu offenbar tiefgreifenden negativen Konsequenzen geführt haben, sich für das Mittelmeergebiet und Nordafrika positiv ausgewirkt haben, falls dort der Niederschlag gleichzeitig angestiegen ist. Eine einfache und trotzdem nicht unwahrscheinliche Vorstellung ist die, daß sich bei Abkühlung die Vegetationszonen äquatorwärts verschieben, wobei dann die Mittelmeerregion und Nordafrika niederschlagsreicher werden; bei Erwärmung könnte es umgekehrt sein.

Sicher hatte das Klima erheblichen Einfluß auf die Menschheit, so auch auf die Aktivitäten der Normannen, die zwischen 800 und 1000 n. Chr. bei ihren ausgedehnten Fahrten im Nordatlantik – auf diesem nördlichen Seeweg und schon lange vor Kolumbus – Amerika entdeckt hatten. Nach der Landung der Normannen im Jahre 982 n. Chr. auf Grönland folgte die Besiedlung und über rund 200 Jahre die landwirtschaftliche Nutzung, bis die Klimawende diesen Aktivitäten ein Ende bereitete. Um 1500 wurde die letzte grönländische Siedlung von den Normannen aufgegeben. Zwar sind auch in diesem Fall von den Historikern andere Gründe für Blüte und Niedergang der normannischen Besiedlung Grönlands angegeben worden[32]. Es ist aber sicherlich nicht falsch, zu vermuten, daß Klimaschwankungen dabei zumindest eine nicht unwichtige Nebenrolle gespielt haben. Dabei ist es immer wieder erstaunlich, daß es – gemessen an Wettervorgängen – sehr geringe Temperaturänderungen waren, die solche tiefgreifenden und nachhaltigen Auswirkungen im ökologischen und sozioökonomischen Bereich hatten. Denn im großräumigen und klimatologischen, das heißt mehrjährigen Mittel handelt es sich bei der Klimawende ja nur um eine Temperaturabsenkung von höchstens 1° C, und offenbar sind sogar noch geringere Ausschläge der Temperaturkurve bedeutungsvoll gewesen.

Wie andere Klimaepochen, so war auch die Kleine Eiszeit zwischen ungefähr 1400 und 1900 n. Chr. keinesfalls klimatisch einheitlich. Möglicherweise begann die Klimawende, die in diese Epoche hineinführte, mit einer Häufung kühler Sommer, wie beispielsweise aus der Zeit zwischen 1313 und 1371 berichtet wird. Nach Hubert Lamb[31] führten primär diese Klimabedingungen und erst sekundär die damalige Pestepidemie dazu, daß sich die Bevölkerung Englands zwischen 1300 und 1327 um ein Drittel verringerte. Erst später kamen Häufungen von Strengwintern dazu. Beides, kühle Sommer und strenge Winter, die aber vermutlich nur anfangs meist auch schneereich waren, ließen dann die Gletscher anwachsen.

Gerade die relativ langsam vorstoßenden und zurückweichenden Gletscher der Gebirgsregionen, wie der Alpen, die wegen ihrer Trägheit über die Launen des Wetters und der Witterung hinwegmitteln und im Grunde nur auf Langzeitvorgänge reagieren, sind gute Indizien für Klimaschwankungen. Sie erreichten vermutlich schon vor 1500 eine relativ große Ausdehnung. Ob dieser erste Tiefpunkt der Kleinen Eiszeit die großen Entdeckungsfahrten der Seefahrer nach sich zog, die ja dann 1492 n. Chr. zur Wiederentdeckung Amerikas durch Christoph

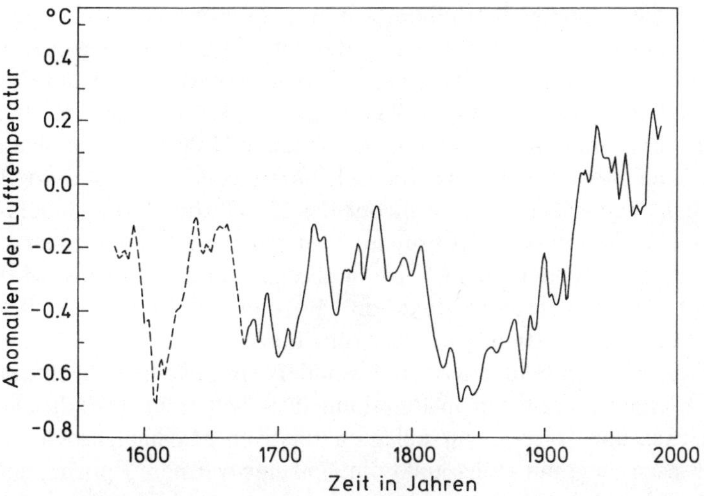

Abbildung 13 Rekonstruktion der mittleren Temperatur auf der Nordhalbkugel der Erde, bodennahe Lufttemperatur, Kombination aus direkten Messungen und Baumringinformationen, wobei die ursprünglich vorliegenden Jahresdaten zehnjährig geglättet sind. Quellen: ab 1880 J. Hansen und S. Lebedeff[34], direkte Messungen; 1679–1879 G. C. Jacoby und R. d'Arrigo[35], direkte Messungen und indirekte Rekonstruktion; davor, ab 1579, nach D. S. Groveman und H. E. Landsberg[36], indirekt und unsicher.

Kolumbus führten, ist fraglich, aber möglich. In die Jahre 1524/25 fiel der Höhepunkt der Bauernkriege in Deutschland.

Im Jahre 1525 beginnt auch die »Klimageschichte der Schweiz« des Berner Klimahistorikers Christian Pfister[5]. Dieses Buch verwertet aus der Zeit von 1525 bis 1863 über 33 000 Beobachtungen zur Klimarekonstruktion dieser Region und zeigt eindrucksvoll, wie gute und schlechte Ernten, Preise, ja sogar Geburten und Todeszahlen mit den Klimaschwankungen zusammenhängen. Dabei fallen, und dies nicht nur in der Schweiz, die weiteren Tiefpunkte der Kleinen Eiszeit in die Zeit um 1600 sowie 1850 (Abb. 12 und 13), so daß sich insgesamt drei besonders kalte Zeitabschnitte herausschälen. Auch wenn es gewisse regionale und jahreszeitliche Unterschiede gibt – die Temperaturfluktuationen des Winters sind anders als die des Sommers beziehungsweise der Übergangsjahreszeiten – so ist doch erstaunlich, daß die Rekonstruktionsdaten der nordhemisphärischen Mitteltemperatur seit 1579, die überwiegend auf Baumringdaten beruhen (Abb. 13), und die der Ausdehnung des Aletschgletschers (Abb. 12), sich sehr ähnlich sind.

Für diese letzten Jahrhunderte gibt es nun besonders viele historische Zeugnisse, nicht nur durch Berichte über Ernteerträge, Preise usw. sowie sonstige Chroniken und Berichte, sondern auch auf Gemälden oder in Volksliedern. Bekannt sind die Winterbilder der beiden Pieter Breughel, die zugefrorene Grachten in Holland zeigen, in einem Land, das wegen seines maritimen Klimas eigentlich meist milde Winter hat. Auch deutsche Volkslieder des 17. Jahrhunderts handeln von strengen Wintern oder der Freude, wenn der Winter dem Frühjahr endlich weicht. Bemerkenswert ist in diesem Zusammenhang Mozarts Frühlingslied nach einem Text von Christian Adolf Overbeck, in dem erst der Mai »die Bäume wieder grün« macht.

Zwischen den beiden letzten, besonders gut bekannten Tiefpunkten der Kleinen Eiszeit, um 1600 und um 1850, wobei um 1850 die Alpengletscher ihre letzten, gut belegten relativen Maximalausdehnungen aufwiesen, liegt mit Höhepunkt um 1750 eine wärmere Epoche, auf die Hubert Lamb immer wieder hingewiesen hat und hinter der er, in Zusammenhang mit dem nordhemisphärischen Temperaturmaximum um 1940, Anzeichen für eine ungefähr 200jährige Temperaturfluktion sieht. Hinweise auf solche zyklischen Vorgänge im Klimageschehen, und zwar in zeitlichen Größenordnungen von Jahren bis Jahrtausenden, gibt es viele, und fast alle sind umstritten, weil die Ursachen entweder gar nicht oder nur hypothetisch bekannt sind. Insgesamt weiß man über die Ursachen der Klimaschwankungen des Holozän bemerkenswert wenig. Am meisten werden solare und vulkanische Ursachen diskutiert, die uns als Konkurrenten des Treibhauseffektes noch eingehend beschäftigen werden.

Bleibt für die Klimaepoche des Holozän, die auch in ihrem letzten Zehntel, das heißt im letzten Jahrtausend, weitgehend auf indirekte Klimazeugen angewiesen ist, festzuhalten, daß sie keinesfalls frei von Klimaschwankungen war und daß diese Schwankungen, obgleich viel geringer als die des Kalt-/Warmzeitzyklus, dennoch für das Wohlergehen der Menschheit von großer Wichtigkeit waren. Gerade diese Epoche, die viele historische Informationen einschließt, zeigt, wie intensiv die Verflechtung der Schicksalgemeinschaft Mensch und Klima ist. Diese Aspekte und Befunde, für die es im übrigen noch viel zu Erforschen gibt, sind besonders für die jüngste Klimageschichte des 20. Jahrhunderts von Bedeutung, wo der Mensch nicht nur als Klimaabhängiger, sondern auch als Klimafaktor die Bühne des Geschehens betritt.

3.7 Direkte Meßdaten: Nun wissen wir es ziemlich genau

Im 17. Jahrhundert liegt nicht nur die Quelle der neuzeitlichen Experimentalphysik, sondern auch der Meteorologie und, um das Dreiecksverhältnis zu vervollständigen, der physikalischen Klimatologie.

Die Meteorologie war lange Zeit nichts anderes als ein spezieller Aspekt der Physik, nämlich die Physik der Atmosphäre unserer Erde. Physik, und zwar experimentelle im Gegensatz zur theoretischen Physik, fußt auf Versuchen. In diesem Zusammenhang sind dies Fragen an die Natur, beispielsweise: Wie hoch ist die Temperatur? Wie hoch ist der Luftdruck? Um solche Fragen zu beantworten, brauchen wir physikalische Gesetze und die technische Ausnützung solcher Gesetze, um entsprechende Meßgeräte zu bauen. Zur Beantwortung unserer Fragen an die Natur lesen wir dann, im einfachsten Fall, ein Meßgerät ab.

Ein sehr einfaches und grundlegendes Gesetz ist die Ausdehnung von Materie bei Erwärmung und das Zusammenziehen bei Abkühlung, allerdings je nach Art der Materie in unterschiedlichem Ausmaß. Möglicherweise geht die Entdeckung dieses physikalischen Gesetzes auf Galileo Galilei zurück. In jedem Fall aber hat Galilei im Jahr 1611 das Flüssigkeitsthermometer erfunden, eine Pioniertat von gewaltiger Reichweite, die man als Geburtsjahr der Experimentalphysik und -meteorologie ansehen kann. 1643 folgte durch Enrico Torricelli die Entdeckung eines weiteren physikalischen Gesetzes, das es erlaubt, den Luftdruck zu messen. Beide Gesetzmäßigkeiten und daraus abgeleitete Meßprinzipien sind bis heute im Grunde nur technisch verfeinert worden, im Prinzip aber unverändert geblieben. Heute stellt die Experimentalphysik sehr viele einfache und komplizierte Meßprinzipien zur Verfügung; eine ganze Reihe dieser Prinzipien lassen sich auf die Atmosphäre und somit meteorologisch anwenden[37].

Völlig klar ist, daß die Meßgrößen, um die es dabei geht, zum Beispiel Temperatur und Luftdruck, zeitlich und räumlich veränderlich sind. Beschreiben wir nun eine solche Meßgröße an bestimmten Meßstationen über eine längere Zeit, so daß über die Jahre hinweg entsprechende Meßreihen entstehen, sind wir wieder bei der Klimatologie gelandet. Es dauerte aber eine gewisse Zeit, bis die Messungen der physikalischen Größen, hier gleichzeitig der Klimaelemente, wirklich kontinuierlich über längere Zeit bis heute vorgenommen wurden. In der Zeit von 1654 bis 1670 führte die Academia del Cimento in Florenz und Pisa regelmäßig Luftdruck- und Temperaturmessungen durch. Zwischen 1677 und 1704 haben die Engländer in Lancashire vergleichsweise genau Niederschlagsmengen gemessen, obwohl es gerade für Niederschläge – zwar mit primitiven Methoden – auch Messungen früher schon gegeben hat, so ab 1535 auch in Chile. Die längste bis heute kontinuierlich vorliegende Meßreihe besteht aus Monatsmittelwerten der Lufttempertur, beginnt 1659, umfaßt die Region des zentralen England und ist das Lebenswerk des englischen Klimatologieprofessors Gordon Manley[38]. Somit ist 1659 das Geburtsjahr der sogenannten Neoklimatologie, die auf direkte, mit physikalischen Methoden gewonnene, kontinuierliche Meßdaten von Tages- bzw. Monatsmittelwerten der Klimaelemente zurückgreifen kann. Manley hatte allerdings bei der Zusammenstellung seiner berühmten »Zentral-England-Reihe« einige Probleme. So konnte er sich wegen wechselnder Meßstationen nicht auf einen bestimmten Ort, sondern nur auf eine Region beziehen, und zeitweise ließen ihn seine englischen Vorgänger im Stich, so daß er sich mit Meßdaten aus den Niederlanden behelfen mußte. Einige Klimatologen haben versucht, frühe Meßreihen mit historischen Ereignissen, zum Beispiel dem Zufrieren von Seen und Küstengewässern, in Zusammenhang zu bringen. So entstanden Wintertemperaturreihen ab 1634 für die Niederlande, mit direkten Messungen ab 1735, oder für Tokio ab 1665 mit direkten Messungen ab 1880.

Einige dieser Temperaturreihen sind in den Abbildungen 12 und 13 erfaßt. Man erkennt in der Zeit zwischen 1720 und 1780 ein relativ hohes Temperaturniveau, das, obwohl damals die Kleine Eiszeit ihr kaltes Regiment ausübte, ähnlich hoch war wie das heutige. Aber auch der ebenfalls schon besprochene letzte Tiefpunkt der Kleinen Eiszeit im letzten Jahrhundert – insbesondere um 1850 und 1880, zum Teil auch um 1820 und 1840 – ist erkennbar. Ebenso deutlich sind aber auch die ständigen Fluktuationen zu sehen, die in der betrachteten Zeit wirklich langfristige Trends kaum zugelassen oder doch zumindest stark überlagert haben. Glättet man die Daten sehr stark, so ist ab 1840/1880 allerdings schon ein langfristiger Trend zu erkennen, der uns noch beschäftigen muß, da er im Verdacht steht, vom Menschen verursacht zu sein.

Obwohl kein Zweifel daran bestehen kann, daß direkte und möglichst genaue Messungen der Klimaelemente allen Rekonstruktionsmethoden überlegen sind, wir also die neuere Klimageschichte ziemlich genau kennen, so gibt es doch auch hier einige Probleme, die nicht verschwiegen werden dürfen. Da ist zunächst einmal die Meßgenauigkeit, die von Klimaelement zu Klimaelement sehr verschieden ist. Bei der Niederschlagsmessung ist das Ergebnis nur dann einigermaßen genau, wenn der Niederschlag ungestört und somit senkrecht in das Auffanggefäß, den Totalisator fällt, der heute meist mit einer schreibenden Registrierung versehen ist. Bei Wind ist das keineswegs immer der Fall, besonders dann nicht, wenn der Niederschlag als Schnee fällt. Meßfehler von 50 Prozent und mehr sind dann keine Seltenheit. Ist die Niederschlagsmessung auf 10 Prozent genau, kann man von Glück sagen. Hinzu kommt, daß leider viele unterschiedliche Niederschlagsgefäße in den einzelnen Ländern in Gebrauch sind.

Bei Temperatur und Luftdruck ist diese Situation wesentlich günstiger. Allerdings darf die Temperatur nie bei direkter Sonneneinstrahlung gemessen werden; denn Temperatur ist nichts anderes als Bewegungsenergie der Atome und Moleküle. Bei der Messung der Lufttemperatur wird diese Luft mit dem Thermometer in Kontakt gebracht und die molekulare Bewegungsenergie überträgt sich durch Wärmeleitung auf das Thermometer. Kommt Sonneneinstrahlung hinzu, so erwärmt sich das Thermometer durch Absorption dieser Sonneneinstrahlung weiter, und zwar ganz unterschiedlich, je nach Material, Farbe usw. Da diese Absorptionseigenschaften des Thermometers mit der Lufttemperatur nichts zu tun haben, ist die Angabe einer »Lufttemperatur in der Sonne« nichts als blanker Unsinn. Die Meßgenauigkeit war natürlich auch nicht immer so, wie sie heute ist. Bei der Temperaturmessung darf man bei einem Präzisionsinstrument und korrekter Aufstellung davon ausgehen, daß sie bei 0,1° C liegt, im 17. Jahrhundert mag es 1° C gewesen sein.

Eine weitere Forderung ist, daß bei meteorologisch-klimatologischen Messungen wirklich nur Variationen der Klimaelemente gemessen werden, von Tag zu Tag, von Jahr zu Jahr usw. Das klingt selbstverständlich, ist es aber nicht; denn beim Wechseln der Meßgeräte können, wenn systematische Meßfehler im Spiel sind – ein Gerät mißt etwas zu hoch, das andere etwas zu niedrig – Wertesprünge auftreten, die dann eben auf diesen Gerätewechsel und nicht auf das Klima zurückgehen. Noch stärker wirken sich im allgemeinen Änderungen der Meßgeräteaufstellung oder gar Stationsverlegungen aus. Wird eine Meßstation aus dem Stadtinnern an die Peripherie, beispielsweise zum Flugplatz, verlegt, so ändert sich das klimatische Milieu; denn eine Stadt erwärmt sich wegen ihrer Bebauung stärker als das Umland. Man kann diesen Effekt, der übrigens auch auf einem physikalischen Gesetz beruht – Temperaturänderungen bei unterschiedlicher Wärmekapazität von Materie –, leicht nachprüfen, indem man einen Stein und Erde aus einem Blumentopf in die Sonne legt: Der Stein erwärmt sich viel rascher als die Erde und kühlt im Schatten auch rascher wieder ab. Obwohl die Vorgänge in Wirklichkeit doch verwickelter und schwieriger sind, ist es im großen ähnlich wie im kleinen: Die Stadt, besonders das Zentrum, ist im Sommer wie im Winter wärmer als das Umland; man spricht von der städtischen Wärmeinsel. Eine Abkühlung, die aus der Verlegung einer Meßstation an die Peripherie resultiert, ist somit eben ein Effekt dieser örtlichen Verlegung und nicht der Effekt einer Klimaänderung. Ähnlich wie die Temperatur, aber komplizierter, werden auch Bewölkung, Niederschlag und Wind, über die Temperatur im übrigen auch der Luftdruck, von Städten und Industrieanlagen, sowie von allen menschlichen Eingriffen in die Natur beeinflußt. Bei Niederschlag und Wind können schon Geräteverlegungen von wenigen Metern, etwa in die Nähe eines abschirmenden Baumes, zu großen Störungen führen.

Da nun aber auch Wetter und Klima sich ständig ändern, ist es nicht einfach, die genannten Störungen in den Meßreihen, der Fachmann spricht von »Inhomogenitäten«, aufzuspüren und von den wahren Wetter- und Klimaänderungen zu trennen. Klimatologisch gibt es in diesem Zusammenhang ein ganz besonders schwerwiegendes Problem: Das Wachstum der Städte hat den »Wärmeinseleffekt« immer mehr verstärkt. Im Prinzip können daher steigende Temperaturen lediglich das Wachstum der Städte widerspiegeln. Dies ist bei der Beobachtung steigender Temperaturen seit Mitte oder Ende des letzten Jahrhunderts ein ganz wesentlicher Gesichtspunkt, der nicht übersehen werden darf. Obgleich Homogenisierungen von Klimameßreihen problematisch sind, haben dies viele Klimatologen dennoch versucht, so auch Gordon Manley[38] bei seiner berühmten »Zentral-England-Reihe«.

Aus dieser Sicht sind lange Klimareihen, die von Berg- oder Inselstationen stammen, besonders wertvoll. Eine dieser Reihen stammt vom Hohenpeißenberg (983 m) in den bayerischen Voralpen, wo kontinuierliche Messungen im Jahr 1781 begonnen haben. In der Zeit von 1780 bis 1790 gehörte der Hohenpeißenberg zum ersten internationalen meteorologischen Meßnetz, das von Nordamerika bis zum Ural reichte und unter dem Namen »Societas Meteorologica Palatina« vom Kurfürsten Karl Theodor von der Pfalz eingerichtet worden war. Sein Hofkaplan, der spätere Hofrat Johann Jakob Hemmer, entwickelte die Meßanleitung wie auch die Regel, daß aus den Messungen um 7, 14 und 21 Uhr – bei doppelter Wichtung des 21-Uhr-Wertes – der Temperatur-Tagesmittelwert zu errechnen sei. Diese sogenannten Mannheimer Stunden werden aus Homogenitätsgründen auch heute noch beachtet. Dank der Initiative vor allem von Pfarrern und Lehrern überlebten

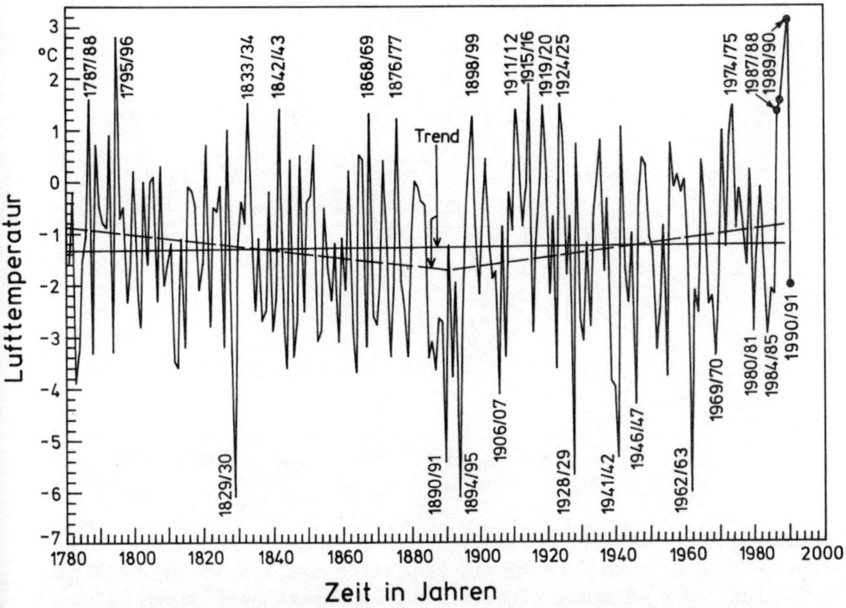

Abbildung 14 Wintertemperaturen von 1781 bis 1991 (Mittel Dezember/Januar/Februar, bodennahe Lufttemperatur) auf dem Hohenpeißenberg, einem 983 Meter hohen Voralpenberg südlich von München, mit Angabe besonders milder und strenger Winter. Der Gesamttrend ist fast exakt null (vgl. Schema Abb. 1), ab etwa 1890 ist ein Trend zu milderen Wintern rechnerisch erkennbar, jedoch im mathematisch-statistischen Sinn nicht sicher. Quelle: C.-D. Schönwiese[39], unter Verwendung von Daten des Deutschen Wetterdienstes.

nach dem Ende der Societas Meteorologica Palatina einige dieser Stationen, so auch der Hohenpeißenberg. Abbildung 14 zeigt die dort registrierten Wintertemperaturen, die insgesamt keinen und ab 1890 nur einen leichten Trend nach oben zeigen, der aber von den ausgeprägten Winter-zu-Winter-Variationen weitgehend überdeckt ist. Wir erkennen in diesen Daten einige besonders strenge Winter, so in den Jahren 1829/30, 1890/91, 1894/95, 1928/29, 1941/42, 1962/63 und auch einige extrem milde so 1795/96 und 1989/90, wie sie zum Teil großräumig in ganz Deutschland oder zumindest in Südostdeutschland aufgetreten sind.

Damit ist ein weiteres Problem angesprochen, die Repräsentanz: Inwieweit weisen Messungen an verschiedenen Stationen ähnliche Werte auf? Umgekehrt kann man daraus die Frage ableiten: Wie viele Statio-

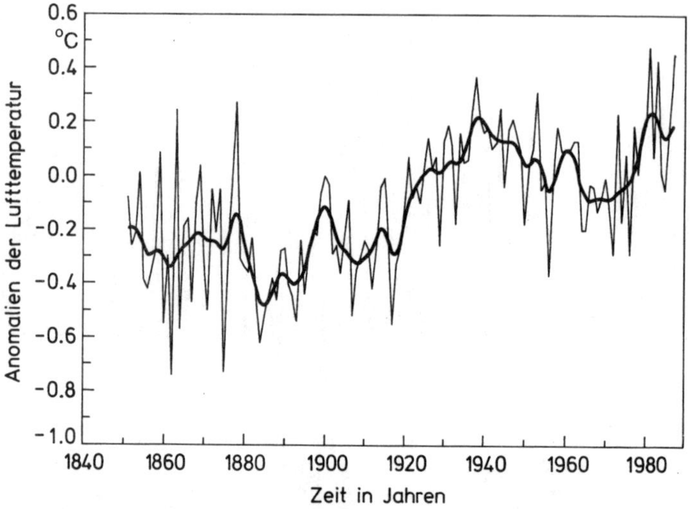

Abbildung 15 Jahr-zu-Jahr-Schwankungen der bodennahen Mitteltemperatur der Nordhalbkugel der Erde (1851–1989) mit zusätzlicher zehnjähriger Glättung der Meßdaten, in Form von sogenannten Anomalien, das heißt Abweichungen von einem Bezugsmittelwert. Quelle: Schönwiese[39] unter Verwendung der Daten nach P. D. Jones und Mitarbeitern[40].

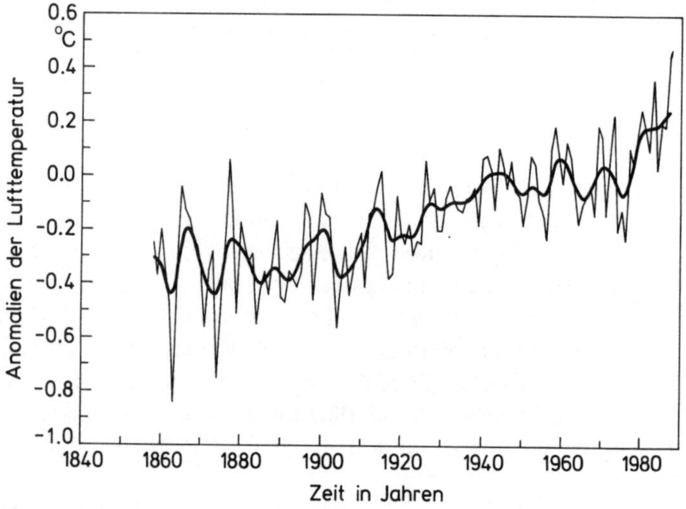

Abbildung 16 Jahr-zu-Jahr-Schwankungen der bodennahen Mitteltemperatur der Südhalbkugel der Erde (1858–1989). Quelle wie Abb. 15.

nen sind notwendig, um für Deutschland, Europa und die Welt mit befriedigender Sicherheit und Genauigkeit das Klima und die Klimaschwankungen zu bestimmen? Diese Frage läßt sich so allgemein nicht beantworten, sondern muß für jedes Klimaelement unterschiedlich angegangen werden. So unterhält der Deutsche Wetterdienst – in den alten Bundesländern – rund 400 Stationen, an denen die Temperatur gemessen wird, was zur Errechnung von Monatsmittelwerten sicherlich ausreichend ist, aber rund 2700 Niederschlagsmeßstellen, da der Niederschlag regional so unterschiedlich ist und damit eine viel schlechtere Repräsentanz als Temperatur und Luftdruck aufweist. Es mag daher kühn erscheinen, wenn der englische Klimatologe Phil Jones[40] ab 1851 die Jahresmittelwerte der bodennahen Lufttemperatur, gemittelt für die Nordhalbkugel, abgeschätzt hat (Abb. 15), weil er sich um 1850 auf nur rund 300 Stationen stützen konnte. Bei der Südhemisphäre (Abb. 16) ist die Situation noch viel schlechter, und Jones betont, daß diese Abschätzungen nur bis 62,5° Süd reichen. Heute gibt es rund 9700 Meßstationen, die eine genaue Bestimmung der bodennahen Weltmitteltemperatur zulassen, was sich zudem durch Satellitenmessungen überprüfen läßt; das Ergebnis ist: 15,4 bis 15,5° C im Jahr 1990.

Beim Vergleich der Abbildungen 15 und 16 sehen wir annähernd den gleichen Erwärmungstrend für die letzten rund 130 Jahre, aber auf der Nordhalbkugel sind es wesentlich ausgeprägtere Jahr-zu-Jahr-Variationen. Nicht nur dies, die Nordhalbkugel zeigt auch ausgeprägtere längerfristige Fluktuationen, die zwischen etwa 1940 und 1970, entgegen dem Erwärmungstrend, zu einer deutlichen Abkühlung geführt haben. Die Deutung dieser Fluktuationen, so weit sie zuverlässig sind, wird uns noch beschäftigen. Die Zuverlässigkeit kann vermutet werden, da auch amerikanische[34] und russische[41] Forschergruppen zu recht ähnlichen Ergebnissen gekommen sind. Die Abweichungen betragen beim Trend und den langfristigen Fluktuationen höchstens 0,1–0,2° C, auch wenn beispielsweise alle Stadtstationen weggelassen werden[34]. Der Erwärmungstrend selbst liegt in der Größenordnung von 0,5° C. Dies gilt auch für die Weltmitteltemperatur unter Einschluß der ozeanischen Wasseroberflächentemperatur (Abb. 17).

Alle bisher besprochenen Klimainformationen beziehen sich auf die bodennächste Schicht der Atmosphäre; die genormte Meßhöhe liegt bei zwei Metern über der Erdoberfläche; nur der Wind wird etwas höher gemessen. Das Wetter und Klimageschehen aber ist dreidimensional und umfaßt zumindest die gesamte Troposphäre; das ist das atmosphärische Stockwerk, das in mittleren Breiten von der Erdoberfläche

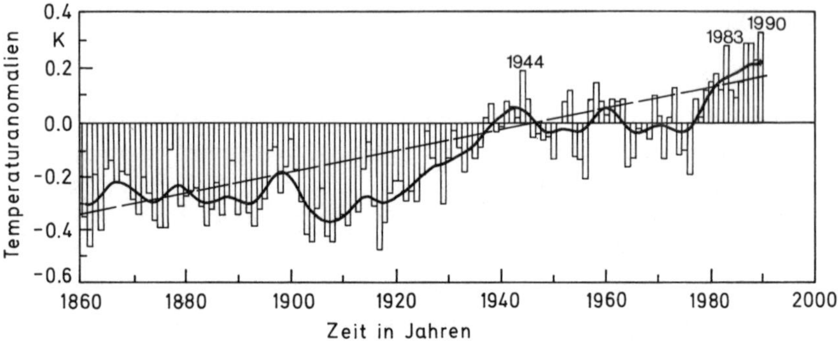

Abbildung 17 Jahreswerte von 1861 bis 1990 der Weltmitteltemperatur, sogenannte Anomalien, in Säulendarstellung, errechnet aus Messungen der bodennahen Lufttemperatur sowie der Meeresoberflächentemperatur, zusätzlich zehnjährig geglättete Daten; der ergänzte Trend (gestrichelte Linie) beträgt 0,5° C. Quelle: IPCC[29], ergänzt; 1990-Wert nach U. S. NASA-Publikationen. Der Endwert der geglätteten Kurve entspricht etwa 15,5° C.

bis etwa zehn Kilometer Höhe reicht. Zu Beantwortung vieler Fragen ist aber auch die darüber liegende, bis etwa fünfzig Kilometer Höhe reichende Stratosphäre von Interesse. Abgesehen von einzelnen frühen Ballonmessungen ist die regelmäßige meßtechnische Erfassung dieser höheren atmosphärischen Schichten erst in der Zeit nach dem Zweiten Weltkrieg entwickelt worden, für die Nord- beziehungsweise Südhemisphäre der Erde umfassend sogar erst in den letzten zwei bis drei Jahrzehnten. Dazu dient ein Ballon, der mit Meßgeräten zur Bestimmung von Temperatur, Feuchtigkeit und Druck sowie mit einem Sender ausgestattet ist, der die Meßdaten zu einer Bodenstation funkt (Radiosonde) und regelmäßig Höhen von bis etwa zwanzig Kilometern erreicht. Nur spezielle Sonden, die auch die Ozonkonzentration messen, steigen noch höher in die Atmosphäre auf. Die üblichen Sonden sind außerdem mit einem Radarreflektor ausgestattet, der durch Peilungen von der Bodenstation aus die indirekte Bestimmung des Höhenwindes erlaubt. Das Radiosonden-Routinemeßnetz der Weltmeteorologischen Organisation (WMO) umfaßt derzeit weltweit etwa 900 Stationen, gegenüber rund 9 700 Bodenstationen.

Es würde viel zu weit führen, die Millionen und Abermillionen Meßdaten der neoklimatologischen Epoche, der Zeit, aus der direkte klimatologische Meßdaten vorliegen, oder auch nur der letzten rund hundert Jahre, die uns einen mehr oder weniger globalen Überblick gestat-

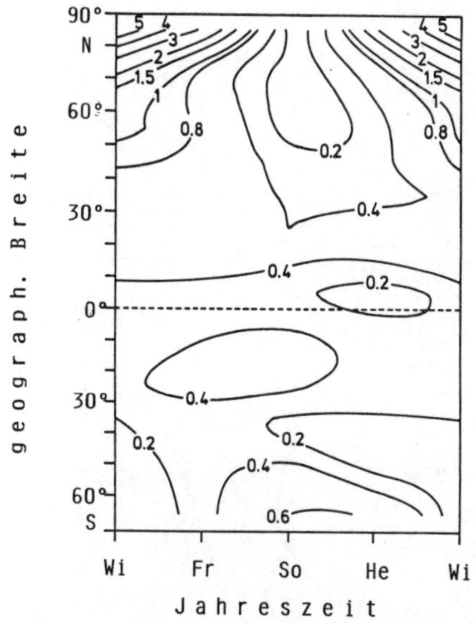

Abbildung 18 Trends von 1890 bis 1985 der bodennahen Lufttemperatur in Grad Celsius, aufgeschlüsselt nach den Jahreszeiten und der geographischen Breite. Quelle: C.-D. Schönwiese[39], unter Verwendung von Daten nach J. Hansen und S. Lebedeff.

ten, hier zusammenfassend werten zu wollen. Selbst grobe Zusammenfassungen würden den Rahmen dieses Buches bei weitem sprengen. Die Abbildungen 14 bis 17 zeigen jedoch einen Teil der prinzipiell immer wieder auftauchenden Variationscharakteristika:

- relativ ausgeprägte Jahr-zu-Jahr-Variationen,
- geringer ausgeprägte, jedoch erkennbare Fluktuationen in zeitlichen Größenordnungen von mehreren Jahren und Jahrzehnten,
- längerfristige, über fünfzig oder gar hundert Jahre anhaltende Trends, die sich jedoch, bei Zuhilfenahme weiter zurückreichender indirekter Informationen oft als Teile noch längerfristiger Fluktuationen entpuppen.

Hinzu kommen jahreszeitliche und räumliche Unterschiede, und selbstverständlich generell Unterschiede quantitativer Art, die das Gesamtbild so vielfältig, unübersichtlich und schwer interpretierbar machen.

Um diese Probleme wenigstens andeutungsweise aufzuzeigen, sind in Abbildung 18 die Temperaturtrends der bodennahen Lufttemperatur der letzten rund hundert Jahre, genauer von 1890 bis 1985, in Abhängigkeit von der Jahreszeit und der geographischen Breite, also in West-Ost-Richtung gemittelt, dargestellt. Hervorzuheben ist, daß es sich nur um die in Abbildung 17 als Gerade ersichtlichen linearen Trends handelt und daß diese Trends längst nicht alle im statistischen Sinn signifi-

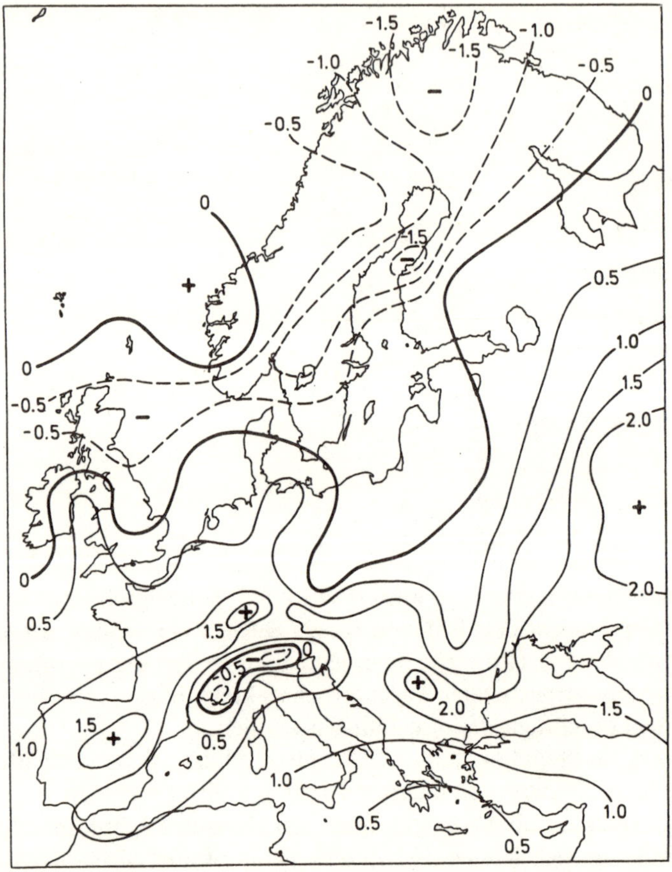

Abbildung 19 Trends von 1889 bis 1988 der bodennahen Wintertemperatur Europas in Grad Celsius. Dieses Bild zeigt, wie unterschiedlich und kompliziert das Trendverhalten bei genauer Analyse der Meßdaten in Erscheinung tritt. Quelle: C.-D. Schönwiese und Mitarbeiter, noch unveröffentlicht.

kant sind, das heißt, sie überschreiten nicht generell das Ausmaß der Jahr-zu-Jahr-Variationen so stark, daß sie als höchstwahrscheinlich real eingestuft werden können. Sie sind somit nur ein Teilaspekt der insgesamt wesentlich vielfältigeren Variationscharakteristika des Klimas. Wir erkennen in Abbildung 18, daß sich in den Tropen nur geringe (um 0,2° C) und im arktischen Winter (80–90° Nord) die Maximalwerte (bis zu 5° C) dieser Trends gezeigt haben. Würden wir uns eine entsprechende Weltkarte der Temperaturtrends ansehen, so würden wir die maximale Erwärmung (wieder 5° C) im grönländisch-nordkanadischen Raum erkennen, in Europa dagegen sehr geringe Trends, im europäischen Sommer sogar überwiegend Abkühlungseffekte. Abbildung 19 zeigt für Europa eine genauere, direkt auf Stationsdaten beruhende Trendanalyse der Wintertemperaturen. Wir sehen, wie kompliziert sich nun das Trendverhalten darstellt; es gibt neben Regionen mit Erwärmung auch solche mit Abkühlung. Ähnlich, mit teilweise sogar noch ausgeprägteren Abkühlungen ist es im Sommer. Nur der Herbst zeigt in Europa nahezu generell eine Erwärmung in den letzten rund 100 Jahren.

Noch viel komplizierter, schon wegen der weitaus schlechteren räumlichen Repräsentanz, ist das Verhalten der Niederschlagtrends und -fluktuationen. Die Trends der Meeresspiegelhöhe, global seit etwa hundert Jahren und regional seit zweihundert Jahren rekonstruierbar, liegen im Zentimeterbereich und damit an der Grenze des Nachweisbaren. An alle diese Komplikationen sollten wir uns erinnern, wenn wir die Eingriffe des Menschen in das Klimageschehen diskutieren.

3.8 Klima und Umwelt: Zusammenhänge und Abgrenzungen

Das Klima, so kompliziert es auch ist, ist nur ein Teil der viel umfassenderen Umwelt des Menschen, deshalb sollen hier nun kurz einige Aspekte von Zusammenhängen und Abgrenzungen dieser Begriffe erörtert werden.

Materielle Umweltprobleme werden meist so gesehen, daß wir zunächst vom Menschen unbeeinflußte Systeme betrachten, was heute freilich nur noch theoretisch möglich ist. Dann steht bei globaler Erfassung das Leben auf der Erde mit Pflanzen und Tieren die »Biosphäre«, bei regionaler Betrachtung ein Teil dieser Biosphäre, zum Beispiel die Lebensgemeinschaft eines Waldes oder Sees, im Zentrum der Betrachtung. Umwelt ist dann alles, was diese Lebensgemeinschaft beeinflußt, im allgemeinen Atmosphäre (Luft), Hydrosphäre (Wasser), Pedosphäre (Boden) und Lithosphäre (Gesteinsuntergrund). Alle diese Sphären bestehen aus Materie in typischer, aber keinesfalls konstanter Zusammensetzung und sind somit Träger typischer physikalischer und chemischer Gegebenheiten und Vorgänge. Zur Analyse derartiger regionaler

Gegebenheiten und Vorgänge hat sich die Ökologie als eine der wichtigen, modernen Wissenschaften etabliert, einschließlich der zugehörigen lokal- und regionalklimatischen Aspekte. Die globale Klimatologie ist von der globalen Ökologie oder Umweltwissenschaft nicht weit entfernt. Für den Übergang von der Globalökologie zur Globalklimatologie benötigt man nur eine Akzentverschiebung – wobei nicht mehr die Biosphäre, sondern die Atmosphäre im Zentrum der Betrachtung steht – und die Erweiterung um eine weitere Sphäre, nämlich die Kryosphäre, das sind die Eisgebiete der Erde auf dem Ozean und dem Land. Eine weitere Unterscheidung zwischen Globalklimatologie und -ökologie ist darin zu sehen, daß der Ozean mit seinem Salzwasser für das Klima generell eine große Rolle spielt, während das in der Ökologie nur für spezielle Fragestellungen des Lebens im Meer – in der marinen Biosphäre – der Fall ist. Ansonsten gibt es, gerade bei globalen Ansätzen, zwischen Ökologie und Klimatologie viele Gemeinsamkeiten.

Wo liegen nun aber die Unterschiede? Ist es überhaupt notwendig, neben den Gemeinsamkeiten die Unterschiede hervorzuheben? So wichtig fachübergreifende Ansätze und Forschungen auch sind, sie werden von staatlicher Seite übrigens immer noch zu wenig gefördert, so wichtig ist es auch, Unterschiede und Differenzierungen zu sehen. Klima und Umwelt sind ohnedies so eng miteinander verknüpft, daß wir auf Gemeinsamkeiten und Querbezüge immer wieder zurückkommen werden.

Ein Schlüsselaspekt der Unterscheidung ist die Chemie, genauer die chemische Reaktionsfreudigkeit beziehungsweise -trägheit der in der Atmosphäre enthaltenen Gase. In vielen Fällen entscheidet die Reaktionsgeschwindigkeit darüber, wie lange das betreffende Gas in der Atmosphäre verbleibt, wenn es durch irgendwelche Vorgänge dorthin gelangt ist. In Abb. 18, in Anlehnung an G. P. Hekstra[42], sind drei Gruppen von atmosphärischen Gasen zu erkennen: links reaktionsfreudige (reaktive) Gase mit nur relativ kurzen atmosphärischen Aufenthaltsdauern von Tagen bis Monaten, wie Schwefeldioxid (SO_2), Kohlenmonoxid (CO) oder auch Rußpartikel; rechts extrem langlebige Gase, nämlich Stickstoff (N_2) und Sauerstoff (O_2), zugleich auch die häufigsten Gase der Atmosphäre und in der Mitte die klimawirksamen Gase mit mittleren molekularen Aufenthaltsdauern zwischen zehn und hundert Jahren, wie Kohlendioxid (CO_2) oder die Fluorchlorkohlenwasserstoffe (FCKW). Alle diese Gase außer N_2 und O_2 sind sogenannte Spurengase, die nur geringe Konzentrationen von unter einem Prozent in der Atmosphäre aufweisen. Eine Sonderrolle spielt der Wasserdampf, der in der unteren Atmosphäre aus physikalischen Gründen kurzlebig ist; er kann sich als einziges Gas unter natürlichen Bedingungen in die flüssige und feste Zustandsform umwandeln und erreicht im Zuge des Wasserkreislaufs Verweilzeiten von etwa zehn Tagen und Konzentrationen bis 3 Prozent. In der Stratosphäre ist er mit zwei Jahren jedoch langlebig. Aufenthaltsdauern von mindestens zwei bis drei Jahren reichen aus, damit sich das betreffende Gas global ausbreitet, sein Aktionsradius ist somit prinzipiell global, unabhängig davon, wo das betreffende Gas in die Atmosphäre gelangt ist. Im Gegensatz dazu weisen reaktive Gase markante regionale Konzentrationsunterschiede auf. Man trifft sie im allgemeinen vor allem dort an, wo sie in die Atmosphäre gelangt sind. Dies schließt grenzüberschreitende Transporte in der Größenordnung von bis zu einigen hundert Kilometern nicht aus.

Nur diese reaktiven Gase sind im übrigen in der Lage, toxisch zu wirken, was bedeutet, daß sie gesundheitsschädigend für Mensch, Tier und Pflanze sein können. In diesem Sinn sind CO_2 und FCKW auch keine Schadgase. Ihre Wirkung ist vielmehr physikalisch-klimatologischer Art. An dieser Stelle kann dann auch die Grenze gezogen werden: Reaktive Substanzen in Luft, Wasser und Boden, die toxisch wirken und daher das Leben gefährden oder schädigen können, das ist die Umweltproblematik im engeren Sinn, die praktisch immer von regionaler Art ist. Klima, das wir in Kapitel 2 im Gegensatz zum Wetter als Langzeitvorgang erkannt haben, ist dementsprechend auch mit relativ langlebigen Substanzen wie dem Kohlendioxid verknüpft. Es handelt sich, jedenfalls unter den hier betrachteten Gesichtspunkten, automatisch dann auch um globale Probleme.

Nicht alle Gase lassen sich so strikt, wie hier vereinfachend beschrieben, in die Umwelt- und Klimaschublade stecken, und das führt uns wieder zu Überschneidungen. Paradebeispiel dafür ist das Ozon (O_3), das nicht mit dem Sauerstoff (O_2) verwechselt werden darf. Die Bezeichnung »ozonreiche Waldluft«, ist falsch; in solchen Fällen darf korrekt nur von Sauerstoff die Rede sein. Ozon ist nämlich gleichzeitig toxisch – die atmosphärische Verweilzeit liegt bei wenigen Monaten – und klimawirksam, wobei wir uns zunächst auf die untere Atmosphäre (Troposphäre) beschränken. Information zur stratosphärischen Bedeutung erhalten wir in Kapitel 5.5. Toxisch ist es deswegen, weil es reaktionsfreudig ist und aggressive Eigenschaften bezüglich Mensch, Tier und Pflanze aufweist, klimawirksam ist es, weil es zu den »Treibhausgasen« gehört (Kap. 3.1 und 7.1). Die Reaktionsfreudigkeit hat zur Folge, daß große räumliche Konzentrationsunterschiede auftreten.

Immer wenn hier von Verweilzeit die Rede ist, ist dies im Mittel und bezüglich einzelner Moleküle in der unteren Atmosphäre gemeint, unabhängig davon, durch welche Prozesse die Moleküle dieser Gase in die Atmosphäre gelangen. Diese Verweilzeit ist von der Störungszeit zu unterscheiden, die sich stets nur auf einen bestimmte Vorgang bezieht, und zwar auf einen Quellenanteil, wie menschliche Eingriffe, die neben natürlichen Vorgängen zu betrachten sind. In einigen wenigen Fällen hängt die Verweilzeit nicht von der chemischen Reaktionsgeschwindigkeit, sondern von physikalischen Vorgängen ab. Als Beispiel ist Kohlendioxid zu nennen, dessen Verweilzeit durch die Austauschvorgänge zwischen Atmosphäre, Ozean und Biosphäre (hier Vegetation), sehr langfristig auch von den Sedimenten gesteuert wird; chemisch ist CO_2 extrem reaktionsträge. Beim Sauerstoff ist es so, daß er eigentlich durchaus reaktionsfreudig ist, wie Brände und sonstige Oxidationsvorgänge zeigen; nur sind diese Vorgänge relativ so selten, daß sich dennoch pro Molekül im Mittel eine extrem lange Verweilzeit ergibt. Verweilzeiten sind somit stets auch Mittelwerte über sehr vielen Quellen, die das betreffende Gas in die Atmosphäre bringen, und Senken, welche dieses Gas der Atmosphäre entziehen. In vielen Fällen, so auch bei Kohlenstoff (C), CO_2, N_2 und O_2, handelt es sich um umfassende und komplizierte Stoffzyklen mit vielen chemischen Reaktionen, die zum Teil sehr langsam ablaufen und unter natürlichen Bedingungen im allgemeinen Gleichgewichtszustände mit konstanten atmosphärischen Konzentrationen anstreben.

Die Anreicherung der Atmosphäre mit Sauerstoff bis zum heutigen Konzentrationswert als Folge der Entwicklung des Lebens ist in Kapitel 3.1 beschrieben worden. Wichtig ist hier, daß es sich um einen sehr langsamen Vorgang, über mindestens eine Milliarde Jahre, gehandelt hat. Und wichtig ist auch, daß viele natürliche Stoffkreisläufe, die für das Unterhalten atmosphärischer bestimmter Gaskonzentrationen verantwortlich sind, ebenfalls langsam sind und bestrebt sind, Gleichgewichtszustände zu unterhalten. So ist ein Wald weder ein Sauerstoff-Produzent (O_2-Quelle), noch ein Vernichter von Kohlendioxid (CO_2-Senke), sondern über ein Jahr gemittelt gibt er genausoviel O_2 an die Atmosphäre ab, wie er aufnimmt, und beim CO_2 ist es ebenso. Kommt allerding weiterer Wald hinzu oder wird Wald gerodet, so ändern sich diese Sachverhalte, wobei nun wieder von Bedeutung ist, wie kurz oder lang die mittlere molekulare Verweilzeit des betreffenden Gases in der Atmosphäre ist. Beim extrem langlebigen O_2 ist die heutige Konzentration die Folge von Vorgängen über viele zehntausend Jahre. Erst Ein-

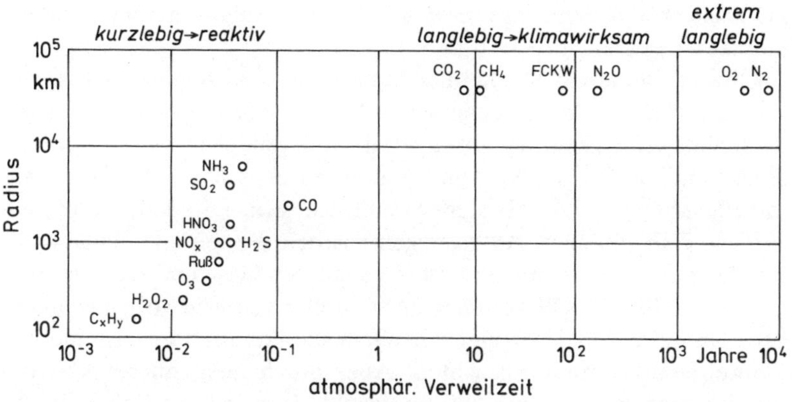

Abbildung 20 Mittlere Verweilzeit (molekular) einiger Gase (Ruß ergänzt) in der Atmosphäre und wirksamer Radius, sozusagen Aktionsbereich. Es ergibt sich eine Gruppierung in kurzlebige Gase mit regionaler und langlebiger beziehungsweise extrem langlebiger Gase mit globaler Wirksamkeit. Quelle: G. P. Hekstra[42], ergänzt.

griffe von so langer Dauer würden zu Konzentrationsänderungen führen. Beim CO_2 reichen hingegen schon einige Jahrzehnte aus, um entsprechende Konzentrationsänderungen in Erscheinung treten zu lassen. Und bei den reaktiven Gasen (Abb. 20, ganz links), ändern sich die Konzentrationen schon im Verlauf von Monaten und Tagen, zum Teil noch rascher.

Halten wir fest: Atmosphärische Gase haben nicht nur bestimmte Konzentrationen, sondern auch bestimmte Verweilzeiten in der Atmosphäre. In Abhängigkeit davon haben sie mehr regionale oder aber prinzipiell globale Bedeutung. Ursache für die unterschiedlichen Verweilzeiten sind häufig chemische Reaktionsgeschwindigkeiten, in manchen Fällen aber auch physikalische Vorgänge, einschließlich sogenannter Stoffzyklen – Austausch zwischen verschiedenen Reservoiren – die dann allerdings wiederum mit chemischen Reaktionen verknüpft sein können. Stets gibt es Ausnahmen von allgemeinen Regeln und Überschneidungen. Ob atmosphärische Konzentrationsänderungen, und zwar zeitliche wie räumliche, eintreten können, hängt jedoch wiederum von diesen Verweilzeiten ab; je größer die Verweilzeit, um so geringer ist die räumlich-zeitliche Variation. Bei der quantitativen Ausprägung dieser Konzentrationsänderungen ist selbstverständlich auch von Bedeutung, wie groß der Transport in die Atmosphäre hinein

(Quellstärken) beziehungsweise aus der Atmosphäre heraus (Senkenstärke) ist.

Obwohl in diesem Kapitel der Mensch hin und wieder als Ursache von Umweltproblemen genannt worden ist, gibt es solche Probleme auch ohne seine Eingriffe. Im engeren Sinne verstehen wir darunter die Belastung von Luft, Wasser und Boden mit toxischen Substanzen, die die Biosphäre in ihrer Existenz beeinträchtigen. Dies kann durch natürliche Exhalationen, Ausgasungen aus dem Boden oder Vulkanausbrüche geschehen; denn alle bisher genannten Gase und sonstige Substanzen, außer FCKW, kommen auch durch natürliche Vorgänge in unsere Umwelt, wobei wir hier vor allem die Atmosphäre als eine der Umweltkomponenten betrachten. Aber durch menschliche Aktivitäten, oft ungewollt und zunächst unbewußt, da es sich um Nebeneffekte beim Autofahren oder der Energienutzung handelt, kommt es ebenfalls zur Konzentrationserhöhung gefährlicher Substanzen. Meist, wenn von Umweltproblemen die Rede ist, ist diese anthropogene Anreicherung unserer Umwelt mit Schadstoffen gemeint. Ob eine Substanz dann wirklich toxisch wirkt, hängt nicht nur von ihren chemischen Eigenschaften, sondern auch ganz wesentlich von der Konzentration ab. Bei extremen Konzentrationen beziehungsweise Mengen, die vom Menschen oder anderen Komponenten der Biosphäre aufgenommen werden, können selbst solche Substanzen toxisch werden, die man eher als notwendig und »gesund« einstuft, wie man sich anhand des Beispiels Salz leicht überlegen kann. Weiter wollen wir uns hier nicht mit solchen Abgrenzungsproblemen befassen.

4 Klimavorhersage: Probleme und Wahrscheinlichkeiten

4.1 Läßt sich das Klima vorhersagen? Einige prinzipielle Überlegungen

Noch mehr als der Blick in die Vergangenheit hat die Menschheit seit jeher der Blick in die Zukunft fasziniert. Doch haben Prognosen ihre Tücken, gelingen nur in begrenztem Rahmen und erweisen sich nicht immer als zutreffend. In der Naturwissenschaft stehen den sicheren Prognosen astronomischer Art die stets unsicheren Vorhersagen des atmosphärischen Verhaltens, wie zum Beispiel des Wetters gegenüber, um nur einige wenige Aspekte zu nennen.

Vor nunmehr über zwanzig Jahren hat Carl-Friedrich von Weizsäcker in einem berühmt gewordenen Vortrag »Über die Kunst der Prognose«[1] etwas scherzhaft die Frage nach dem ersten Prognostiker gestellt. Wahrscheinlich nicht der erste, aber ein sehr früher Prognostiker, war Thales von Milet, der für das Jahr 585 v. Chr. eine Sonnenfinsternis prophezeite, die dann auch tatsächlich eintrat. »Thales wußte so sicher, wie man wissen kann«, so von Weizsäcker, »daß eine Sonnenfinsternis eintreten würde; ob man aber die Sonne an diesem Tag würde beobachten können . . ., das wußte er nicht, denn das hing davon ab, ob Wolken da waren. Das Wetter ist . . . aus irgendwelchen geheimnisvollen Gründen komplizierter als der Gang der Sterne am Himmel . . .; das eine läßt sich vorhersagen, das andere nicht oder nur schwer.«

So ganz geheimnisvoll ist das Wetter jedoch nicht, und es läßt sich auch, in gewissen Grenzen, vorhersagen. Komplizierter als die genannten astronomischen Vorgänge ist es aber allemal, und das hängt mit der Zahl der Freiheitsgrade zusammen[2].

Um das zu verstehen, stellen wir uns eine Kugel vor, die an eine Schiene gebunden ist. Sie kann sich auf dieser Schiene nur vorwärts oder rückwärts bewegen. Physikalisch entspricht das einer Dimension, wobei wir der Anfangsstellung der Kugel den Wert »null« zuordnen. Dann bedeuten Vorwärtsbewegungen positive und Rückwärtsbewegungen negative Werte einer fiktiven Zahlenachse, die wir an der Schiene anbringen können. Kippen wir die Schiene ein wenig, so kann die Kugel, der Schwerkraft folgend, nur eine Richtung einschlagen, entsprechend der einzigen »Freiheit« ihrer einzigen Dimension. Ganz ähnlich und nur relativ wenig komplizierter folgen die Planeten, sozusagen auf Schienen, ihrer Bahn um die Sonne und die Monde ihrer Bahn um die Planeten.

Entfernen wir nun bei unserer Kugel die Schiene, so daß sie beispielsweise auf einem Tisch liegt, kommt eine zweite Dimension hinzu. Geographisch gesehen könnte die eine Dimension die West-Ost-Richtung, die andere Dimension die Nord-Süd-Richtung repräsentieren. Aus der Freiheit, sich in beiden Dimensionen bewegen zu können, ergeben sich nun schon sehr viele Varianten für die Bewegung unserer Kugel. Teilen wir unseren Tisch in eine bestimmte Anzahl von Feldern ein, die uns allein interessieren (zum Beispiel sechzehn oder hundert), so kann sich unsere Kugel aufgrund irgendwelcher Einwirkungen nach einer bestimmten Zeit in irgendeinem dieser Felder befinden. Und die Anzahl dieser Felder – streng genommen reduziert um das eine Feld, in dem sich die Kugel anfangs befindet – ist die statistische Anzahl der Freiheitsgrade, die offenbar davon abhängt, wie weitgehend wir die räumlich-horizontale Auflösung der Ortsbestimmung auf unserem Tisch treiben wollen.

Bei einem Luftmolekül oder größeren Luftvolumen unserer Atmosphäre kommt noch eine dritte Dimension dazu, die Vertikalbewegung, und die Anzahl der Freiheitsgrade erhöht sich entsprechend. Mit der Betrachtung der Atmosphäre der Erde sind wir dabei stillschweigend in den Dunstkreis der Meteorologie eingetreten. Nun beschäftigt sich die Meteorologie nicht nur mit Bewegungen von Luftmolekülen und -volumina, dem Wind; selbst bei Einschränkung auf das Wetter kommen zumindest noch Temperatur, Wasserdampfgehalt (Feuchte), Flüssigwasser- und Eisgehalt (sichtbar als Wolken), Druck sowie Niederschlag als wichtigste Wetterelemente hinzu.

Wir können uns, um den Kugelvergleich wieder aufzunehmen, verschiedenfarbige Kugeln vorstellen, eine grüne für den Luftdruck, eine rote für die Lufttemperatur, eine blaue für den Wind und so weiter. Zu einer bestimmten Zeit befinden sich alle diese Kugeln, ihren in der Atmosphäre gemessenen Anfangswerten entsprechend, auf irgendwelchen Feldern eines dreidimensionalen Raumes, und die synoptische Zahl der Freiheitsgrade ergibt sich nach den Regeln der Kombinationsmathematik, Beispiel $100^6 = 10^{12}$ bei jeweils hundert Feldern für sechs Wetterelemente (10^{12} ist eine Eins mit zwölf Nullen).

In der meteorologischen Wirklichkeit sind die verschiedenen Kugeln nicht vollständig voneinander unabhängig. Die Luft wird sich bei Aufwärtsbewegungen abkühlen; eine Erwärmung ist dabei aus physikalischen Gründen im allgemeinen, das heißt bei einem abgeschlossenen System beziehungsweise adiabatischen Vorgang, ausgeschlossen. Auch gibt es gewisse Erhaltungsneigungen (statistisch: Autokorrelationen), welche nicht in beliebig kurzer Zeit beliebig große Änderungen zulassen. Das reduziert die Anzahl der Freiheitsgrade. Trotzdem bleibt ihre Anzahl aber noch sehr hoch, ja steigt geradezu gigantisch an, wenn wir uns vergegenwärtigen, daß die Luft der Atmosphäre nicht aus einem einzigen Molekül oder irgendwie definierten abgegrenzten Volumen besteht, sondern aus sehr vielen, denen allen sehr viele Freiheitsgrade zukommen.

Eine weitere Komplikation ergibt sich bei dem Versuch, Ursachen von Wirkungen zu trennen. Stark vereinfacht kann man die Situation so sehen, daß aufgrund einer bestimmten verfügbaren Sonnenenergie – als externem Einfluß auf das System der Atmosphäre – dreidimensionale Bewegungsvorgänge ablaufen, die sogenannte atmosphärische Zirkulation. Sie hat bestimmte Wirkungen für das Wettergeschehen zur Folge, nämlich bestimmte Werte von Temperatur, Niederschlag usw. an den einzelnen Punkten der Erdoberfläche. Auf der anderen Seite können aber durch eine Temperaturänderung in Bodennähe, bisher als Wirkung definiert, Zirkulationsänderungen und somit Wetteränderungen entstehen. Letztlich sind die verschiedenen Ursachen zu einem großen Teil miteinander verknüpft, zusätzlich Wirkungen mit Ursachen rückgekoppelt, so daß ein hochkompliziertes vernetztes System entsteht.

Die Methodik der Wettervorhersage, deren Produkte uns aus dem täglichen Wetterbericht geläufig sind, beruht nun darauf, daß zu einer bestimmten durch Realmessungen zugänglichen Zeit der sogenannte Anfangszustand des atmosphärischen Systems erfaßt wird, um dann mit Hilfe der physikalischen Eigengesetzlichkeit des Systems – wobei die Zirkulation eine primäre Rolle spielt – in gewissen Zeitschritten von einigen Minuten mathematisch-numerisch in die Zukunft zu extrapolieren. Mathematisch heißt, daß die erfaßten Ursachenkomplexe und Wetterelemente durch Gleichungen zueinander in Beziehung gesetzt sind, und zwar durch »prognostische« Gleichungen, welche die Zeit mit einschließen, um die Trends der Wetterelemente zu berechnen. Numerisch heißt, daß wegen der Kompliziertheit dieser Gleichungen die gewünschten Zahlenwerte der Wetterelemente in zukünftigen Zeiten nur durch Näherungsverfahren zugänglich sind.

Um dieses Problem zu bewältigen, müssen gravierende Vereinfachungen eingeführt werden. Die wichtigsten sind:

- Es werden nicht alle, sondern nur eine Auswahl der Ursachenkomplexe und Wetterelemente behandelt.
- Es werden nicht alle bekannten Zusammenhänge erfaßt – wobei die unbekannten Zusammenhänge, die es natürlich auch gibt, a priori nicht erfaßt werden können.
- Es wird nicht eine beliebig genaue, sondern nur eine sehr begrenzte räumliche Auflösung verwendet.

Solche Vereinfachungen gegenüber der Wirklichkeit sind typisch für Modelle, und da nach wie vor die Zirkulation die primäre Rolle spielt, spricht man von atmosphärischen allgemeinen Zirkulationsmodellen (general circulation models = GCMs).

Bei den üblichen GCMs der Wettervorhersage liegt die räumliche Auflösung bei einigen hundert Kilometern, auch wenn regional begrenzt, beispielsweise für Europa, auch schon 50-Kilometer-Gitter verwendet werden. Dabei muß man sich ein regelmäßiges Gitterpunktnetz vorstellen, das ähnlich einem Haarnetz über den Globus gestülpt wird, und an dessen Gitterpunkten jeweils alle relevanten Klimaelemente von Zeitschritt zu Zeitschritt, zum Beispiel bis 24 Stunden im voraus, berechnet werden. Um die räumliche Dimension zu erfassen, muß ein System solcher Haarnetze vom Boden bis in die untere Stratosphäre – bis ca. 20 Kilometer Höhe – übereinander angeordnet werden. Eine Überschlagungsrechnung, bei einem 200 x 200 Kilometer-Netz, mit zehn Modellschichten und zehn Zustandsgrößen führt zu zehn Millionen Informationen, für die alle die vielen qualitativ erläuterten Freiheitsgrade bestehen und die schrittchenweise und näherungsweise in die Zukunft extrapoliert werden müssen. Ein gewaltiges Unterfangen, für das die größten Rechenanlagen der Welt kaum gut genug sind. Und zu Recht meinen viele Wissenschaftler, daß es sich bei diesem Wettersystem um eines der kompliziertesten Systeme der Naturwissenschaft handelt. Aber es kommt noch schlimmer, und zwar beim Klimasystem.

Zuvor müssen wir uns aber noch an die Grenzen der Wettervorhersage heranarbeiten. Die genannte 24stündige Wettervorhersage weist heute eine Trefferquote von rund 85 Prozent auf, was im Vergleich mit wirtschaftlichen und politischen Vorhersagen gar nicht so schlecht ist. Je weiter wir jedoch den Blick in die Zukunft wagen, um so mehr geht diese Trefferquote zurück.

Das liegt erstens an den physikalischen Vereinfachungen, insbesondere an der Tatsache, daß von den in der Natur vertretenen 18 Größenordnungen, hier sind es Zehnerpotenzen, und zwar 10^{-10} Meter, beim molekularen »Scale« bis 10^{7} Meter bei globaler Betrachtung, nur drei Größenordnungen von den Zirkulationsmodellen realisiert werden. Die nicht erfaßten »subskaligen« Effekte wachsen an, dringen in den Modellscale ein und führen dazu, daß sich Modellrechnungen und Wirklichkeit immer mehr voneinander entfernen.

Zweitens gibt es numerische Fehlerquellen, die zu einem Anwachsen des Schätzfehlers bei den verwendeten mathematischen Näherungsverfahren führen. Alles in allem und ohne hier Details diskutieren zu können, haben die Theoretiker unter den Meteorologen abgeschätzt, daß die theoretische Grenze der Wettervorhersagbarkeit – wobei theoretisch größter denkbarer Modellaufwand bedeutet – in der Größenordnung von einem Monat liegt. Praktisch werden derzeit einige Tage, bei sehr groben Aussagen rund zehn Tage erreicht.

Nun ist eigentlich weitgehend klar, daß die selbsternannten Prognostiker, die uns über Monate hinweg bestimmte Sommer- und Winterwitterungen prophezeien, in die gleiche Schublade gehören wie die Erfinder des Perpetuum mobile. Auch wenn sich die Gazetten auf solche Vorhersagen stürzen: sie gehören in das Reich der Fabel. Und konsequenterweise müßten wir nun den Schluß ziehen, daß sich Klimaänderungen nicht vorhersagen lassen.

Richtig ist an dieser Folgerung allerdings nur, daß sich mit Zirkulationsmodellen und somit natürlich auch mit weniger aufwendigen Techniken nicht Schritt für Schritt das so vielfältige und komplexe Geschehen der Atmosphäre über die theoretische Grenze von einem Monat hinaus vorhersagen läßt, weder heute noch irgendwann. Es gibt aber noch die Möglichkeit der bedingten Vorhersage. Die Bedingung besteht dabei darin, daß möglicherweise eine bestimmte Ursache innerhalb des vielfältigen Ursache-Wirkung-Komplexes so stark in ihrer Effektivität anwächst, daß sie gegenüber allen anderen Wirkungsmechanismen klar dominiert. Außerdem muß das Verhalten dieser einen dominierenden Ursache sicher oder mit hoher Wahrscheinlichkeit vorhersagbar sein.

In Erinnerung an die einleitende (Kap. 4) Betrachtung einer Sonnenfinsternis ist es nicht erstaunlich, daß wir die überzeugendsten Ansätze für solche bedingten Klimavorhersagen im astronomischen Bereich finden.

4.2 Extremer Weitblick: Hitze- oder Kältetod der Erde?

Sonne und Erde haben in ihrem Lebenslauf nicht nur einen Anfang, sondern auch ein Ende. Wenn wir die Idee und Möglichkeit der bedingten Klimavorhersage wieder aufgreifen, so liegt es nahe, sich zunächst einmal am Lebenslauf der Sonne zu orientieren. Die Sonne ist ein riesiger Kernfusionsreaktor, der ständig Wasserstoff in Helium umwandelt. Die dabei entstehende Energie strahlt die Sonne ab, und ein Teil davon erreicht als lebensspendende Kraft auch die Erde. Dank eines günstigen Abstandes zur Sonne hat sich dabei auf der Erde ein besonders günstiges Klima und daher das Leben entwickeln können (Kap. 3.1).

Selbstverständlich ist das Kernbrennmaterial der Sonne, der Wasserstoff, endlich, so daß ihr Fusionsreaktor eines Tages erlöschen wird. Das gehört zum üblichen Lebenslauf eines Sterns, und unsere Sonne ist ein solcher normaler Stern, von denen wir viele ähnliche im Weltall finden. Astronomen (vgl. Quellenhinweise 1 und 2 zu Kap. 3) berechnen nun, daß dieses Ereignis, das zum Verlöschen der Sonne führt, in ungefähr fünf Milliarden Jahren eintreten wird. Die Sonne wird dann als »Weißer« oder »Schwarzer Zwerg« in sich zusammensacken und das Endstadium ihres Lebenslaufs erreicht haben. Für die Erde bedeutet das ewige, kalte Nacht; die Temperatur geht auf die Weltalltemperatur von −270° C zurück. Sollte in jener Zeit noch Leben auf der Erde existieren, so muß es unweigerlich den Kältetod sterben. Und dies ist ein »todsicheres« Beispiel einer bedingten Klimavorhersage, wenn auch für eine extrem ferne Zeit. Und bedingt ist diese Vorhersage deswegen, weil hier nur noch der Faktor Sonne eine Rolle spielt, und dies so extrem, daß wir alle anderen Klimamechanismen vergessen können.

Bemerkenswert ist an diesem Beispiel auch seine Relativität; denn es gibt noch eine zweite, ebenfalls sehr extreme auf astronomischen Vorgängen beruhende Klimavorhersage, die wiederum mit dem Lebenslauf der Sonne einhergeht. Das hängt damit zusammen, daß der Kernreaktor Sonne nicht gleichmäßig brennt. Seit dieser Fusionsreaktor nämlich vor vielen Jahrmilliarden »gezündet« hat, ist er immer intensiver und die Sonnenoberfläche damit heißer geworden. Außerdem wird die Zone der Kernreaktionen, die heute im Innern der Sonne liegt, mit geringer werdendem Wasserstoffvorrat immer mehr nach außen wandern. Dadurch wird die Sonne nicht nur immer heißer, sondern auch größer. Die mittlere Erdoberflächentemperatur, die heute bei 15,5° C liegt, wird daher in ungefähr zwei bis drei Milliarden Jahren auf Werte um 50° C ansteigen. Dies bedeutet das Verdunsten des Weltozeans und eine Annäherung an das Klima, das heute die Venus hat. In vier bis fünf Milliarden Jahren wird dann die Erdmitteltemperatur die 100° C-Grenze überschreiten und die Sonne sich als sogenannter »Roter Riese« so stark aufblähen, daß sie die inneren Planeten, einschließlich der Erde, regelrecht auffrißt. Zweifellos bedeutet dies den Hitzetod der Erde, in astronomischen Zeitskalen kurz bevor die Erde den schon beschriebenen Kältetod sterben muß. Dieser aber wird durch das Rote-Riese-Stadium der Sonne relativiert; denn der Kältetod ist im Grunde bedeutungslos, wenn davor der Hitzetod steht. Auch dies zeigt uns, daß im Klimageschehen wiederum ein solarer Faktor so dominant wird, daß alles andere sekundär bleibt, und wir eine bedingte Klimavorhersage darauf aufbauen können. Außerdem handelt es sich um eine Naturkatastrophe kosmischer Art, wie sie immer wieder vorkommen und letztlich der Menschheit, erlebt sie diese ferne Zukunft, den Garaus machen wird.

Glücklicherweise sind kosmische Katastrophen allerdings sehr selten und die eben vorgestellten beiden Klimavorhersagen weisen in eine so unvorstellbar ferne Zukunft, daß sie für uns heute völlig ohne Belang sind. Daher müssen wir uns fragen: Was wird denn vorher noch alles passieren? Gibt es ähnlich sichere bedingte Klimavorhersagen auch für die weniger weit entfernte Zukunft?

4.3 Nicht ganz so ferne Zukunft: Die nächste Kaltzeit kommt höchstwahrscheinlich

Wir bleiben bei unseren bedingten Klimavorhersagen auf astronomischen und damit sicheren Pfaden. Nach Kälte- und Hitzetod der Erde steuern wir nun wieder ein kaltes Ereignis an, nämlich die kommende Eis- oder Kaltzeit.

In Kapitel 3.5 ist das Kommen und Gehen der Kalt- und Warmzeiten besprochen und darauf hingewiesen worden, daß die Bezeichnungen Eis- und Zwischeneiszeiten mißverständlich sind. Bleiben wir daher bei der Würm-Kaltzeit, die vor etwa 11 000 Jahren zu Ende gegangen ist und uns in die derzeitige Neo-Warmzeit hinüber geführt hat, und fragen wir uns: Wann kommt die nächste Kaltzeit? Da das Kommen und Gehen der Kalt- und Warmzeiten seit einigen Jahren recht gut verstanden ist, kann eine solche Vorhersage gewagt werden.

Allerdings ist die Sicherheit einer solchen bedingten Klimavorhersage in diesem Fall nicht unerheblich dadurch eingeschränkt, daß astronomische Vorgänge wie die Variationen der Erdumlaufbahn um die Sonne nur den Anstoß geben und im weiteren durch Rückkopplungen mit der terrestrischen Eisbedeckung sowie unterschiedlichen Reaktionen ungleich sensibler Regionen und Jahreszeiten der Erde modifiziert werden. Dadurch werden sowohl Simulationen in die Vergangenheit als auch Projektionen in die Zukunft so kompliziert, daß Generationen von Klimatologen damit gerungen haben. Auch heute sind Wissenschaftler noch recht skeptisch, wenn es um die Vorhersage der nächsten Kaltzeit geht. Allein aus der Tatsache, daß im Quartär seit zwei bis drei Millionen Jahren, in zyklischer Folge bisher mindestens 20 Kalt- und Warmzeiten aufgetreten sind, darf man nämlich nicht folgern, daß dieser Zyklus so weiter geht und uns daher zwingend die nächste Kaltzeit bevorsteht. Es müssen schon die Ursache-Wirkung-Mechanismen erfaßt und modelliert werden. Es gibt nämlich viele Zyklen oder Quasi-Zyklen im Klimageschehen, und keiner dieser Zyklen ist wirklich stabil. So ist auch der Abstand von einer Kaltzeit zur nächsten nicht genau konstant, und das Temperaturniveau ist auch unterschiedlich.

Auf der anderen Seite darf man sich schon auch an den Fortschritten der Klimatologie auf diesem Gebiet orientieren und die Vorhersagen ins Visier nehmen, die auf teils überwiegend statistischen, teils hauptsächlich auf deterministischen, in jedem Fall sehr aufwendigen Klimamodellrechnungen beruhen. Dazu hat der bereits genannte belgische Wissenschaftler André Berger[3] neben seinen Vorhersagen auch umfangreiche und kritische Bestandsaufnahmen zu diesem Problemkreis zusammengetragen. Seine Vorhersage sowie die des Amerikaners John Imbrie[4] ist in Abbildung 21 wiedergegeben. Diese offensichtlich nicht ganz identischen Vorhersagen laufen darauf hinaus, daß in etwa 60 000 Jahren der Tiefpunkt der kommenden Kaltzeit eintreten wird, und trotz aller Komplikationen und Unsicherheiten, vor allem quantitativer Art, darf man dies als eine höchstwahrscheinlich zutreffende, wiederum bedingte Klimavorhersage ansehen. Rechnet man diese Vorhersage, bezogen auf die bodennahe Erdmitteltemperatur, in einen Trend um, so ergibt sich eine Abkühlung von rund 0,01° C pro 100 Jahre oder 0,1° C für ein Jahrtausend. Da auch bei der Weltmitteltemperatur die untere Grenze erkennbarer Trends oder Fluktuationen bei 0,1° C liegt, muß man also etwa 1 000 Jahre warten, bis ein solcher Trend überhaupt erkennbar ist.

Auch wenn man berücksichtigt, daß die Eiszeitabkühlung nur in grober Näherung ein linearer Trend, in Wirklichkeit aber fluktuativ ist und

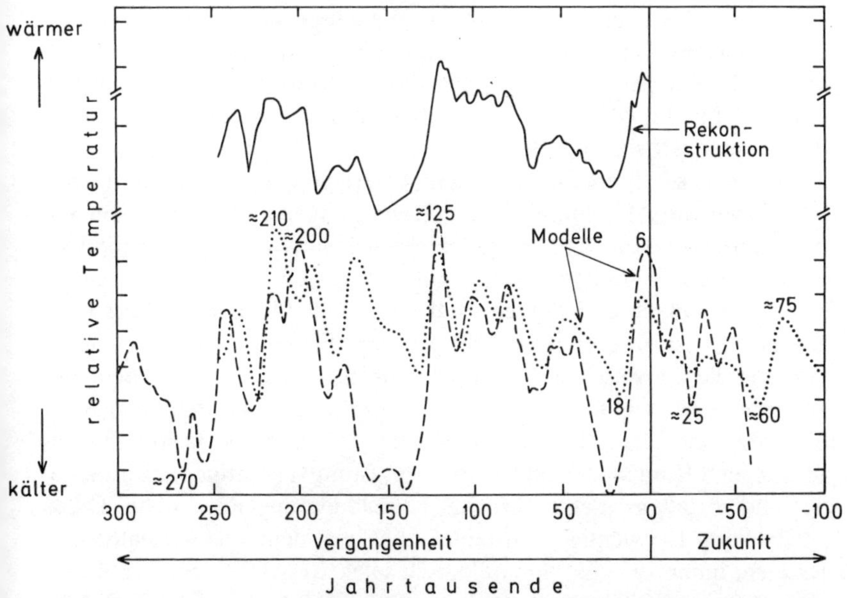

Abbildung 21 Vergleich der rekonstruierten Klimageschichte (tropischer Pazifik) mit Modellsimulationen, nach Berger[3] (gestrichelt) und Imbrie[4] (punktiert), die auf der sogenannten Orbitalhypothese, das heißt Variationen der Umlaufbahn der Erde um die Sonne, basieren. Die darauf beruhenden Vorhersagen lassen den Tiefpunkt der kommenden Kaltzeit in etwa 60 000 Jahren vermuten (vgl. auch Abb. 7). Quelle: Schönwiese[5], unter Verwendung der oben zitierten Rechenergebnisse, etwas verändert.

schon in etwa 5 000 Jahren deutlich kältere Bedingungen als heute zu erwarten sind – Warmzeiten haben eine wesentlich kürzere Dauer als Kaltzeiten –, ist dieser Trend wesentlich geringer als im letzten Jahrhundert (Abb. 15–17) oder in den letzten beiden Jahrtausenden (Abb. 12 und 13) an überlagerten Fluktuationen aufgetreten sind.

Das heißt zwar, die nächste Kaltzeit – wenn sie sich in rund 60 000 Jahren, bei einer Unsicherheit von mindestens 10 000 Jahren, voll ausgewirkt haben wird, mit einem Welttemperaturniveau etwa 4 bis 5° C tiefer als heute – ist durchaus als ein dramatisches Klimaereignis anzusehen. Obwohl es sich hier um wesentlich kürzere Zeitspannen als Jahrmillionen oder gar Jahrmilliarden handelt, ist dies aber für die heutige Zeit und die kommenden Jahrhunderte noch ohne Belang, vor allem deswegen, weil in zeitlichen Größenordnungen von Jahren über

Jahrzehnte bis Jahrhunderte andere Vorgänge wesentlich ausgeprägtere Klimatrends und -fluktuationen erzeugen und somit den Kaltzeittrend überdecken. So interessant die Kaltzeitfrage wissenschaftlich auch ist, für die von uns überschaubare Zeit der nächsten Generationen können wir sie vergessen.

Noch eines sollten wir aus diesen Überlegungen lernen: Wenn Klimatologen von Abkühlungen oder Erwärmungen und generell von Klimaänderungen sprechen, so geschieht das stets mit wohldefiniertem zeitlichen und räumlichen Bezug und ist nur ein winziger Ausschnitt aus dem räumlich und zeitlich so überaus vielfältigen Auf und Ab des Klimas. Es ist eine extreme Mißdeutung klimatologischer Aussagen, einen in dieser Weise erwähnten Klimatrend aus dem Zusammenhang zu reißen und isoliert zu betrachten, ganz im Sinn der angeprangerten Schwarz-Weiß-Malerei (Kap. 1). Ebenso falsch ist es, bestimmte anthropogene Klimaänderungen ohne den Kontext sonstiger anthropogener und vor allem auch natürlicher Klimaänderungen zu sehen. Diese Feststellung ist wichtig, weil leider auch aus dem wissenschaftlichen Bereich, immer wieder klimatologisch selektive Äußerungen zu hören sind, denen offenbar der spezifische Gesamthintergrund fehlt. Solche einseitigen, oft überzogenen Äußerungen, ohne den Versuch der Einordnung in das Klimagesamtgeschehen, sind für die Öffentlichkeit und die Entscheidungsträger wenig hilfreich, sie richten eher Schaden an, als daß sie nutzen.

5 Der Mensch: Bedroht er seine eigene Existenz?

5.1 Nuklearer Winter: eine künstliche, schnelle Kaltzeit?

Nachdem wir uns bisher recht ausgiebig mit natürlichen Klimaschwankungen beschäftigt und einige bedingte Klimavorhersagen betrachtet haben, die ebenfalls auf natürlichen Vorgängen beruhen, wird nun der Mensch ins Geschehen einbezogen, leider nicht als Bewahrer und Sachwalter so vieler für uns günstiger natürlicher Regelmechanismen und Gegebenheiten, sondern oft als Störenfried und Gefährdungspotential. Zwar sind beim Thema Klima und Umwelt anthropogene Klimaänderungen im Prinzip schon genannt worden, jetzt soll es konkreter werden. Es geht zunächst um das sicherlich größte Risiko, das vom Menschen ausgeht und gleichzeitig in extremer Weise menschen- und naturverachtend ist: einen Atomweltkrieg, wobei es ziemlich gleichgültig ist, ob ein solches Inferno beabsichtigt oder unbeabsichtigt verursacht wird. Ein unbeabsichtigter Atomkrieg, ausgelöst durch menschliche Fehleinschätzungen und dadurch ausgelöste militärische Reaktionen mußte in der Vergangenheit schon mehrfach befürchtet werden. Deshalb müssen daraus die Konsequenzen gezogen werden: Wir dürfen nicht ruhen, bis sämtliche Atomwaffen unter internationaler Kontrolle vernichtet und jede weitere Produktion mit Sicherheit verhindert wird. Die derzeitige Ost-West-Entspannung, die derartige Risiken wesentlich herabsetzt, darf uns von diesem Bemühen nicht ablenken, denn so lange Atomwaffen existieren, wobei man die kleineren Länder mit rigorosen Diktatoren nicht vergessen darf, ist das Risiko eines regionalen oder eben auch globalen Atomkriegs zu hoch. Es handelt sich hier um einen der wenigen Fälle, bei denen ein Null-Risiko tatsächlich erreicht werden muß. Zudem werden die Gelder, die für Rüstung ausgegeben werden, weitaus dringender an anderer Stelle benötigt.

Da ein Atomweltkrieg ganz sicher klimatische Konsequenzen hat, hätten wir es wieder mit einem dominanten Faktor im so vielfältigen und komplexen Klimageschehen zu tun, diesmal jedoch ausgelöst durch den Menschen. Das Ergebnis wäre dem Eintreten einer neuen

Kaltzeit vergleichbar, dem sogenannten »nuklearen Winter«, und dies viel rascher, als bei einer natürlichen Kaltzeit. Neben dem Amerikaner Richard Turco[1] und seinen Mitarbeitern hat sich der holländisch-schwedische Luftchemiker Paul Crutzen[2], der seit einigen Jahren in Deutschland tätig ist, eingehend mit dieser Problematik beschäftigt. Diese Ergebnisse sind in den zusammenfassenden Bericht der Weltmeteorologischen Organisation[3] (WMO) in Genf eingeflossen, auf den sich die folgenden Darlegungen beziehen.

Mancher wird einwenden, daß ein mit Atomwaffen geführter Weltkrieg zu so schrecklichen Folgen führen muß, daß es von zweitrangigem Interesse ist, ob sich dabei auch noch das Klima verschlechtert. Die ersten wissenschaftlichen Veröffentlichungen über die klimatischen Folgen eines Atomkrieges haben aber in der Öffentlichkeit und Politik so viel Aufsehen erregt, daß sie möglicherweise dazu beigetragen haben, die Hemmschwelle zum menschenverachtenden Wahnsinn eines solchen Vorgehens weiter zu erhöhen, und jede solche Möglichkeit sollte genutzt werden. Dabei ist wichtig, daß es sich, ähnlich wie beim Treibhauseffekt, um weltweite Auswirkungen handelt, selbst wenn der Einsatz der Atomwaffen regional begrenzt erfolgt. Die Berechnungen zeigen, daß die Konsequenzen für das Klima besonders ausgeprägt wären, wenn ein solcher Atomkrieg im Sommer stattfinden sollte. In den verschiedenen Szenarien, die von der Weltmeteorologischen Organisation der UN zusammengefaßt und gewertet wurden, geht man meist davon aus, daß durch Explosionen und Brände in Städten und Industrieregionen, aber auch durch ausgedehnte Waldbrände, Staub- und Rußmaterial in der Größenordnung von 100 bis 200 Millionen Tonnen in die Atmosphäre der Nordhalbkugel emittiert werden, die sich in den ersten Stunden des Krieges über die unteren drei bis fünf Kilometer der Atmosphäre regional ausbreiten würden.

Die Frühfolge nach einigen Tagen und Wochen wäre ein Rückgang der Sonneneinstrahlung, vor allem in den mittleren Breiten der Nordhemisphäre, zwischen 60 bis 80 Prozent und dadurch ein Temperaturrückgang in der unteren Atmosphäre der betroffenen Gebiete um etwa 15 bis 20° C. Aus einem Sommer würde daher sehr rasch der nukleare Winter werden. Trotz der allmählichen Ausbreitung der Staub- und Rußschichten in die Subtropen und Tropen wären dort die Folgen für die Temperatur relativ gering – in den Subtropen wird aufgrund geänderter Zirkulation der Atmosphäre teilweise sogar eine geringe Temperaturerhöhung erwartet. Nicht so beim Niederschlag: Da wird in den Subtropen und Tropen ein erheblicher Rückgang vermutet, wobei der drastische Effekt ein Ausbleiben der Monsunregen, zum Beispiel Indien, sein könnte.

Nach einigen Monaten, so zeigen es die Modellrechnungen, würde sich der obere Bereich der Staub-, Ruß- und Dunstschicht so stark erwärmt haben, daß es zur Hebung bis in die Stratosphäre und anschließenden weltweiten Ausbreitung dieser Partikel käme. Die Sonne, die die untere Atmosphäre zum Teil nicht mehr erreicht, erwärmt dafür die Obergrenze der Partikelschicht um so mehr, die erwärmten Partikel beziehungsweise die Luft werden aufgrund ihrer relativ geringeren Dichte weiter gehoben. Die Verringerung der Sonneneinstrahlung in Erdbodennähe würde schätzungsweise bei 20 Prozent liegen, was immer noch zu empfindlichen Abkühlungen führt, und zwar nun – nach den beschriebenen Ausbreitungsvorgängen – weltweit. Wir sollten uns dabei erinnern, daß das mittlere Temperaturniveau einer Eiszeit gegenüber der derzeitigen Warmzeit maximal um etwa 7° C abgesenkt war. Daß der Mensch nun durch einen Atomweltkrieg eine künstliche Eiszeit oder sogar ein Klima mit einer total vereisten Erde erzeugen könnte, wie es die ersten Klimamodellrechnungen zum nuklearen Winter noch angezeigt haben, hat sich in den neuesten Berechnungen nicht mehr bestätigen lassen. Jedoch sind empfindliche Abkühlungen in der Größenordnung von einigen Grad durchaus wahrscheinlich; sie wären mindestens so ausgeprägt wie während der Kleinen Eiszeit, die ihre Höhepunkte zwischen 1400 und 1900 mit wesentlich strengeren Wintern als heute, kühlen Sommern mit Mißernten und entsprechenden Gletschervorstößen hatte.

Unklar ist noch, wie lange diese Bedingungen einer nuklearen Kälteperiode anhalten würden. Weitgehend klar aber ist, daß solche Klimaverschlechterungen weltweit eintreten würden und auch, daß durch die höhere Staubkonzentration der Stratosphäre – einem Supervulkanausbruch vergleichbar – die stratosphärische Ozonschicht stark in Mitleidenschaft gezogen würde. Dabei ist nicht auszuschließen, daß ein solches nukleares Ozonloch weltweite Ausmaße erreichen könnte.

Es soll und kann hier nicht eine Abhandlung zu Konfliktlösungen geschrieben werden. Es ist auch klar, daß man nicht einfach zusehen kann, wie ein Land, wie der Irak ein Nachbarland annektiert und heimlich Atomwaffen produziert oder zu produzieren versucht. Ob allerdings ein Flächenbombardement die richtige Antwort darauf war, dies muß man bezweifeln. Auf die möglichen klimatischen Folgen dieses Golfkriegs wird im folgenden eingegangen. Unter dem Dach der UN sollte sich jedes Land zum Frieden verpflichten; konventionelle militärische Einrichtungen müssen ebenfalls international überwacht werden. Sie sollten nur noch dazu dienen, bei aufflammenden kriegerischen Konflikten Pufferzonen durch UN-Soldaten zu schaffen, um derartige Konflikte einzudämmen. Wie das traurige Beispiel Jugoslawien zeigt, ist selbst Europa vor solchen Rückfällen in längst überwunden geglaubten Zeiten nicht sicher.

5.2 Der Golfkrieg: Schadensbegrenzungen

Während wir alle hoffen, daß die schlimmste aller denkbaren Katastrophen, ein Atomweltkrieg, der neben dem Klimaeffekt des nuklearen Winters auch an der Existenz der Menschheit rütteln würde, nie eintrifft, ist ein anderes Schreckensszenario schon eingetroffen: die Ölbrände in der Golfregion. Im August 1990 annektierte der Irak unter Führung seines Diktators Saddam Hussein das durch seine zahlreichen Ölvorkommen reich gewordene Scheichtum Kuwait am Persischen Golf. Daraufhin begann, nach erfolglosen UN-Resolutionen und -Ultimaten eine alliierte Streitmacht der USA, Englands und Frankreichs einen Feldzug, gestützt auf vorausgegangene intensive Bombenangriffe aus der Luft, der im März 1991 zur Wiederherstellung der Souveränität Kuwaits führte.

Kurz vor seinem Rückzug befahl der irakische Diktator, daß große Mengen Öl in den Persischen Golf eingeleitet wurden, bevor er kurz darauf eine große Zahl kuwaitischer Ölquellen in Brand setzen ließ. Von den 1300 bis 1400 potentiellen und rund 950 erschlossenen Ölquellen Kuwaits fielen diesem Anschlag auf Natur und Umwelt, der in der Geschichte der Menschheit einmalig ist, etwa 650 Ölquellen zum Opfer, deren Brandwolken den Himmel der Region mit schwarzem Qualm verdunkelten. Erst Anfang November 1991 waren alle diese Feuer gelöscht. Sollten diese Brände zu einem Klimainferno führen, sozusagen zu einem »kleinen« nuklearen Winter? Wie immer bei derartigen Gelegenheiten waren die Katastrophenapostel, die bei unseren Medien meist offene Ohren finden, schnell zur Stelle. Ahnungslose, Halbunterrichtete und sogar Fachleute, die es eigentlich besser wissen müßten aber zu Übertreibungen neigen, verkündeten nicht nur regionale, sondern globale Klimaänderungen, manche auch Konsequenzen für den Ozonschutzschild der Stratosphäre. Umweltgruppierungen, von denen manche gewisse Probleme mit naturwissenschaftlich fundierter und ausgewogener Information haben, prophezeiten, der Himmel würde sich verdunkeln, oder besonders extrem, die Sonne würde nicht mehr aufgehen. Dies soll keine Schmälerung der Verdienste bedeuten, die viele Umweltgruppierungen auch haben. Ganz unabhängig davon: Was in der Golfregion geschehen ist, kann man nur als verabscheuungswürdig bezeichnen; dennoch müssen wir diese Vorgänge korrekt in das klimatologische Gesamtgeschehen einordnen, um zu vernünftigen Bewertungen zu kommen.

Bereits am 17. Januar 1991 hatte der englische Wetterdienst, der dem deutschen auf dem Gebiet der international anerkannten Klimaforschung klar überlegen ist, eine Verlautbarung[4] zu möglichen Ölbränden in Kuwait veröffentlicht, die auf einer Studie im Auftrag der englischen Regierung beruhte. Diese Studie war als Maximalabschätzung für die Klimafolgen in der Golfregion gedacht. Leider ist diese Prognose des Szenarios nun tatsächlich eingetroffen. Das Max-Planck-Institut für Meteorologie[5] in Hamburg hat bereits im März 1991 die Ergebnisse einer Klimamodellrechnung veröffentlicht, die in etwa auf den englischen Abschätzungen brennenden Kuwait-Öls beruhen. Diese Modellergebnisse sind bald darauf von englischen Berechnungen im wesentlichen bestätigt worden. Im Juni 1991 konnte dann, neben einer amerikanischen Gruppe, das Zentrum für Umweltforschung der Universität Frankfurt/Main von Bahrain aus Flugzeugmessungen über Kuwait und der angrenzenden Region durchführen. Zu dieser Zeit waren erst rund 150 von anfangs rund 650 Ölbränden gelöscht, und zwar lediglich die kleineren, so daß sich die atmosphärischen Folgen der Brände nur sehr geringfügig abgeschwächt hatten. Die Frankfurter Meßergebnisse[6] decken sich, wie Vergleiche vor Ort zeigten, weitgehend mit den amerikanischen. Die nun folgende, zusammenfassende Bewertung des Problems brennender Ölquellen in Kuwait beruht auf diesen genannten Abschätzungen, Berechnungen und Messungen.

Zuvor sollen jedoch noch einige Worte zu den Öleinleitungen in das Meer gesagt sein. Die Gesamtmenge ist bis heute kaum realistisch abschätzbar. Fest steht, daß der Persische Golf ein sehr flaches und daher empfindliches Meer ist, das sein Wasser im Mittel erst nach rund 200 Jahren mit dem des offenen Ozeans austauscht. Diese Empfindlichkeit betrifft nicht nur die maritim-ökologische Situation, sondern auch die dortige Bevölkerung, die wegen fehlender Süßwasserquellen, einen Teil ihres Trinkwassers über Meerwasser-Entsalzungsanlagen aus dem Golf bezieht. Im folgenden haben sich jedoch die Ansichten einiger Experten bewahrheitet, wonach das Öl rasch verklumpt und auf den

Meeresboden absinkt. Damit ist die unmittelbare Gefahr für das Leben im Ozean nach den anfänglichen Schäden stark abgesunken. Obwohl wir nicht genau wissen, was mit den Ölklumpen auf dem Meeresgrund im weiteren passieren wird, läßt sich doch feststellen, daß Mensch und Natur in diesem Fall noch einmal mit einem blauen Auge davon gekommen sind und die Schäden deutlich geringer sind, als bei dem Unfall des Exxon-Öltankers 1989 an der Küste von Alaska. Daß der Umgang mit Öl generell große Gefahren in sich bergen kann, beweisen die vielen Unfälle von Öltankern, aber auch die »Verklappungen«. Saddam Hussein hat diesen Vorgängen nur noch eine besonders abscheuliche Variante hinzugefügt.

Nun zu den atmosphärischen Belastungen durch die brennenden Ölquellen. Die genannte englische Maximalstudie geht davon aus, daß in Kuwait insgesamt 80 Millionen Tonnen Öl verbrannten, davon im Anfangsstadium zwischen 200 und 400 tausend Tonnen pro Tag oder 1,5 bis 3 Millionen Barrel. Daraus errechnet sich eine Gesamtfreisetzung von etwa 60 Millionen Tonnen Kohlenstoff in die Atmosphäre, der sich mit dem Sauerstoff der Luft zu rund 200 Millionen Tonnen Kohlendioxid verbindet. Hochrechnungen des Frankfurter Umweltzentrums gelangen aufgrund von Messungen mit 220 Millionen Tonnen CO_2 zu fast der gleichen Zahl.

Diese Zahl entspricht etwa einem Drittel der jährlichen CO_2-Freisetzung der Bundesrepublik Deutschland vor der Wiedervereinigung, verursacht durch die Nutzung der fossilen Energie durch das Verbrennen von Kohle, Öl und Gas. Die Enquête-Kommission »Vorsorge zum Schutz der Erdatmosphäre« (1990) des deutschen Bundestages hat eine Reduktion ganz ähnlichen Umfangs, nämlich um 30 Prozent, bis zum Jahr 2005 als Maßnahme zum Klimaschutz empfohlen, und zur Realisierung dieser Empfehlung sind wahrlich gewaltige Anstrengungen erforderlich (Kap. 8). Diese Anstrengungen hat Saddam Hussein mit einem einzigen Handstreich zunichte gemacht. Auf der anderen Seite muß man folgendes sehen: Kohlendioxid ist für das Weltklima ein wichtiges Gas, von dem die Menschheit derzeit (1990) jährlich etwa 26 Milliarden Tonnen CO_2 in die Atmosphäre bläst (Kap. 7.1), davon 20,5 Milliarden Tonnen durch die Nutzung der fossilen Energie. Daran gemessen beträgt der Beitrag durch die kuwaitischen Ölbrände 0,8 Prozent. Selbst wenn man nur das Öl ins Kalkül zieht, verbrannten dort etwa 2,6 Prozent der Weltölproduktion. Für den Einfluß auf das Weltklima können wir den Effekt der Ölbrände in Kuwait somit fast vergessen.

Auf Platz zwei der durch die kuwaitischen Ölbrände emittierten Substanzen folgen, wieder maximal geschätzt, fünf Milliarden Tonnen Ruß. Rußpartikel bleiben, ganz im Gegensatz zum CO_2, nur einige Tage in der Atmosphäre und haben daher prinzipiell nur regionale Wirksamkeit. In den Hamburger Modellrechnungen wurden Emissionsmengen von acht Millionen Tonnen und Aufenthaltsdauern in der Atmosphäre von 6 bis 13 Tagen veranschlagt, während die Frankfurter Messungen nur auf 10 Stunden bis 3,5 Tage kamen. Die maximale Höhe, welche die Rußpartikel in der Atmosphäre erreichen, wurde in den Hamburger Berechnungen mit 3 bis 4 Kilometern abgeschätzt, was die Frankfurter Messungen mit maximal 4 bis 5 Kilometern gut bestätigt haben. Damit ist eine Beeinflussung der Stratosphäre, die in mittleren Breiten bei etwa 10, in den Tropen bei 18 Kilometern Höhe beginnt, ausgeschlossen. Die Reichweite der Rußfahnen ließ sich in Satellitenbildauswertungen bis maximal 500 Kilometer Entfernung vom Brandherd verfolgen, nach allen verfügbaren Quellen dürfte bei 1000 Kilometer Entfernung in den weitaus meisten Fällen die Grenze liegen. Bei äußerst pessimistischen Annahmen werden einzelne Rußpartikel vielleicht bis 2000 Kilometer Entfernung gekommen sein, dann aber praktisch keine Wirkung mehr aufgewiesen haben. Meldungen, wonach auf Hawaii oder der Zugspitze kuwaitische Rußpartikel gefunden worden seien, müssen daher falsch sein. Im Gegensatz zu mineralogischen Substanzen, wie dem Sahara-Staub, der ganz anderen strömungsdynamischen Bedingungen unterliegt und größere Höhen erreicht, läßt sich bei Rußpartikeln nämlich nicht sicher sagen, woher sie kommen; sie könnten auch aus einem nahegelegenen Schornstein stammen.

Trotz allem ist nun aber im hier abgesteckten regionalen Umfeld zu diskutieren, was Rußpartikel klimatologisch bewirken können: Sie schlucken einen Teil der Sonneneinstrahlung, so daß es tagsüber unterhalb der Rußschichten zu Abkühlungen kommt. In den Hamburger Modellrechnungen werden dafür Monatsmittelwerte von maximal 2° C angegeben. Den Meteorologen in Kuwait und den angrenzenden Ländern waren bis zum Sommer 1991 keine Abkühlungseffekte aufgefallen, so daß aller Wahrscheinlichkeit nach sogar die regionalen Klimaeffekte ausgeblieben sind. Bei Wettermeldungen aus dieser Region muß man bedenken, daß es auch dort erhebliche Wetterschwankungen gibt und variierende Rußkonzentrationen kaum die Ursache dafür sind. Die Frankfurter Umweltwissenschaftler fanden im Juni 1991 in Bahrain, bei ungefähr halber Bedeckung des Himmels mit kuwaitischen Rußfahnen, Tageshöchsttemperaturen um 40° C vor.

Nun hat Ruß aber nicht nur klimatologische Wirkungen, sondern verursacht Gesundheitsschäden beim Einatmen, außerdem ökologische Schäden, wenn er sich auf der Vegetation und am Boden ablagert. In die gleiche Richtung können schwefelhaltige Substanzen wirken. Zwei bis vier Milliarden Tonnen Schwefeldioxid (SO_2) und ein bis zwei Millionen Tonnen Stickoxide (NO_x, vor allem NO und NO_2) können durch die kuwaitischen Ölbrände in die Atmosphäre gelangt sein. Ein Teil davon wird sich, insbesondere im Sommer, in Ozon umgewandelt haben, und dies sind alles toxische Substanzen. Die zu befürchtenden gesundheitlichen und ökologischen Schäden, auch über den sogenannten »sauren Regen«, lassen sich nur schwer abschätzen. Modellrechnungen dazu liegen nicht vor, doch ist die eigentliche Gefahr dieser Vorgänge hauptsächlich darin zu sehen. Bisherige Messungen zeigen Konzentrationen in einer ähnlichen Größenordnung, wie sie auch in Ballungszentren als Stadt- oder Industriesmog vorkommen.

Klimatologisch darf Entwarnung gegeben werden, was Abkühlung, Niederschlag und andere Effekte betrifft, auch bezüglich des indischen Monsunregens. Ein letzter Vergleich soll das untermauern: Fünf Millionen Tonnen kuwaitischen Rußes stehen beispielsweise 50 bis 250 Millionen Tonnen Staubs gegenüber, die ein einziger Vulkanausbruch, wie der des Mt. St. Helens (USA, 1980), in die Atmosphäre geschleudert hat, und dies weniger in die untere, als vielmehr in die Stratosphäre. 1991 ist ihm der Pinatubo auf den Philippinen gefolgt. Diese Belastung sowie 26 Milliarden Tonnen Kohlendioxid, die der Mensch jährlich verursacht, müssen uns viel größere Sorgen bereiten. Statt von einer Katastrophe zur anderen zu taumeln, müssen wir die Belastungen im Vergleich sehen und die Zusammenhänge beachten. Nur so werden wir in der Lage sein, die Weichen richtig zu stellen.

5.3 Luftverschmutzung: unsere und des Waldes Gesundheit

Unser Exkurs nach Kuwait, aber auch unsere prinzipiellen Überlegungen zu Klima und Umwelt veranlassen uns, die Klimapfade zu verlassen und den Bogen etwas weiter zu spannen. Wir können auch den klassischen Klimabegriff, der die Klimaelemente Temperatur, Niederschlag, Feuchte, Wind usw. umfaßt, um die Konzentration aller wichtigen atmosphärischen Bestandteile erweitern und dabei nicht nur klimawirksame Spurengase wie das CO_2, sondern auch toxische Spurengase wie SO_2 ins Auge fassen. In diesem Sinne ist auch die Luftqualität ein klimakennzeichnendes Element.

Daß der Begriff der Toxizität problematisch ist, das heißt unter welchen Umständen ein Ausstoß zum Schadstoff wird, darauf ist schon hingewiesen worden. Wir können diese Problematik so zusammenfassen, daß wir feststellen:

- Es kommt auf die Dosis an, wobei häufig sowohl ein Zuwenig als auch ein Zuviel schädlich ist und bei hoher Dosis auch nützliche Substanzen wie Salz und Kohlendioxid zu Schadstoffen werden können.
- Die Reaktion von Mensch, Tier und Pflanzen auf bestimmte Dosen ist sehr unterschiedlich und ändern sich zum Teil auch im Laufe des Lebens.
- Nach wie vor (Kap. 3.8) unterscheiden wir reaktiv-toxische Gase von klimawirksamen Gasen, beachten aber dabei auch eine Reihe von Querverbindungen beziehungsweise Doppelrollen wie beim Ozon, wobei chemische Reaktionswege eine wichtige Rolle spielen.

Es ist bekannt, daß ein Teil der Immunität – der Abwehrreaktion von Organismen – durch eine gewisse, nicht zu hohe und nicht zu niedrige Schadstoffbelastung erworben wird. Kinder, die von Geburt an systematisch von allen negativen Einwirkungen abgeschirmt werden, erkranken schwer, wenn sie den natürlichen Bedingungen unterworfen werden, die anderen Menschen nicht schaden. Dies wird oft ganz korrekt so artikuliert, daß ein gewisses Maß an Dreck und Schadstoffen »gesund« sei. Das gilt im übrigen auch für die natürliche radioaktive Strahlung, mit der allerdings Mineralwasserhersteller und Kurorte nicht mehr so oft werben. Man sollte also nicht immer gleich erschrekken, wenn die fortschreitende Entwicklung der Spurenstoffanalytik in der Lage ist, immer mehr und immer geringere Konzentrationen von Schadstoffen nachzuweisen.

Auf der anderen Seite haben unbeachtete Aktivitäten der Menschheit, die Luft, Wasser und Boden als Abladeplätze für die Abfälle benützen – was übrigens nicht nur ökologisch, sondern auch ökonomisch unverantwortlich ist – zu so hohen Schadstoffbelastungen geführt, daß mit Recht Alarm geschlagen und entsprechende Schadstoffverordnungen zur Eindämmung dieser Belastungen erlassen wurden. Wir wollen uns hier auf die Schadstoffbelastung der Luft durch Gase und Stäube beschränken und uns daran erinnern, daß es sich dabei um kurzlebige Substanzen handelt, die vor allem in Ballungszentren hohe Konzentrationen erreichen. Obwohl hohe Schadstoffbelastungen und entsprechende Schäden schon aus der Anfangszeit der Industrialisierung, zum Teil vor mehr als hundert Jahren, bekannt sind, haben sie die Aufmerksamkeit einer breiten Öffentlichkeit erst in den letzten Jahrzehnten erregt. Selbst die großen Stadtsmogkatastrophen in der Zeit stürmischer industrieller Entwicklung und bei der Zunahme des Kraftverkehrs nach dem Zweiten Weltkrieg haben nur wenige aufgeschreckt. »Smog« ist ein englisches Kunstwort, das sich aus *smoke* (Rauch) und *fog* (Nebel) zusammensetzt. Dies deutet darauf hin, daß hohe Schadstoffbelastungen der Luft nicht nur aufgrund hoher Schadstoffemissionen, sondern auch bei bestimmten meteorologischen Bedingungen zustande kommen, insbesondere bei Dunst und Nebel in der bodennahen Atmosphäre im Zusammenhang mit sogenannten »Inversionen«.

Während nämlich normalerweise – also im Mittel über die gesamte untere Atmosphäre, die Troposphäre, in mittleren Breiten bis zu etwa zehn Kilometern Höhe – die Temperatur mit der Höhe abnimmt, gibt es, am häufigsten am Erdboden, immer wieder so starke Abkühlungseffekte, daß sie in begrenzten Schichten von einigen hundert Metern Höhe, in ausgeprägten Fällen bis ein oder zwei Kilometern Höhe, diese »normale« Temperaturschichtung umkehren. Dann nimmt in der betreffenden Schicht die Temperatur mit der Höhe nicht ab, sondern zu, und das nennt man Inversion. Besonders begünstigt ist die Entstehung von bodennahen Inversionen bei fehlender Sonneneinstrahlung, also besonders in Winternächten, und bei windarmem Wetter, wobei keine nennenswerte vertikale Durchmischung der Atmosphäre stattfindet.

Inversionen haben zwei Wirkungen: Zum einen führt die Abkühlung während ihrer Entstehung zur Kondensation von Wasserdampf, so daß Dunst und nachfolgend Nebel entstehen können. Zum anderen verhindern Inversionen den Austausch mit höheren Luftschichten. Dies ist so zu erklären, daß sich Luftpakete bei Hebung ausdehnen und dabei aus physikalischen Gründen abkühlen. Weiter nach oben gelangen sie aber nur, wenn sie wärmer als die dort angetroffene Umgebungsluft sind, weil wärmere Luft leichter als kalte ist und dann wie ein Stück Holz im Wasser einen Auftrieb erfährt. Dies aber erfordert eine stärkere Temperaturabnahme mit der Höhe, als dies bei den aufsteigenden Luftpaketen geschieht. Ist das nicht der Fall, spricht man von stabiler Luftschichtung, die alle Transporte nach oben unterbindet, und die stabilste Situation, die man sich denken kann, ist die einer Inversion, wo die Lufttemperatur nicht nur mit der Höhe relativ gering abnimmt, sondern sogar zunimmt. Das Gegenstück dazu ist eine labile Schichtung mit sehr starker vertikaler Temperaturabnahme, eine der Vorbedingun-

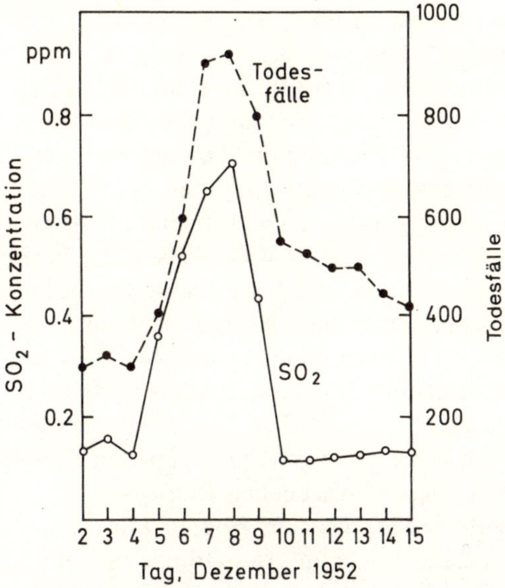

Abbildung 22 Schwefeldioxid (SO_2)-Konzentration (ausgezogene Kurve) und Todesfälle (gestrichelte Kurve) während einer ausgeprägten Smog-Wetterlage in London vom 4. bis 10. Dezember 1952. Die Schätzungen der dadurch verursachten Todesfälle, einschließlich der Nachwirkungen im gleichen Monat, schwanken zwischen 3000 und 7000. Quelle: H. E. Landsberg[8], ergänzt.

gen für das Entstehen von Schauern und Gewittern, verbunden mit sehr intensiver vertikaler Durchmischung der Troposphäre.

Einer der frühen, berühmt-berüchtigten Smogsituationen trat im Dezember 1952 in London auf, als eine windarme Inversionswetterlage etwa zwei Wochen lang anhielt und man noch wenig an Emissionsminderungen von Schadstoffen dachte[8]. Abbildung 22 zeigt, wie als Konsequenz davon nicht nur der Schwefeldioxidgehalt der Luft, sondern auch die Todesrate dramatisch anstieg. Typisch für die gesundheitlichen Schäden und verantwortlich für den Verlauf der Todesrate ist ein Nachhinken der Schadens- gegenüber der Wettersituation. Die Schadstoffe führen in den seltensten Fällen allein zum Tod, sondern es sind Kombinationen mit vorhandenen Krankheiten und Schwächungen der Physis, die den Ausschlag geben. Wer allerdings mit Schadstoffen vorbelastet ist, fällt solchen Erkrankungen häufiger zum Opfer. Ganz offensichtlich übertrifft das Schadstoffausmaß dieser einen Smogkatastrophe bei weitem das der Reaktorkatastrophe von Tschernobyl, wo direkt 31 Tote und indirekt – bei sehr pessimistischen, von medizinischer Seite zum Teil in Zweifel gezogenen Schätzungen vielleicht rund tausend Tote zu beklagen sind. Dem stehen rund drei Millionen Rauchertote und mindestens 100 000 Verkehrstote jährlich auf der Welt gegenüber.

Zurück zu den wichtigsten Luftschadstoffen, die hier nur sehr kurz zusammengefaßt werden können[9]. Die höchste anthropogene Emissionsrate finden wir beim Kohlenmonoxid (CO), mit etwa 3,4 Milliarden Tonnen pro Jahr, was rund 90 Prozent der Gesamtemission entspricht; die natürliche Emission durch Pflanzen und Ozeane sowie chemische Umwandlungen von einigen Kohlenwasserstoffen macht demgegenüber nur 10 Prozent aus. Anthropogene Quellen sind fossile B-rennstoffe (Tabelle 4), insbesondere aus dem Verkehrsbereich, (alte Bundesländer Anteil etwa 60 Prozent), Holzverbrennung sowie Oxidation anthropogener Kohlenwasserstoffe, die zum Teil wiederum aus dem Verkehrsbereich stammen. CO ist vor allem für den Menschen gefährlich, da es die Sauerstoffaufnahme des roten Blutfarbstoffs (Hämoglobins) und damit des gesamten menschlichen Organismus herabsetzt. Dies führt unter extremen Umständen, wie bei laufendem Automotor in einer geschlossenen Garage, zum schnellen Tod.

Das bereits genannte Schwefeldioxid, das zum größten Teil wiederum aus der fossilen Energie (Tabelle 4) stammt, (alte Bundesländer 63 Prozent, einschließlich Verkehr 66 Prozent; Industrie rund 25 Prozent) wird weltweit anthropogen derzeit mit ca. 400 Millionen Tonnen pro Jahr in die Atmosphäre freigesetzt und beträgt etwa 40 Prozent der Gesamtemission. Natürliche Quellen sind Sümpfe, Vulkane und Ozeane. Die Schadwirkungen sind sehr komplex, da chemische Reaktionen in der Atmosphäre zur Bildung weiterer schwefelhaltiger Substanzen führen und sich dabei insbesondere die Schwefelsäure (H_2SO_4) an Wassertropfen anlagert und dann als saurer Regen[10] die Pflanzen, den Boden, und über diesen Umweg wiederum die Pflanzen, belastet. Schwefelverbindungen sind wesentlicher Bestandteil des Stadt- und Industriesmogs und führen beim Menschen zu Atemwegserkrankungen. Bei Pflanzen- und insbesondere Waldschäden scheint weniger der saure Regen als vielmehr der saure Nebel von Bedeutung zu sein[11], der besonders intensiv in der Nähe von Inversionsobergrenzen und damit auch und gerade auf Mittelgebirgsfeldern in Höhenlagen zwischen 800 und 1500 Metern über dem Meeresspiegel, in den Alpen noch etwas höher reichend, auf die Bäume einwirkt. Dabei ist der Befund von Helmut Mayer[12] erwähnenswert, wonach die winterliche Nebelhäufigkeit, die besonders die Nadelbäume betrifft, seit den vierziger Jahren unseres Jahrhunderts deutlich zugenommen hat, mit einem vorläufigen Maximum um 1980. Ansonsten ist das Problem der Waldschäden so komplex und unübersichtlich, daß man es nicht an einem einzelnen Schadstoff festmachen sollte.

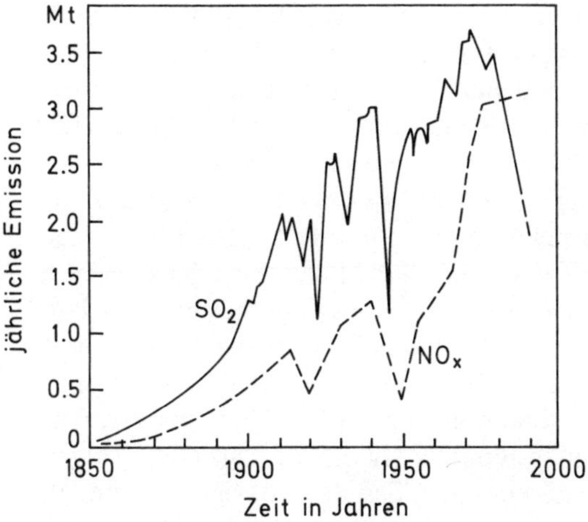

Abbildung 23 Jährlicher Ausstoß von Schwefeldioxid (SO_2) und Stickoxiden (NO_x) in der Bundesrepublik Deutschland (West) seit 1850 in Millionen Tonnen (Mt). Quelle: B. Ullrich[13], etwas modifiziert.

Abbildung 23 zeigt die geschätzten Emissionen von SO_2 und NO_2 für das Gebiet der westlichen Bundesrepublik seit 1850, wobei das Stickstoffdioxid NO_2 die häufigste Substanz der NO_x-Gruppe, also der reaktiven, kurzlebigen, Stickoxide ist. Die derzeitige anthropogene Globalemission, einschließlich NO, wird auf 160 Millionen Tonnen pro Jahr geschätzt, wiederum hauptsächlich aus der Nutzung fossiler Energie (Tabelle 4; alte Bundesländer etwa 85 Prozent, davon als 55 Prozent aus dem Verkehrsbereich), wobei der anthropogene Emissionsanteil bei 80 Prozent liegt. Für das westliche Deutschland ist beim SO_2 seit 1970 eine Trendwende zu sehen; der trotz einiger kurzfristiger Einbrüche steile Anstieg ist seitdem rückläufig, zweifellos ein Erfolg der Luftreinhaltungsmaßnahmen, wie der Rauchgasentschwefelung bei vielen Kohlekraftwerken. Die Entstickungsmaßnahmen waren offenbar weniger erfolgreich; immerhin ist seit 1970 nur noch ein schwacher Anstieg zu vermerken, und kürzlich haben die deutschen Energierversorger auch da eine Trendwende gemeldet[14].

Leider gelten diese Trendaussagen nicht allgemein, insbesondere nicht für die ehemaligen Warschauer-Pakt-Staaten und einige Schwellenländer, leider auch nicht in diesem Maße für einige unserer EG-Partner. Die Nachlässigkeit der Warschauer-Pakt-Staaten, was den gesamten Umweltbereich betrifft, stinkt im wahrsten Sinne des Wortes zum Himmel. In den Wäldern der ehemaligen DDR, der ČSFR und Polens kann man die Folgen deutlich sehen. Dem dürften im Laufe der

Jahre viele Millionen Menschen zum Opfer gefallen sein, und wer den Unfallbericht der Reaktorkatastrophe in Tschernobyl liest, der findet dort eine ähnliche, kaum zu glaubende Sorglosigkeit. Und man kann durchaus von Glück reden, daß nicht in anderen Kernkraftwerken, etwa in Bulgarien oder in Greifswald, ähnliches passiert ist.

Was die Luftverunreinigung betrifft, so besagt eine Schätzung des Umweltbundesamtes, daß allein die dadurch bedingten Materialschäden 1983 in der Bundesrepublik bei fünf Milliarden DM gelegen haben. Wie hoch mögen derartige Schäden in Osteuropa sein? Der Tagespresse war wiederholt zu entnehmen, daß allein die Reparatur der dringendsten Umweltschäden in der ehemaligen DDR zweistellige Milliardensummen erfordert. Nimmt man die Ankurbelung der Wirtschaft hinzu, so steht die alte Bundesrepublik vor einer finanziellen Aufgabe, die beispiellos ist. Jeder wird einsehen, daß dies notwendig ist und daß angesichts dieser gigantischen Aufgabe politische Schuldzuweisungen über entsprechende Finanzierungspläne und deren Änderung kleinkariert sind.

Zurück zu den Luftschadstoffen. Die NO_x-Gruppe, von der NO_2 und danach NO die wichtigsten Vertreter sind, bewirken bei Mensch, Tier und Pflanze ganz ähnliche Schäden wie SO_2. Auch NO_x-Gase gehören zum typischen Stadtsmog und sind Säurebildner in der Atmosphäre. In diesem Fall ist es die Salpetersäure HNO_3, die über sauren Regen und Nebel die Wälder schädigt.

Um den Rahmen dieser Betrachtung nicht zu sprengen, sollen die weiteren Schadgase nur noch aufgelistet werden, und zwar jeweils in den globalen Emissionen:

- etwa eine Milliarde Tonnen Kohlenwasserstoffe, ohne das langlebige Methan (CH_4), aus dem Verkehrsbereich und der Anwendung von Lösungs- und Reinigungsmitteln, anthropogener Anteil der Gesamtemission jedoch nur 10 Prozent;
- Chlorkohlenwasserstoffe (CKW), rein anthropogen, aus der Anwendung von Lösungs- und Reinigungsmitteln;
- Salzsäure (HCl), anthropogen vor allem industriell bei Oxidation chlorhaltiger Substanzen;
- Ammoniak (NH_3) aus Viehhaltung, fossilen Brennstoffen und Kläranlagen;
- Metall- und Metalloxidstäube (Blei, Asbest), sonstige Stäube und Rußpartikel, organische Verbindungen und vieles andere, wobei die Emissionsmengen und weitere Einzelheiten zum Teil nur sehr ungenau bekannt sind.

Dazu kommen besondere industrielle Giftstoffe wie das Dioxin und an bestimmten Arbeitsplätzen anfallende Substanzen wie PVC (Polyvenylchlorid) – oder Kohlestaub. Schließlich darf die Gruppe der Photooxidantien nicht vergessen werden, die in der Atmosphäre aus gewissen Vorläufersubstanzen wie NO_x oder Kohlenwasserstoffen gebildet werden, und von denen das schon erwähnte Ozon die wichtigste Substanz ist. Wie der Name sagt, entstehen diese Substanzen unter Beteiligung von Photonen, also Licht und daher insbesondere bei starker Sonneneinstrahlung, und unter Einbindung von Oxidation, dies allerdings in sehr komplizierter Art, wobei unter anderem das OH-Radikal eine Rolle spielt, das aus der Reaktion von atomaren Sauerstoff und Wasserdampf entsteht. Folgeprodukte solcher Photooxidationsprozesse sind außer dem hochgiftigen Ozon (O_3) auch Salpetersäure (HNO_3), Propen, PAN (Peroxiacetylnitrat) und Aldehyde, allesamt typische Vertreter sommerlichen Smogs und giftig, somit gesundheits- und waldschädigend.

Es gibt in der Bundesrepublik Deutschland, unter anderem im Rahmen des Immissionsschutzgesetzes, eine Reihe von bundeseinheitlichen Verordnungen und Verwaltungsvorschriften, von denen die Bestimmungen der »Technischen Anleitung (TA) Luft« sowie die maximalen Arbeitsplatz- (MAK) beispielsweise maximalen Immissionskonzentrationen (MIK) die bekanntesten sind. Tabelle 5 enthält einen kurzen Auszug aus diesen Bestimmungen. So sieht die TA-Luft für SO_2 einen oberen Grenzwert für die Kurzzeitbelastung (Richtwert eine halbe Stunde) von 0,4 Milligramm pro Kubikmeter Luft vor, für die Langzeitbelastung in gleichen Einheiten 0,14. Für O_3 lauten die MIK-Werte 0,15 (kurzfristig) oder 0,05 (langfristig), ebenfalls in Milligramm pro Kubikmeter. Es gibt um diese Bestimmungen, die von Land zu Land verschieden sind, immer wieder Diskussionen, so daß wirklich bundeseinheitlich nur der Rahmen besteht und einzelne Kommunen davon abweichen können. Auch gibt es längst nicht für jede Substanz Vorschriften. In aktuell auftretenden Gefährdungen sind auch das Umweltbundesamt oder das Umweltgesundheitsamt zuständig, beide in Berlin, so auch wenn bei einzelnen Substanzen Krebsverdacht besteht wie bei einigen Kohlen- und Chlorkohlenwasserstoffen, wobei wir uns hier nach wie vor auf atmosphärische Belastungen beschränken.

Die Gretchenfrage aber lautet: Was ist bei aktuellen Gefährdungen vor allem aber auch langfristig zu tun? Eine wichtige Forderung ist die Katalysatorpflicht beim PKW und auch entsprechende, längst fällige Vorschriften beim LKW, einschließlich drastischer Reduzierung der

Rußemission bei Dieselmotoren. In aktuellen Fällen werden auch Verkehrsbeschränkungen nicht zu umgehen sein; langfristig muß die Nutzung umweltfreundlicher Verkehrsmittel wie Bahn und öffentlicher Nahverkehr durch Attraktivität und günstigen Preis ganz erheblich gesteigert werden. Im Bereich konventioneller Kraftwerke sollte generell die wirksame Entschwefelung und Entstickung zum Standard gehören. Da dies nicht ausreichend ist, müssen schadstoffarme wie z. B. Erdgas oder schadgasfreie Energieträger wie Sonnenenergie soweit irgend möglich ausgebaut werden. Im Sinne einer Minimierung des Gesamtrisikos, aber auch unter wirtschaftlichen Aspekten – dem sogenannten Erntefaktor bei der Energienutzung, das heißt Berücksichtigung des Aufwandes zur Bereitstellung; Preis-/Leistungsverhältnis – darf es dabei keine scheuklappenartigen Einmengungen und erst recht keine Emotionalisierungen geben, sondern es ist das risikoärmste und vernünftigste Gesamtkonzept zu finden, das immer eine ausgewogene Energiemischung sein wird. Dabei ist der Problemkreis, der durch fossile Energie entsteht, natürlich auch auf Industrie, Kleingewerbe und Privathaushalte auszudehnen. Da die Energienutzung auch klimatologisch von Bedeutung ist, kommen wir darauf noch zurück. Um Probleme durch Luftschadstoffe zu vermeiden, sind neben dem Verkehrs- und Energiebereich auch die industriellen Produktionen zu überwachen und durch entsprechende Maßnahmen zu hohe Schadstoffemissionen zu vermeiden.

Nun schädigen solche Emissionen nicht nur den Menschen, die Tierwelt, Gebäude, nicht zuletzt unersetzliche Kunstwerke, sondern auch die Vegetation. Zum Schluß des Kapitels soll daher, nach den Schadstoffaspekten und der menschlichen Gesundheit, auch die Gesundheit des Waldes ins Auge gefaßt werden. Alle vorgenannten Maßnahmen kommen auch dem Wald zugute. Wenn es auch ausgedehnte Waldschäden in früheren Jahrhunderten immer wieder gegeben hat – sogar aus der Römerzeit liegen Berichte darüber vor – und wenn auch die gegenwärtige Methodik der Schadenserfassung problematisch ist, so besteht doch aller Grund zur Sorge. Dabei ist die Situation in einigen Mittelgebirgen Osteuropas, einschließlich der ehemaligen DDR, so offensichtlich katastrophal, daß eingehendere Beweisführungen kaum erforderlich sind. In der westlichen Bundesrepublik, wo nach optischen Gesichtspunkten an ausgewählten Standorten gewisse Schadensklassen festgelegt werden, erreichte das Schadensausmaß – beginnend etwa seit Mitte der siebziger Jahre – angewachsen, um 1986 mit rund 54 Prozent geschädigter Fläche, davon knapp 20 Prozent mittelstark oder stark geschädigt – ein vorläufiges Maximum[15]. Danach haben sich die Schäden offenbar vorübergehend bei rund 52 Prozent stabilisiert, sind aber 1990 und 1991, von vielen unbemerkt, wieder angewachsen. Im Jahr 1991 wird die Schadensquote im gesamten Deutschland bei 64 Prozent liegen[16]. Die am stärksten betroffenen Baumarten waren dabei die Tanne, mit einem Gipfel um 1985, gefolgt von der Kiefer und der Fichte. Ab 1985 sind auch bei Laubbäumen, besonders bei Eiche und Buche, die Schäden stark angestiegen. Bei der Waldschadenserhebung des Bundesministerium für Landwirtschaft und Forsten 1988 waren 73 Prozent der Tannen, 70 Prozent der Eichen, 63 Prozent der Buchen, 53 Prozent der Kiefern, 49 Prozent der Fichten mindestens leicht beschädigt, gegenüber 33 Prozent bei den restlichen Baumarten. Regional liegen in Westdeutschland die Schwerpunkte im Schwarzwald, Harz und Bayerischen Wald. Insgesamt spricht man wegen dieses Ausmaßes, im einzelnen wegen des großflächigen, lange anhaltenden Auftretens, die nicht nur einzelne, sondern viele Baumarten betreffen, von »neuartigen Waldschäden«.

Gründe für die Schädigungen sind sehr komplex und vielfältig – verschiedene Kombinationen von Ursachen können zu gleichen Schadbildern führen – und lassen sich auch noch nicht in allen Einzelheiten aufklären, so daß von einer »multiplen Streßerkrankung« gesprochen wird. Dies bedeutet aber nicht, daß man wenig weiß; ganz im Gegenteil, es sind etliche Ursachen-Wirkungsketten dingfest gemacht worden. Daß einzelne Untersuchungen, je nach dem Schwerpunkten ihrer Methoden, die Gewichte etwas unterschiedlich verteilen, ist im Grunde nicht störend. Statt vieler Worte soll in Abbildung 24 in etwas vereinfachter Form ein Schema nach Karl Rehfuess und C. Bosch[17] gezeigt werden, das die wesentlichen Aspekte zusammenfaßt. Diese sind:

- Direkteinwirkungen von Schadgasen und Stäuben, atmosphärisch, auf die Nadel- und Blattoberflächen (z. B. Ätzungen) und Eindringen in die Stomata (Spaltöffnungen der Atmungsorgane);
- Einwirkungen über in Wassertropfen gelöste Säuren (z. B. H_2SO_4, HNO_3), insbesondere über den Mechanismus des sauren Nebels;
- besondere Photooxidantienwirkungen, wie verringerte Photosynthese und Chlorophyllverluste;
- Nährstoffauswaschung durch sauren Regen und entsprechende Mangelerscheinungen (z. B. Mg, Ca);
- Versauerung und Basenauswaschung aus den Böden, dadurch verminderte Wurzelaktivität und verringerte Nährstoffaufnahme (wiederum Mg- und Ca-Mangel), Schäden im Feinwurzelwerk;

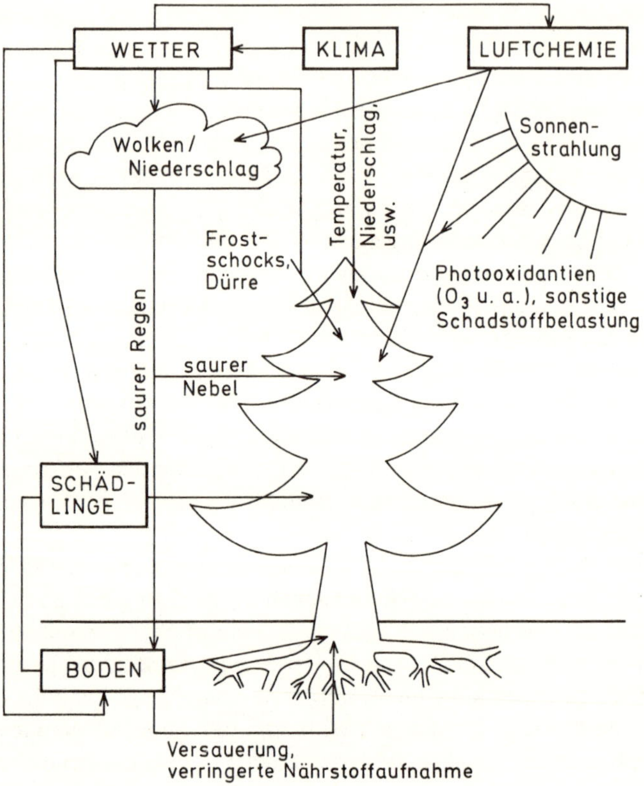

Abbildung 24 Grobes Schema, das mögliche Ursachen von Waldschäden zeigt. Quelle: K. E. Rehfuess und C. Bosch[17], stark vereinfacht.

- meteorologische und klimatologische Einwirkungen wie Frostschocks oder Trockensommer.

Die letztgenannten Einwirkungen haben mit Schadstoffen nichts zu tun, können die Schadwirkungen aber verstärken; meteorologischer Streß, wie er im Prinzip immer möglich ist, kann seinerseits durch Schadstoffe verstärkt werden. Großen Einfluß hatten in Deutschland auch die Trockensommer 1976 und 1983. Nach Helmut Mayer[12] sind seit Mitte der siebziger Jahre verstärkt Spätfrostereignisse aufgetreten, die zum Beispiel in der Nacht vom 30. zum 31. März 1977 in Bayern Temperaturen bis unter −10° C mit sich brachten. Besonders wirksam sind solche Frostereignisse, wenn es zuvor relativ warm und die Vegetationsaktivität entsprechend stark in Gang gekommen war. In manchen Fällen ist dann der Schaden durch rasches Vergilben und Abwerfen von Nadeln (Tanne, Fichte) sichtbar.

Die erforderlichen Schutzmaßnahmen liegen auf der Hand: weitere energische und auf mehr Substanzen ausgedehnte Einschränkungen, die zur Emissionsminderung von Schadstoffen führen, besonders in den Bereichen Verkehr, Energie und Industrie. Das Ausbringen von Kalk als Abwehrmaßnahme gegen Waldschäden ist in seiner Wirkung fraglich und zeitlich begrenzt. Besonders wichtig ist es, angesichts der grenzüberschreitenden Schadstofftransporte, in den neuen Bundesländern und in Osteuropa rasch zu wesentlichen Emissionsminderungen zu kommen.

5.4 Brandrodungen en gros: Überlebt der tropische Regenwald?

Die Oberfläche unseres Heimatplaneten Erde umfaßt rund 500 Millionen Quadratkilometer. Davon bestehen 71 Prozent aus den Ozeanen und 29 Prozent, also rund 150 Millionen Quadratkilometer, aus der Landoberfläche. Knapp 40 Prozent dieser Landoberfläche werden von den Kältewüsten und der Tundra der Polargebiete, einschließlich der großen Inlandeise sowie den Hitzewüsten und Steppen der Subtropenzone eingenommen. Somit verbleiben rund 60 Prozent der Landoberfläche, also rund 90 Millionen Quadratkilometer, für die Vegetation (Tabelle 6), wenn wir von dem spärlichen Bewuchs der Tundren und Steppen absehen. Wir haben bereits erkannt, daß erdgeschichtlich diese Vegetation für die Entwicklung unserer heutigen, lebensfreundlichen Atmosphäre, insbesondere für den Sauerstoffgehalt, von ausschlaggebender Bedeutung ist. Daran, besonders im Hinblick auf das Kohlendioxid-Gleichgewicht, hatte der Wald einen wesentlichen Anteil. Jede Vegetation entnimmt ja der Atmosphäre CO_2 und dem Boden Wasser, um daraus Biomasse aufzubauen, das heißt zu wachsen, gibt jedoch auch beides an die Atmosphäre wieder ab, so daß bei konstantem Bewuchs Stoff-Gleichgewichte hergestellt werden.

Mit Hilfe entsprechender Ökosystemmodelle[18] läßt sich abschätzen, daß unter natürlichen Gegebenheiten, also ohne jegliche menschliche Einflußnahme, heute etwa 58 Prozent der Landoberfläche mit Wald bedeckt wären; Wald wäre also die weitaus dominante Vegetationsform. Die natürlichen Klimaschwankungen haben auch zu Vegetationsänderungen und Verschiebungen der atmosphärischen Gleichgewichte geführt, wobei, was die Atmosphäre betrifft, neben der Vegetation auch der Ozean wichtiger Einflußpartner war. So war während der Kaltzeiten der Waldbestand der gemäßigten Breiten erheblich geringer, zur Zeit des feucht-heißen Karbonklimas höher, zumindest was die Biomasse betrifft. Interessanterweise war die atmosphärische Kohlendioxidkonzentration während der letzten Eiszeit mit 180 bis 200 ppm gegenüber einem anthropogenen ungestörten Niveau einer Warmzeit von rund 280 bis 300 ppm erniedrigt, obwohl man erwarten könnte, daß die verringerte CO_2-Aufnahme der geringeren Waldflächen des Kaltzeitklimas das Gegenteil bewirken sollte. In diesem Fall langsamer, natürlicher Umweltveränderungen war aber die Temperaturänderung (Orbitalhypothese) der primäre Vorgang und der reagierende Ozean der dominante Einflußfaktor auf den Kohlendioxidgehalt der Atmosphäre, da kaltes Ozeanwasser mehr CO_2 aufnehmen kann als warmes (»physikalische Pumpe«) und im Kaltwasser die Phytoplankton-Aktivität (Mikroflora) erhöht ist (»biologische Pumpe«), so daß auch durch diesen Vorgang der Atmosphäre vermehrt CO_2 entzogen wird.

Zu Beginn der derzeitigen Warmzeit, vor rund 10 000 Jahren, begann bereits die menschliche Einflußnahme auf die Vegetation, als nämlich der frühe Mensch, der bis dahin Jäger und Sammler gewesen war, Ackerbau betrieb. Dabei störte ihn der Wald, und er rodete. Wir müssen davon ausgehen, daß damals die Erde mit über rund 90 Millionen Quadratkilometer Wald bewachsen war. Die prähistorischen und historischen Waldrodungen, deren Ausmaß häufig unterschätzt wird, nahmen während der Entstehung der großen Hochkulturen ein gewaltiges Ausmaß an, insbesondere in der Übergangszone zwischen subtropischem und gemäßigtem Klima rund um das Mittelmeergebiet, zum Teil aber auch schon in den tropischen Zonen Indiens und Chinas. Vor 2000 Jahren dürfte diesen menschlichen Aktivitäten schon ungefähr die Hälfte der Wälder der Erde zum Opfer gefallen sein. Eine der sensibelsten Zonen der Erde, der Übergangsbereich zwischen gemäßigtem Regen- und subtropischem Trockenklima, nämlich die Region rund um das Mittelmeer, wo die Niederschläge im Winter fallen und nicht während der sommerlichen Vegetationsperiode, hatte damals ihr Gesicht bereits grundlegend geändert: Italien, Griechenland und Spanien waren weitgehend entwaldet, zuvor auch schon Mesopotamien und Persien, und durch die weitgehend fehlenden Sommerniederschläge war eine natürliche Regeneration nicht möglich. Bekanntlich ist in diesen Ländern, zu denen auch Israel, der Libanon und die Türkei gehören, selbst der Kulturpflanzenbau nur unter Einsatz künstlicher Bewässerung möglich.

In der damaligen Zeit, der Hochblüte des Römischen Reiches, galt Nordafrika noch als Kornkammer. Auch das hat sich grundlegend gewandelt, wobei allerdings auch natürliche Klimaschwankungen eine Rolle spielten, die sich mit menschlicher Einflußnahme überlagern. Hier handelt es sich, trotz von Menschen überschaubarer zeitlicher Größenordnung, wie Jahrhunderte, höchstens einige Jahrtausende, um einen nicht reversiblen Prozeß. Dagegen könnte sich der Wald der gemäßigten Klimazone, bei ausreichenden und im allgemeinen auch nicht zu starken Niederschlägen das ganze Jahr über, durchaus regenerieren. In diesen Zonen, zunächst in Europa und später in Nordamerika, entwickelten sich jedoch die modernen Hochkulturen, wobei nach der landwirtschaftlichen Nutzung die Industrialisierung, die Besiedlung und der Verkehr immer größere Flächen verschlangen. Allein in Skandinavien und Kanada, aber auch im Nordosten Eurasiens (Sibirien) hielten sich diese Rodungen in Grenzen. In der westlichen Bundesrepublik sind etwa zwei Drittel der Wälder verschwunden, so daß die Waldfläche heute bei etwa 30 Prozent liegt, in Europa im Mittel bei 27 Prozent. Aber diese Waldanteile sind durch Luftverschmutzung und Bodenbelastung erheblich gefährdet, in Osteuropa hat dies bereits zu weiteren, großflächigen Entwaldungen geführt.

Erst in den letzten beiden Jahrzehnten hat das Problem der schwindenden Waldflächen auch die Öffentlichkeit beschäftigt, wobei die hier skizzierten früheren Vorgänge nur wenigen bewußt sind. Im Blickpunkt stehen hauptsächlich die Sahelzone Afrikas, dort generell der Vegetationsrückgang und die Verschlechterung der landwirtschaftlichen Nutzungsmöglichkeiten, und die Rodung des tropischen Regenwaldes.

Heute sind nur noch etwa 23 Prozent der Landfläche der Erde mit Wäldern bedeckt, dies entspricht 34 Millionen Quadratkilometern. Davon entfällt etwa ein Viertel, also 8,5 Millionen Quadratkilometer, auf die Tropen. Die tropischen Regenwälder Indiens und Chinas sind nur noch in sehr geringen, in Afrika und Indonesien in vergleichsweise größeren Relikten vorhanden. Den größten Rest zusammenhängenden tropischen Regenwaldes finden wir im Amazonasbecken Brasiliens. Wie alle Waldgebiete der Erde ist auch dieses Gebiet in Gefahr. Mindestens 100 000 Quadratkilometer, das entspricht ungefähr der Fläche der ehemaligen DDR, tropischen Regenwaldes werden jährlich vernichtet, davon der größte Teil in Brasilien durch die besonders umweltbelastende Form der Brandrodung. Pessimistische, hoffentlich überzogene Schätzungen[19] gehen fast von der doppelten Fläche aus. Selbst bei vorsichtigen Schätzungen wären, wenn der Trend sich fortsetzt, in etwa 85 Jahren alle tropischen Regenwälder verschwunden. Angesichts dieser Rodungen en gros müssen wir uns also zu Recht und mit großer Sorge fragen: Wie kann der tropische Regenwald überleben?

Wälder hatten nicht nur eine große Bedeutung bei der langfristigen Entwicklung unserer sauerstoffreichen Atmosphäre, sie spielen auch heute für den Stoffhaushalt eine große Rolle. Die derzeitigen Rodungen tropischen Regenwaldes führen dazu, daß etwa eine Milliarde Kohlenstoffeinheiten der Luft pro Jahr weniger vom Wald gebunden werden können. Dadurch kommen indirekt zwischen 2 und 5,5 Milliarden Tonnen CO_2 pro Jahr in die Atomsphäre, heizen den Treibhauseffekt an und ändern das Weltklima. Darüber hinaus wird aber auch das dortige Regionalklima geändert. Wälder geben viel Wasserdampf an die Atmosphäre ab und wirken dämpfend auf die Temperatur, nicht zuletzt auch auf Temperaturschwankungen ein. Abbildung 25 zeigt den Niederschlagsrückgang, der bei Rodung des Amazonas-Regenwaldes nach Modellrechnungen[20] eintreten würde. Gleichzeitig würde die Temperatur beträchtlich erhöht. Dies bedeutet, daß Waldrodungen auch zu regionalen Klimaänderungen führen. Gerade in den Tropen bewirken Waldrodungen aber auch, daß das Niederschlagswasser in den Boden eindringt und die Nährstoffe auswäscht, was die natürliche, üppige Regenwaldvegetation der Tropen, die den gesamten Boden bedeckt, verhindert. Somit ist oft nach wenigen Jahren eine landwirtschaftliche Nutzung der tropischen Rodungsflächen nicht mehr möglich, es entsteht sogenannte »Forstbracke«. Die für die Landwirtschaft unnütz gewordenen Flächen liegen brach, und die Rodungen werden andernorts fortgesetzt; dies ist wohl der größte Wahnsinn an diesen Aktionen. Wer rodet, ändert somit nicht nur das globale und regionale Klima, gerade in den Tropen sägt er auch an dem Ast, auf dem er sitzt und entzieht sich letztlich die eigene Existenzgrundlage. Hinzu kommt noch, daß kein Ökosystem der Welt so artenreich wie der tropische Regenwald ist. Die Menschheit hat weltweit schon viele Pflanzen und Tiere ausgerottet, deshalb sollten wir verhindern, daß wir uns im tropischen Regenwalds noch übertreffen.

Was können wir tun? Ganz ohne Zweifel muß alles unternommen werden, um den Rest des tropischen Regenwaldes zu retten. Wir, die Bürger der entwickelten Industrienationen, sollten diese sicherlich sehr

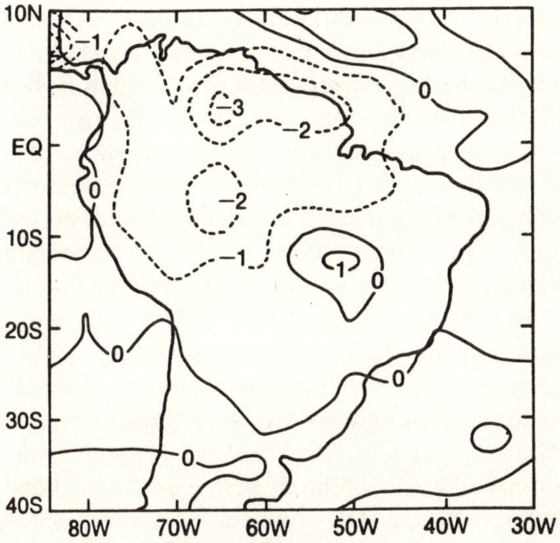

Abbildung 25 Modellsimulation des Niederschlagsrückganges in Südamerika im Fall einer Totalrodung des Amazonas-Regenwaldes in Millimetern pro Tag (Zunahme ausgezogen und Abnahme gestrichelt). Zum Vergleich: In Frankfurt/Main fallen etwa 2 Millimeter (entsprechend Liter pro Quadratmeter) pro Tag, in Bogotá 2,5 Millimeter pro Tag (jeweils Jahresmittel). Quelle: C. Nobre et al.[20].

berechtigte Forderung durch unser eigenes Verhalten unterstützen; denn nicht nur der tropische Regenwald, sondern jeder Wald, jede Vegetation ist zu schützen. Dies muß nicht in extremer Weise geschehen, die alle sonstigen Interessen vernachlässigt, sondern in ausgewogener Form. So ist es beispielsweise nicht zu verantworten, daß hierzulande Mitbürgern, die durch Verkehrslärm und Abgase geplagt sind, der Bau von Umgehungsstraßen verweigert wird. Es müssen nicht unbedingt autobahnähnliche Großlösungen angestrebt werden, die noch mehr Verkehr auf sich ziehen; kleinere Lösungen, verbunden mit Maßnahmen zur Begrenzung des umweltbelastenden Individualverkehrs, sind meist vernünftiger. Diese Lösung schützt dann auch unsere Gesundheit und schont unsere Wälder. Der Flächenbedarf für Siedlungen, Industrieanlagen und Verkehrswege in den Industrieländern muß endlich seine Sättigungsgrenzen erreichen. Die Entwicklungsländer aber sollten aus den Fehlern der Industrieländer lernen.

In den Tropen wird sicherlich das Argument am ehesten überzeugen, daß man nicht seine eigene Existenz und die der nachfolgenden Generationen aufs Spiel setzen sollte. Oft wurde durch die Industrieländer unangebrachte und letztlich schädliche Entwicklungshilfe bezahlt. Projekte, die mit Waldrodungen verknüpft sind, sollten nicht noch durch die Weltbank finanziert werden, sondern jedes Projekt sollte auf seine Umweltverträglichkeit hin geprüft, und Unterstützung dafür gewährt werden, daß der Regenwald geschont wird. Ein Patentrezept, das sofort alle Rodungen zum Stillstand bringen oder doch entscheidend verringen könnte, wird es nicht geben, zumal die betreffenden Länder ihre Souveränität geltend machen. Auch Einfuhrverbote tropischer Edelhölzer bringen wenig, wenn diese Hölzer bereits gerodet sind. Überzeugungsarbeit für die Belange von Umwelt, Ökologie und vorausschauender, ressourcenschonender Ökonomie, entsprechend sinnvolle Entwicklungsarbeit und weitere, dafür gezielt eingesetzte Gelder sind das Gebot der Stunde. Die Vereinten Nationen, die eine Liste schützenswerter Kulturgüter führen, sollten auch eine Liste schützenswerter Naturgüter anlegen. Der tropische Regenwald gehört sicherlich dazu. Alles das setzt natürlich auch voraus, daß man endlich Mittel und Wege findet, UN-Beschlüsse gegen ausschließlich nationale Interessen durchzusetzen.

5.5 Was nur wenigen bewußt ist: Verlieren wir den Boden unter den Füßen?

Waldrodungen sind nur ein Aspekt der Vegetationsverluste, die global- und regionalklimatologisch große Gefahren und Schäden mit sich bringen, nicht nur für die Umwelt, sondern auch für die Menschheit. Mit Vegetationsverlusten aber sind weitere überaus besorgniserregende Vorgänge auf unserer Erde verbunden: die Ausbreitung von Wüsten und Steppen, die sogenannte »Desertifikation«, und die Bodenverluste. Eine Schlüsselregion zur Erkenntnis dieser Problematik ist der Sahel im nördlichen Afrika.

Dieser Bereich umfaßt eine rund 400 Kilometer breite Zone in Nord-Süd-Richtung, die sich durch den ganzen nordafrikanischen Kontinent von Senegal und Mauretanien im Westen bis Äthiopien im Osten erstreckt. Klimatisch liegt er im Übergang zwischen den Randtropen, mit ergiebigem Sommerniederschlag, wo es Buschland und Savanne mit natürlicher Vegetation gibt, und den trockenen, von Steppe und schließlich Wüste gekennzeichneten Subtropen. Zu diesen Subtropen hin wird der Niederschlag immer kärglicher, wobei der sahelische Kernraum als der Bereich zwischen 200 und 600 mm Jahresniederschlag definiert ist[21]. Dagegen schwankt der Jahresniederschlag in Westdeutschland zwischen 600 und 1 000 mm. Aus der Wüstenrandlage erklärt sich auch der arabische Name: *Assahil* (das Ufer oder besser das rettende Ufer), das die Karawanen nach ihrem Zug durch die Wüste erreichen.

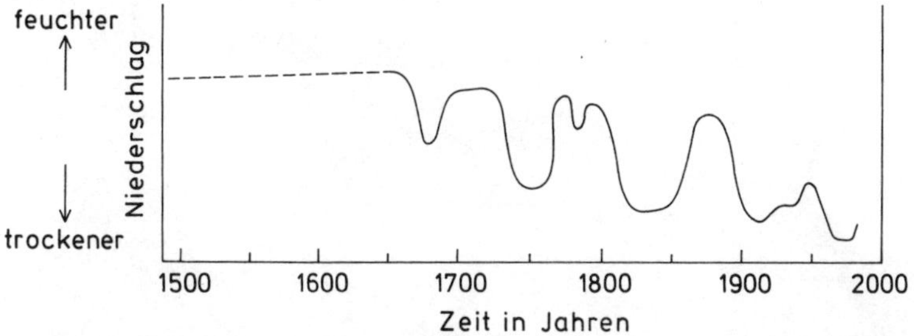

Abbildung 26 Rekonstruktion der Niederschlagsschwankungen seit 1500 in der Sahelzone (einschließlich Sudan); grobe relative Angaben. Quelle: E. S. Nicholson[22].

Wie die Tropen- und Subtropenrandzonen war auch der Sahel seit jeher intensiven Schwankungen hinsichtlich des Niederschlags ausgesetzt. So hatte auch der Tschad-See vor einigen Jahrtausenden eine weitaus größere Ausdehnung (Abb. 11). Abbildung 26 zeigt einige der letzten Trockenperioden, die seit etwa 1650 immer wieder aufgetreten sind. Überlagert ist jedoch ein Trend genereller Niederschlagsabnahme, so daß diese Trockenepisoden immer intensiver ausgefallen sind. Die letzte dieser Episoden, seit etwa 1965, hat katastrophale Ausmaße erreicht und deswegen die Aufmerksamkeit der Weltöffentlichkeit auf sich gezogen. Dieses katastrophale Ausmaß ist jedoch auch auf menschliche Einflußnahme zurückzuführen, möglicherweise in doppelter Hinsicht. Fest steht nämlich, daß die Zunahme der Bevölkerung und eine unangepaßte landwirtschaftliche Nutzung die Problematik erheblich verschärft haben, durch immer intensivere Beweidung, mehr noch durch die Abkehr vom Nomadentum, das in dieser Klimazone sehr sinnvoll ist, zugunsten seßhafter Landwirtschaft mit intensivem Anbau von Exporterzeugnissen, vor allem Erdnüssen und Baumwolle. Die ehemalige Kolonialmacht Frankreich hat diese Produkte ohne Gespür für klimatisch-ökologische Zusammenhänge eingeführt, und die

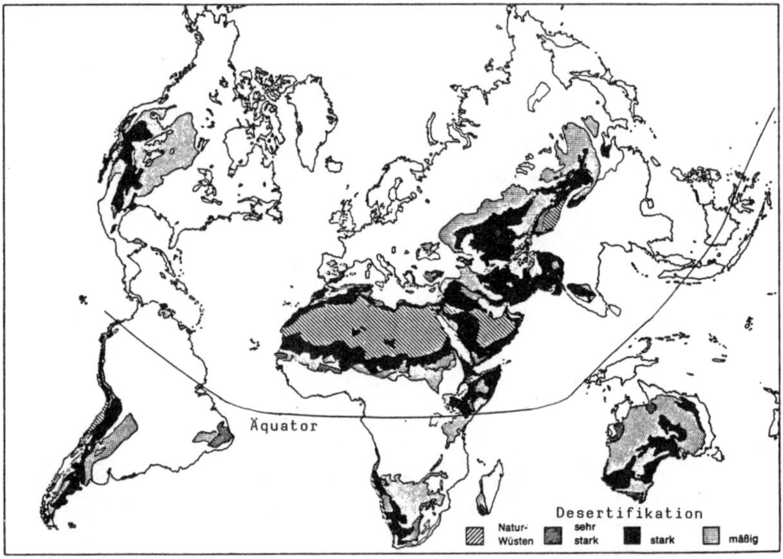

Abbildung 27 Weltkarte der Naturwüsten (Schraffur) und der Desertifikation (Wüstenausdehnung). Quelle: J. Herkendell und E. Koch[21], etwas modifiziert, nach UN-Informationen.

Regierungen der afrikanischen Ländern haben dies fortgeführt, so hat sich die Problematik dramatisch verschärft und zu viel negativeren Folgen als in früheren niederschlagsarmen Epochen geführt.

Der zweite Aspekt, der wahrscheinlich auch mitspielt, ist eine klimatologische Rückkopplung. Da nämlich Vegetationsrückgang zu verringerter Wasserdampfverdunstung in die Atmosphäre führt, wird dadurch auch die Wolken- und Niederschlagsbildung verringert. Dadurch dehnen sich Steppen und Wüsten aus, die Desertifikation setzt sich fort, es regnet immer weniger, was dann wiederum zu weiterer Wüstenausdehnung führt. Es handelt sich also um einen sich selbst verstärkenden Prozeß, eine positive Rückkopplung, die, einmal ausgelöst, sich so lange weiter aufschaukelt, bis andere Vorgänge dominant werden, wie die meteorologisch (luftmassendynamisch) bedingte starke Niederschlagsproduktion in den inneren Tropen oder gemäßigten Breiten. Für den niederschlagsarmen Sahel aber bedeutet dies, daß sich Verwüstung und Versteppung aufschaukeln und die Folgen der direkten anthropogenen Eingriffe noch verschlimmert werden.

Wenn aber Vegetation verschwindet, ist schon bei unvollständiger Bedeckung der ungeschützte Boden den meteorologischen Kräften der Erosion ausgesetzt. Niederschläge schwemmen den Boden in die Flüsse und ins Meer, und der Wind bläst ihn fort, ein großer Teil davon landet ebenfalls im Meer. Schon gibt es Abschätzungen darüber, daß durch diese Bodenverfrachtung ins Meer der Meeresspiegel ansteigt. Da die Weltmeere eine große Ausdehnung haben, macht das im Verlauf einiger Jahrzehnte höchstens etwa einen Zentimeter aus, aber dahinter verstecken sich ungeheure Mengen an verlorenem Boden.

Da neben dem Süßwasser der Boden zu unseren unabdingbar notwendigen Lebensgrundlagen gehört, ohne den keine Landwirtschaft möglich ist, wird unsere Ernährung knapper. Ohne Boden gibt es auch keine natürliche Vegetation, da sie mit ihm in engem ökosystemaren Zusammenhang steht; denn die absterbende Vegetation erzeugt Humus, der ein wichtiger Bestandteil des Erdreichs ist, von dem die neu entstehende Vegetation lebt. Auch Gesteinsuntergrund und Relief beeinflussen die Bodenbildung, außerdem hat der Boden als Wasserspeicher eine wichtige Funktion, wovon wiederum die Existenz der Vegetation abhängt. Ohne die Entwicklung der Vegetation auf unserem Globus hätte es weder die Evolution des Sauerstoffs in unserer Atmosphäre noch Bodenbildungen gegeben, wie wir sie heute vorfinden; beides sind Voraussetzungen für die Existenz von Mensch und Tier. Ohne Boden stünden die Gesteine, die sogenannte »Lithosphäre« direkt an der Erdoberfläche an, oder es würden durch Gesteinsverwitterungen Geröll-, Kies- und Sandoberflächen entstehen, die zwar eine Vorstufe der Bodenbildung sind, aber nicht den wichtigen Humus enthalten. Entwaldung, Versteppung und Verwüstung sind also die Vorstufe von Bodenverlusten; ebenfalls zu Bodenverlusten führt der Kulturpflanzenbau, besonders bei Monokulturen, sofern nicht das ganze Jahr über das Erdreich mit Vegetation bedeckt ist. In Kulturpflanzungen ist der Boden nämlich außerhalb der Vegetationsperiode meist nicht mit Pflanzen bestanden und damit voll den Kräften der Erosion ausgesetzt. Besonders gefährlich ist das in Hanglagen, wo rutschendes Erdreich und abfließendes Oberflächenwasser, oder beides zusammen, zu besonders großen Bodenverlusten führen kann. Merkwürdigerweise reagieren wir auf diese Vorgänge wenig oder nehmen sie kaum wahr, es sei denn, Murenabgänge in den Gebirgen verschütten unsere Verkehrswege und beeinträchtigen unser Vorankommen mit dem Auto.

Josef Herkendell und Eckehard Koch[21] schildern eindrucksvoll den Vorgang der Bodenzerstörung und geben eine quantitative Übersicht, wonach – ähnlich den derzeitigen Waldrodungen –, die Schäden in den Tropen am größten sind. Wie bei den Waldrodungen haben die anderen schädlichen Eingriffe durch den Menschen schon vor Jahrtausenden begonnen. Nur sind Intensität und Ausmaß ständig angestiegen, und die heutige Menschheit hält den traurigen Rekord. Erstmals in der Menschheitsgeschichte besteht daher die Gefahr, daß Eltern und Großeltern ernsthaft an den Existenzgrundlagen ihrer Kinder und Enkel rütteln. Herkendell und Koch geben die weltweiten Bodenverluste durch Erosion mit 75 Milliarden Tonnen pro Jahr an. Dadurch gehen schätzungsweise jährlich 60 000 Quadratkilometer als Acker- und Weideland verloren, in weiteren rund 200 000 Quadratkilometern wird diese Nutzung erschwert oder unwirtschaftlich. Die Verluste sind etwa gleich groß wie bei den Waldrodungen, nur betrifft es in diesem Fall direkt die Ernährungsgrundlagen der Menschheit.

Die Tropen und einige Gebirgsregionen werden am meisten von den Bodenverlusten heimgesucht; in Europa liegt der Schätzwert bei »nur« einer Milliarde Tonnen pro Jahr. In Afrika sind in Lesotho 88 Prozent, in Madagaskar 79 Prozent und in Äthiopien 43 Prozent der Flächen von Bodenverlusten betroffen; in den Gebirgsländern Peru und Nepal ist es fast das ganze Land. Grundsätzlich sind alle Länder mit schon bestehenden Wüsten nicht nur von der Desertifikation bedroht (Abb. 25), sondern auch von Bodenverlusten besonders stark betroffen, da beides Hand in Hand geht. Ein zusätzliches Problem besteht darin, daß künstliche Bewässerung in niederschlagsarmen Regionen durch zu intensive Verdunstung zur Versalzung der Böden führt. Weiterhin werden Böden durch toxische Stoffe, wie bei der Schädlingsbekämpfung, und durch Überdüngung belastet. Bodenverluste durch Meerespiegelanstieg, im weltweiten Mittel sind es zwischen 10 und 25 Zentimeter in den letzten hundert Jahren, halten sich bisher noch in Grenzen. Extreme Stürme, besonders die tropischen Wirbelstürme, tragen ebenfalls dazu bei. Wir werden in Kapitel 7.1 sehen, daß auch dabei möglicherweise der Mensch seine Hand im Spiel hat. Schließlich führt zu intensive Grundwasserentnahme für die landwirtschaftliche und industrielle Nutzung zu weiteren Bodenabsenkungen. In manchen Flußdeltagebieten wie in Bangladesch, ist diese Landabsenkung anscheinend größer als der Effekt durch den Meeresspiegelanstieg.

Es ist eigentlich verwunderlich, daß die Öffentlichkeit, und dabei kommt den Medien eine wichtige Rolle zu, von dieser überaus gravierenden Weltproblematik so wenig Notiz nimmt und sich meist auf plötzlich eintretende, einzelne »Schockereignisse« konzentriert. Angesichts von Einzelereignissen besteht jedoch die Gefahr, daß wir den Überblick verlieren, der notwendig wäre, um die großen Weltprobleme wirklich zu lösen oder doch zumindest wirksam und nachhaltig zu entschärfen. Ein Klimatologe muß sich auch deshalb für Bodenprobleme interessieren, da die Vegetation ein wichtiger Kohlenstoffspeicher ist, so daß Verluste von Erdreich und Wald zur Anreicherung der Atmosphäre mit Kohlendioxid und dadurch wiederum zu weltweiten Klimaänderungen führen. Neben dieser global klimatologischen Bedeutung gibt es auch eine regionale, die ähnlich wie beim Wald für den Wasser- und Wärmehaushalt der Atmosphäre von Bedeutung ist. Ohne Boden gibt es in den betreffenden Regionen praktisch keinen Wasserdampfnachschub mehr in die Atmosphäre; der Rückkopplungsvorgang, der daraus entstehen kann, ist schon im Zusammenhang mit den Waldrodungen besprochen worden. Und auch der Boden hat, ähnlich dem Wald, einen dämpfenden Einfluß auf die Temperaturschwankungen, was jeder weiß, der bei intensiver Sonneneinstrahlung mit bloßen Füßen einmal auf Humusboden und dann auf Sand oder Gestein gelaufen ist. Entsprechend rasch kühlen Sand und Gestein, im Gegensatz zu Boden und Vegetation, auch ab. So stehen Boden, Atmosphäre und Klima in enger Wechselwirkung, was auch Wasser, Vegetation und Untergrund sowie Relief mit einbezieht.

Es sollte alles getan werden, um die gewaltigen Bodenverluste weltweit einzudämmen, nicht nur wegen dieser ökosystemaren Zusammenhänge, sondern weil es um unsere Existenzgrundlage geht. Keinesfalls dürfen wir durch unsere eigene Fahrlässigkeit den Boden unter den Füßen verlieren. In diesem Zusammenhang verdient die »Resolution zur Bekämpfung der Bodenzerstörung in der dritten Welt« der Gesellschaft für Verantwortung in der Wissenschaft weitaus größere Beachtung, als das derzeit der Fall ist.

5.6 Das Ozonloch: auf natürliche Weise oder vom Mensch verursacht?

Wir machen nun einen großen Sprung vom Erdboden in die Atmosphäre, und zwar gleich hinauf in die Stratosphäre, die wir grob gemittelt in 10 bis 50 Kilometer Höhe finden. Darunter liegt die Troposphäre, die wir schon mehrfach ins Auge gefaßt haben, und die im wesentlichen Träger der Wetter- und Klimavorgänge ist, darüber liegt in

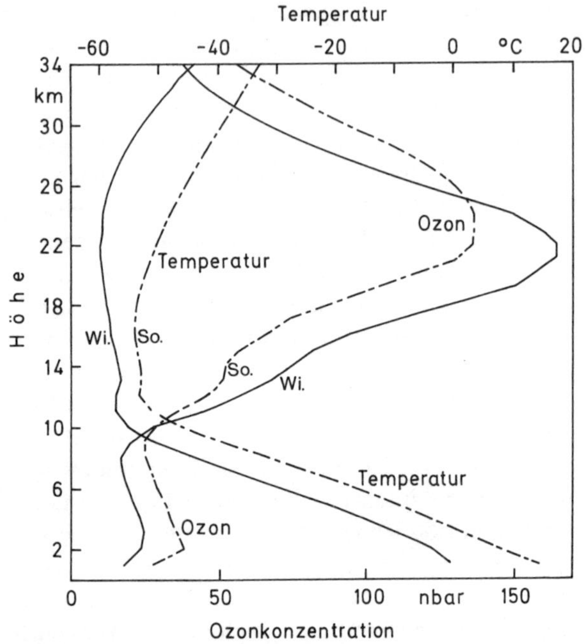

Abbildung 28 Mittlere atmosphärische Schichtung der Temperatur und Ozonkonzentration (O_3) im Winter (ausgezogen) und im Sommer (strichpunktiert) im Höhenbereich bis 34 Kilometer nach Messungen des Meteorologischen Observatoriums Hohenpeißenberg. Quelle: Deutscher Wetterdienst[23], vereinfacht.

einer Höhe zwischen 50 und 80 Kilometern die Mesosphäre, darauf folgt die Thermosphäre und schließlich der interplanetarische Raum.

Stratosphäre heißt soviel wie gleichbleibende Sphäre, womit gemeint ist, daß dort im Gegensatz zur Troposphäre die Temperatur nach oben nicht mehr abnimmt, sondern annähernd gleich bleibt (Abb. 28). Als die Stratosphäre, die im Gegensatz zur Troposphäre fast ganz wasserdampffrei und somit sehr trocken ist, ihren Namen schon hatte, entdeckte man, daß in ihrem oberen Bereich die Temperatur wieder zunimmt und die vertikale Temperaturabnahme erst in der Mesosphäre wieder einsetzt. Dieser überraschende Befund steht zweifellos damit in Zusammenhang, daß das Ozon (O_3) in der Stratosphäre eine Konzentrationszunahme aufweist, die im Mittel in etwa 20 bis 25 Kilometern Höhe ihr Maximum erreicht. Dieses Maximum weist Konzentrationswerte zwischen 5 und 10 ppm auf, was etwa 200- bis 300mal soviel wie die natürliche Konzentration der unteren Atmosphäre ist; trotz dieser überaus geringen Konzentration hat jedoch diese sogenannte »Ozonschicht« große Bedeutung für das Leben auf der Erde.

Von der zweifachen Bedeutung des O_3 in der Troposphäre war bereits die Rede: Es ist dort ein kurzlebiges, ab gewissen Konzentrationen ein toxisches Gas, und es hat als eines der Treibhausgase klimatologische Bedeutung. In der Stratosphäre kommt eine dritte Bedeutung hinzu: O_3 absorbiert die kurzwellige Sonneneinstrahlung, und zwar die Ultraviolettstrahlung von relativ kurzer und mittlerer Wellenlänge (UVC und UVB, unterhalb etwa 0,3 Mikrometer) und läßt nur relativ langwellige und damit für das Leben auf der Erde ebenfalls relativ ungefährliche UVA-Strahlung (0,3–0,4 Mikrometer) in die untere Atmosphäre durchdringen. Das stratosphärische O_3 bildet daher einen für uns alle überaus wichtigen Schutzschild, und es ist raffiniert eingerichtet, daß dies weit über unseren Köpfen geschieht, wo uns die Toxizität des O_3 nichts anhaben kann. Aber auch in der Stratosphäre hat der Mensch seine Hand im Spiel, und wiederum zu seinem Nachteil.

Zunächst einmal ist die stratosphärische von der troposphärischen Ozonchemie strikt zu unterscheiden. In der Stratosphäre führt die Anwesenheit von solarer UVC-Einstrahlung zur Aufspaltung des O_2-Moleküls in atomaren Sauerstoff (O), der unter Mitwirkung bestimmter anderer Substanzen zur Ozonbildung (O_3) führt. Auf der anderen Seite wird O_3 durch Licht dort auch wieder aufgespalten (in O und O_2), so daß insgesamt ein Gleichgewicht bei erhöhter O_3-Konzentration entsteht. Die entsprechende vertikale O_3-Konzentrationszunahme läßt sich weltweit von ca. 0,03 ppm (Troposphäre) auf 5 bis 10 ppm in 20 bis 25 Kilometern Höhe nachweisen (Abb. 28). In etwa 40 Kilometern Höhe ist wieder die troposphärische Konzentration anzutreffen. Allerdings variiert das genannte O_3-Maximum, die Ozonschicht, in Abhängigkeit von der Jahreszeit und geographischen Breite erheblich, und das oben genannte Gleichgewicht wird durch solare und vulkanische Einflüsse sowie die stratosphärische Strömung immer wieder beträchtlich gestört. Dies zeigen auch Langzeitmessungen in Arosa (Abb. 29), deutlich; dort ist die O_3-Gesamtkonzentration der Atmosphäre erfaßt, die jedoch wegen der genannten großen vertikalen Konzentrationsunterschiede fast ausschließlich von der Stratosphäre dominiert sind.

Im Jahr 1974 sagten M. J. Molina und F. S. Rowland[24] voraus, daß anthropogene Spurengasemissionen, insbesondere FCKW und NO_x, zur Abnahme der stratosphärischen O_3-Konzentration führen könnten. Abbildung 30 zeigt diesen Effekt, der mit der troposphärischen O_3-Zu-

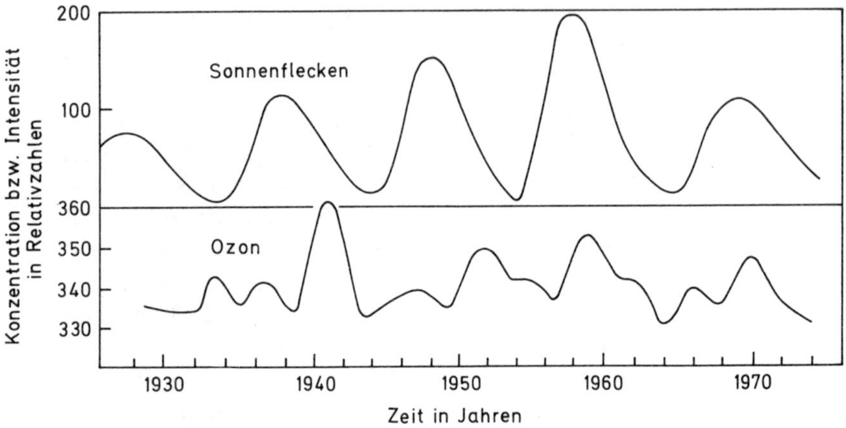

Abbildung 29 Sonnenfleckentätigkeit und Ozonkonzentration (O_3) von 1926 bis 1975 nach Messungen und schon etwas älteren Untersuchungen in der Schweiz. Die O_3-Messungen (Arosa) erfassen die Gesamtkonzentration der Atmosphäre, die jedoch weitgehend von der stratosphärischen Konzentration dominiert ist. Quelle: H. U. Dütsch[25].

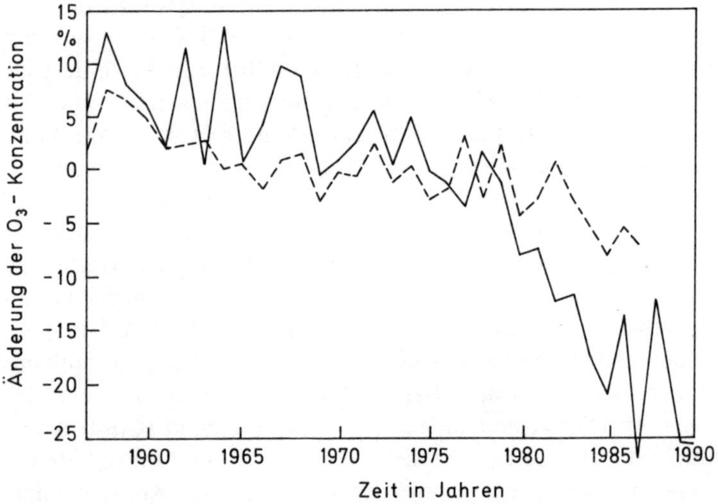

Abbildung 30 Messungen der atmosphärischen Ozonkonzentration im Bereich der Antarktis, in Mittelwerten von vier Stationen, wobei wiederum die stratosphärische Konzentration dominiert, für die Monate Januar bis März (gestrichelt) und September bis Dezember (ausgezogen), wobei sich seit 1979 ein deutlicher Rückgang zeigt. Quelle: R. D. Bojkov[26], ergänzt.

nahme Hand in Hand geht. In Deutschland hat das Meteorologische Observatorium Hohenpeißenberg (Bayern), seit 1967 kontinuierlich O_3-Sondierungen durchgeführt[27]. Die zuständige Enquête-Kommission des Deutschen Bundestages[28] gibt für diese Langzeittrends, erfaßt in den letzten zwanzig Jahren, in verschiedenen geographischen Breiten folgende Werte an:

53° – 64° N: –2,3 Prozent	53° – 60° S: –10,6 Prozent
40° – 53° N: –3,0 Prozent	39° – 53° S: – 4,9 Prozent
30° – 40° N: –1,7 Prozent	29° – 39° S: – 2,7 Prozent
19° – 30° N: –3,1 Prozent	19° – 29° S: – 2,6 Prozent
0° – 19° N: –1,6 Prozent	0° – 19° S: – 2,1 Prozent

In dem dabei erfaßten Maximum der stratosphärischen O_3-Abnahme (53° – 60° S) versteckt sich ein Phänomen, das von den vorgenannten alle Jahreszeiten umfassenden Langzeittrends zu unterscheiden ist: Ein Ende der siebziger Jahre einsetzender deutlich stärkerer, jedoch jahreszeitlich gebundener – nämlich September bis November – Trend zum stratosphärischen O_3-Rückgang speziell im antarktischen Raum, der 1987 und 1989 bisher am ausgeprägtesten war (Abb. 30), 1991 aber allem Anschein noch zu einem neuerlichen Rekord geführt hat; er ist von einer natürlich-bedingten quasi-zweijährigen Oszillation überlagert. Dies ist das Ozonloch, ein in diesem Ausmaß überraschendes Phänomen, das von S. Chubachi[29] entdeckt wurde. Der Überraschungseffekt war jedoch so groß, daß man dem Entdecker zunächst nicht glaubte und erst nach weiteren Analysen[30] zur Überzeugung gelangte, daß dieses Phänomen real ist. In jüngster Zeit (1991) deutet sich auch über den gemäßigten Breiten der Nordhalbkugel ein unerwartet starker Ozonabbau an.

Von den bisherigen Erklärungsversuchen für das antarktische Ozonloch hat sich die Hypothese von Paul Crutzen und F. Arnold[31] bisher am weitesten durchgesetzt; sie besagt, daß es sich dabei höchstwahrscheinlich um einen anthropogenen Effekt handelt. Ausgangssubstanz sind dabei die FCKW-Spurengase, die sich nach verschiedenen Reaktionszyklen und Zwischenstufen in Chlornitrat ($ClONO_2$) umwandeln; bei extremer Kälte, mindestens bei etwa –70 ° C, des antarktischen Winters werden sie in stratosphärische Eis-/Aerosolwolken eingebunden, wo unter anderem aus Chlornitrat Chlor (Cl_2) freigesetzt wird.

Im September, spätestens im Oktober, wenn der antarktische Polartag anbricht, erfolgt unter Mitwirkung kurzwelliger Strahlung eine Aufspaltung der Chlor-Moleküle (Cl_2) in aggressive Chlor-Atome (Cl), die mit O_3 reagieren und es dadurch abbauen, wobei ein Cl-Atom einige tausend O_3-Atome aufspalten kann (Reaktionszyklus). Auch Brom-Atome, die in den sogenannten »Halonen« enthalten sind, zerstören stratosphärisches Ozon. Stickoxid-Moleküle sind in der Troposphäre Ozonbildner, in der Stratosphäre jedoch ebenfalls Ozonzerstörer.

Während die klimatischen Auswirkungen des stratosphärischen Ozonabbaus auf die untere Atmosphäre praktisch vernachlässigbar sind – in der Stratosphäre ist hingegen eine markante Abkühlung als Folge davon zu konstatieren –, müssen eine Reihe von biologischen Konsequenzen als Folge verstärkter solarer UVB- und UVC-Strahlung potentiell ins Auge gefaßt werden. Dies sind im wesentlichen:

- Hautschäden (Pigment-Bildung, Zerstörung der oberen Hautschicht, Hautkrebs);
- Sehschäden, einschließlich des grauen Stars;
- Erhöhung der Mutationsrate;
- möglicherweise Schädigung einiger Kulturpflanzen (z. B. Sojabohnen, Winterweizen, Baumwolle und Mais);
- Schädigung einiger Mikroorganismen (z. B. pflanzliche Planktonarten) im Ozean mit Auswirkungen auf die dortige Nahrungskette und Rückgang der CO_2-Aufnahme durch den Ozean.

Der letztgenannte Effekt stellt eine ungünstige Rückkopplung mit dem Treibhausproblem dar. Umgekehrt begünstigt die vom Treibhauseffekt hervorgerufene stratosphärische Abkühlung den dortigen Ozonabbau. Meßtechnische Hinweise auf eine Zunahme der UV-Strahlung sind bisher sehr selten. So hat die Zeitschrift »New Scientist«[32] berichtet, daß 1989 in der Antarktis erstmals eine erhöhte UV-Strahlung in Bodennähe festgestellt worden sei, die man mit dem Ozonloch in Verbindung bringen könne. Biologischen Effekten fehlt bisher die statistische Signifikanz, obwohl sie für die Region Neuseeland–Australien bereits diskutiert werden.

Auch wenn noch nicht alle Fragen klar beantwortet werden können, so steht doch außer Zweifel, daß dem Risiko des stratosphärischen Ozonabbau in internationaler Koordination rasch und wirksam begegnet werden muß. Eine Zusammenfassung der zur Zeit bekannten »Ozon-Killer« ist in Tabelle 7 wiedergegeben. Dabei ist zu beachten, daß dazu außer FCKW auch einige Bromverbindungen, die Halone, Tetrachlorkohlenstoff (CCl_4) und Stickoxide (NO_x) gehören. Diese Tabelle zeigt auch, daß es Unsinn ist, die Substanzen R11 oder R12 durch R22 zu ersetzen, weil R22 zwar ein geringes Ozonzerstörungspotential (OZP), aber ein hohes Treibhauspotential (TP) besitzt und somit sehr klimawirksam ist.

Der meßtechnisch relativ rasch erfaßbare Ozonabbau der Stratosphäre über der Antarktis hat dann auch, wesentlich rascher als die Treibhauseffekt-Problematik, zu politischen Konsequenzen geführt. Nach der »Wiener Übereinkunft« (1985), die einen ersten, aber noch vagen Ansatz dazu darstellt, ist 1987 das sog. »Protokoll von Montreal« festgelegt worden. Es sieht, im Vergleich zu 1986, eine Reduktion der R11, R12, R113 und R115 (also von einigen FCKW) um 20 Prozent bis 1994 und um 50 Prozent bis 1999 vor; siehe auch Vorschlag der Enquête-Kommission[27] und Dokumentation.

Dies ist zwar ein Schritt in die richtige Richtung, auch wenn er noch nicht von allen Staaten unterstützt wird. Auch dort, wo er unterstützt wird, reicht er aber bei weitem nicht aus und ist daher noch sehr unbefriedigend. Es ist deshalb sehr zu begrüßen, daß die deutsche Bundesregierung am 30. 5. 1990 eine »FCKW-Halon-Verbot-Verordnung« beschlossen hat, wonach die Bundesrepublik Deutschland als erster Staat der Welt bis zum Jahr 1995 die Produktion und Verwendung folgender Substanzen untersagen wird: R 11, R 12, R 13, R 112, R 113, R 114, R 115 (»vollhalogenierte« FCKW); R 22 (teilhalogeniert); Halone 1211, 1301, 2402; Tetrachlorkohlenstoff (CCl_4) und Methylchloroform (CH_3CCL_3). Ein Ausschnitt dieser Verordnung ist im Anhang dokumentiert; angesprochen sind die Anwendungsbereiche Sprühtechnik (»Druckgaspakkungen«), Kältemittel, Schaumstoffe, Reinigungs- und Lösungs- sowie Löschmittel. Am 22. März 1991 hat der Bundesrat dieser Verordnung mit einigen Modifikationen zugestimmt, die jedoch prinzipiell nichts daran ändern. Im EG-Bereich werden ähnliche Maßnahmen bis zum Jahr 2000 angestrebt.

Wer objektiv beurteilt, muß dies als mutigen und konsequenten Schritt anerkennen, in der Hoffnung, daß dieses gute Beispiel weltweit Schule macht. Gleichzeitig ist angebracht, immer wieder zu hinterfragen, ob nicht weitere Verschärfungen erforderlich sind, so bei den Stickoxiden (NO_x), die auch für die untere Atmosphäre schädlich sind; (Tabelle 7 und Kap. 5.3). Weitaus wichtiger aber ist die Forderung, daß auch die anderen Staaten der Welt – wenigstens annähernd – dem deutschen Beispiel folgen, daß es also zu einer wesentlichen und weltweiten Verschärfung des Montrealer Protokolls kommt.

Ist nun die stratosphärische Ozonabnahme tatsächlich durch den Menschen verursacht oder ist es aber ein natürlicher Vorgang? Mit letzter Sicherheit läßt sich das noch immer nicht entscheiden, da die luftchemischen Messungen nicht sehr weit zurückreichen und, soweit sie vorliegen, auf nicht unerhebliche natürliche Variationen schließen lassen. Dies gilt insbesondere für die Arosa-Messungen (Abb. 29) und entsprechende solare und vulkanische Hypothesen, aber auch für die Messungen in der Antarktis, wo sich strömungsdynamische Einflüsse mit einer gerade in den letzten Jahren ausgeprägten quasi-zweijährigen Oszillation zeigen. Wir wissen also nicht, was sich im Laufe der Jahrhunderte in der Stratosphäre abgespielt hat.

Auf der anderen Seite gibt es eine sehr hohe Wahrscheinlichkeit für das stratosphärische O_3-Zerstörungspotential (engl. *ozone depletion potential,* ODP) der FCKW, Halone und einiger anderer Substanzen (Tabelle 7). Somit ist wahrscheinlich, daß der Mensch mitbeteiligt ist, vor allem beim drastischen Ozonabbau über der Antarktis. Und es gibt – wie gesagt – wiederum Querverbindungen zum Klima, insbesondere dadurch, daß vermehrte UVB-Einstrahlung im Ozean das Phytoplanton schädigen, zum Teil sogar zerstören und damit die ozeanische CO_2-Aufnahmefähigkeit herabsetzen könnte; auch die Landvegetation könnte durch vermehrtes UVB geschädigt werden und dadurch weniger CO_2 aufnehmen. Dies bedeutet indirekt globale Klimaveränderungen durch erhöhte atmosphärische CO_2-Konzentration. Alle diese Risiken sind, obwohl wissenschaftlich noch nicht restlos geklärt, ausreichend, um Abwehr- beziehungsweise Vorsorgemaßnahmen zu ergreifen. Einige dieser Substanzen weisen auch ein Treibhauspotential auf und ändern somit das Klima der unteren Atmosphäre (Kap. 7.1).

Das von den Medien oft aufgegriffene und thematisierte Ozonloch-Problem jedoch ist es, das – von den Vorsorgemaßnahmen bei toxischen Stoffen abgesehen – zu politischer Aufmerksamkeit und ersten internationalen Abkommen geführt hat. Eine solche Muliplikatorfunktion der Medien ist durchaus willkommen. Wir wünschen uns eine solche Aufmerksamkeit aber bei allen wichtigen Weltproblemen und nicht nur bei solchen Vorgängen, die rasch bewußt werden, weil sie in relativ kurzem Zeitraum ablaufen.

Wer auf staatliche Maßnahmen nicht warten, sondern selbst sofort der Ozonproblematik begegnen will, kann viel tun. Beispiele dafür sind: Vermeidung jeglicher FCKW-haltiger Sprays und aller Reinigungsmittel, die ein Ozonzerstörungspotential aufweisen (Tabelle 7); Entsorgung von Kühlschränken, die nicht mehr benötigt werden oder defekt sind, um einen Austritt FCKW-haltiger Substanzen aus dem Kühlkreislauf in die Atmosphäre zu verhindern; Ablehnung Halon-haltiger Substanzen, zum Beispiel bei Feuerlöschgeräten; Herabsetzung des Stickoxidausstoßes im Verkehrs- und Energiebereich (Kap. 5.3).

6 Das Stadtklima: Faktum menschlicher Einflußnahme

Immer wieder ist zwischen regionalen und globalen Vorgängen und Wirkungen zu unterscheiden. Dies gilt auch für klimatologische Problemkreise im engeren Sinne, auf die wir uns nun wieder zubewegen. Denn nach der Betrachtung natürlicher Klimaschwankungen und einigen Exkursen in Umweltproblemkreise, die zwar nicht die Klimatologie im engeren Sinn betreffen, wohl aber Querverbindungen zu ihr aufweisen, stellt sich die drängende Frage: Ändert der Mensch das Klima? Hat er dies vielleicht schon getan?

Im Fall des sogenannten Stadtklimas, das wir nun kurz streifen wollen, kann man diese Frage eindeutig bejahen. Generell müssen alle anthropogenen Änderungen der Erdoberfläche das Klima beeinflussen, sei es nun durch Besiedelung, landwirtschaftliche Nutzung, Veränderung der Vegetation, Rodung und ähnliches. Fragen muß man: Wie ausgeprägt sind diese Klimaänderungen? Worin zeigen sie sich? Sind sie lokal, regional oder gar global? Heben sie sich erkennbar von den natürlichen Klimaschwankungen ab? Wir werden sehen, wie schwer es ist, im globalen Klimageschehen den menschlichen Einfluß auszumachen. Für die viel kleinräumigere Fläche einer Stadt, vom Klimatologen als lokale oder regionale Problemkreise bezeichnet, können wir feststellen: Das Stadtklima ist ein Faktum menschlicher Einflußnahme.

Worin besteht nun dieses Faktum? Am bekanntesten ist die städtische Wärmeinsel: die Stadt ist meist wärmer als das Umland. Im Monatsmittel kann dies bis zu 1 ° C ausmachen, im aktuellen Fall, also zur Zeit einer Messung, ein Vielfaches davon. Der Grund dafür ist, daß sich die Steine der Stadt, also die Gebäude und die Straßen, tagsüber bei Sonneneinstrahlung stärker erwärmen als das Erdreich und die Vegetation des Umlandes. Hinzu kommt, daß in der Stadt auch die Verdunstung stark herabgesetzt ist, weil der Boden weitgehend versiegelt ist und es entsprechend wenige Vegetationsflächen gibt. Verdunstung aber entzieht den Flächen, wo sie wirksam ist, Wärme. Je mehr aber verdunsten kann, um so mehr können Temperaturerhöhungen abgebremst werden, was der Mensch bekanntlich durch »Schwitzen« be-

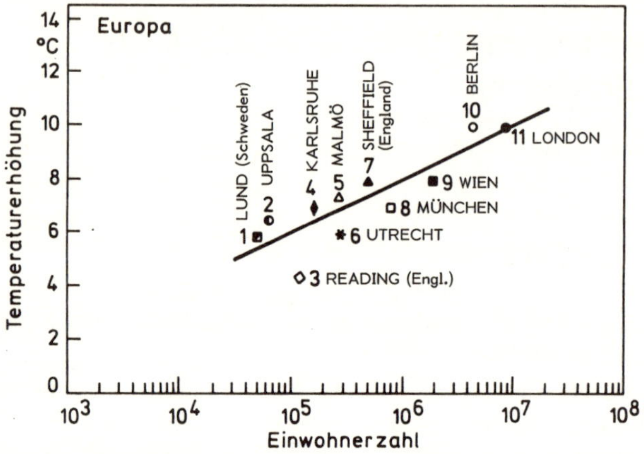

Abbildung 31 Zusammenhang zwischen der Einwohnerzahl einiger europäischer Großstädte und der maximalen Temperaturerhöhung im Stadtzentrum gegenüber dem Umland, der sogenannte städtische Wärmeinseleffekt. Quelle: T. R. Oke[1], modifiziert.

werkstelligt; umgekehrt verstärkt geringe Verdunstung den Temperaturanstieg. An warmen Sommertagen verstärkt sich die zusätzliche, stadtbedingte Erwärmung um so mehr, je dichter die Bebauung ist und je mehr wir uns dem Stadtzentrum nähern, Abbildung 31 weist auf den entsprechenden Zusammenhang zwischen Einwohnerzahl und Temperaturerhöhung hin.

Im Winter kommt, besonders bei enger Bebauung, die entsprechende Wärmeabstrahlung durch Heizung in den Häusern hinzu. In Sommernächten könnten zwar Städte stark abkühlen, wie das für Gestein typisch ist, dies wird aber dadurch behindert, daß sich dort durch emittierte Stäube und sonstige Partikel ausgeprägte Dunsthauben bilden, welche die Wärmeabstrahlung herabsetzen. Vielfach ist auch durch Bebauung die Luftzirkulation mit dem Umland behindert, was sich besonders in Beckenlagen ungünstig auswirken kann, so daß der Zufluß kühlerer Luft vom Umland ausbleibt.

In Tabelle 8 sind einige typische Stadtklimaeffekte aufgelistet. Zur Temperaturerhöhung kommt die Herabsetzung der Luftfeuchte. Der Wind ist, wie bereits angedeutet, durch erhöhte Reibung an der Bebauung in seiner Geschwindigkeit gemindert, obwohl es an Hochhäusern auch zu Düseneffekten und damit höherer Windgeschwindigkeit und zu Turbulenz kommen kann. Die Luftverschmutzung mit einer

Dunstglocke, die besonders im Winter hohe Intensität annehmen kann, übrigens auch die Sicht verschlechtert und die Nebelhäufigkeit erhöht, setzt die Sonneneinstrahlung und auch die Sonnenscheindauer herab. Die UVA-Einstrahlung, die wohl dosiert im Gegensatz zur UVB- und UVC-Strahlung gesundheitsförderlich ist, wird ebenfalls herabgesetzt. Hier ergeben sich wieder Querverbindungen zwischen Klima und Gesundheit sowie Umweltproblemen im engeren Sinn, wozu auch die erhöhten O_3-Konzentrationen bei sommerlichem Schönwetter gehören.

Die stadtbedingte Erwärmung läßt den Luftdruck absinken, weil wärmere Luft die Tendenz hat, nach oben zu steigen, was zusammen mit der relativ hohen Partikelkonzentration zu verstärkter Wolkenbildung führt. Beim Niederschlag sind, wie besonders Untersuchungen aus den USA belegen, dabei gewisse Verzögerungseffekte im Spiel, so daß die markantesten Niederschlagserhöhungen an der windabgewandten Seite der Städte auftreten. Intensive Wettervorgänge wie z. B. Wetterfronten, überdecken dies allerdings; so treten überhaupt die Stadtklimaeffekte am deutlichsten bei Schönwetter in Erscheinung.

Erwärmungen der unteren Atmosphäre, wie das beim Stadtklima der Fall ist, labilisieren auch die vertikale Temperaturschichtung, sofern dies nicht durch Inversionen verhindert wird. Gerade im Sommer kann sich die Labilisierung durch über der Stadt entstehende oder intensivierende Konvektionsbewölkung zeigen; das sind Wolken, die vorwiegend in die Höhe und nicht in die Breite wachsen wie die Schönwetterwolke Cumulus, die Schauerwolke Cumulus congestus oder die Gewitter- und Hagelwolke Cumulonimbus. Ob nun Städte die Entstehung oder Intensivierung von Gewitter- und Hagelunwetterwolken begünstigen, ist umstritten, liegt aber sicherlich im Bereich des Möglichen. Einige besonders schwere Hagelunwetter sind jedenfalls über Großstädten aufgetreten, wie das Beispiel München am 12. Juli 1984 gezeigt hat[2]. Ähnliches gilt für Tornados in den USA, die ebenfalls stets nur in Verbindung mit Cumulonimbus-Wolken auftreten. Natürlich ziehen solche Unwetter, nachdem sie eine Stadt erfaßt und sich dort vielleicht verstärkt haben, anschließend weiter und der städtische Wärmebeitrag ist bescheiden im Vergleich zur umgesetzten Energie in solchen Wolken. Eine gewisse Begünstigung durch Stadteffekte kann aber nicht ausgeschlossen werden.

Stadtklimaeffekte, gleich ob nachgewiesene oder noch fragliche, lassen sich durch eine Reihe von Maßnahmen abschwächen. Dazu gehört die Anlage größerer Park-, Wald- und Wasserflächen innerhalb des

Stadtgebietes, – wie die Innen- und Außenalster in Hamburg, der Englische Garten in München –, keine zu dichte Bebauung, Bepflanzung von Straßen, Plätzen und Höfen mit Alleebäumen, Blumenrabatten und Rasenstreifen, sowie die Möglichkeit zu ausreichender Luftzirkulation, um nur einige Aspekte zu nennen. Die Lebensqualität in den Städten wird selbstverständlich auch durch Luftreinhaltungsmaßnahmen gefördert, wozu unter anderem die Begrenzung des Individual-Kraftverkehrs gehört. Obwohl Stadtklimaeffekte auf das Globalklima praktisch ohne Einfluß bleiben, weil sie nur relativ kleine Flächen betreffen, entschärfen doch viele der genannten Maßnahmen, wenn sie in vielen Städten und Siedlungen durchgeführt werden, auch die globalen Klima- und Umweltprobleme. Man muß nur sehen, daß dabei der Flächenverbrauch in verträglichen Grenzen bleibt, denn auch der Verlust und die Versiegelung von Erdreich ist eines unserer Weltprobleme. Mit besonderem Unbehagen muß man daher den Trend zu immer größeren Städten sehen, wozu in vielen Ländern noch sehr mangelhafte Luftreinhaltungsmaßnahmen kommen.

7 Globales Klima: Mensch und Natur im Wettstreit

7.1 Ein Weltklimaproblem par excellence: der »Treibhauseffekt«

Zweifellos eines der großen Weltprobleme, das uns zumindest noch einige Jahrzehnte intensiv beschäftigen wird, ist die Abschätzung des Ausmaßes weltweiter Klimaänderungen durch menschliche Aktivitäten, zumeist unter dem verkürzten Schlagwort »Treibhauseffekt« bekannt. Es hat freilich sehr lange gedauert, bis diese Problematik in der Öffentlichkeit diskutiert wurde, bis die Medien die Thematik aufgegriffen und sich dann Politiker und andere gesellschaftliche Gruppen damit beschäftigt haben. Viel kostbare Zeit ist dadurch schon verlorengegangen und geht, wenn wir einen wirklich globalen Blick entwickeln, immer noch verloren; aber das ist leider nicht nur beim Treibhauseffekt so. Und dieser wiederum steht mit vielen weiteren Weltproblemen in Zusammenhang: den Wald- und Bodenverlusten, der Ausbreitung der Wüste, dem Problem der Luftverschmutzung, dem Ozonloch, auch mit unserer Fähigkeit, die Vielfalt der natürlichen Klimaschwankungen richtig abzuschätzen und einzuordnen, letztlich mit den Entwicklungsproblemen der Industriegesellschaft und dem Weltbevölkerungsanstieg. Übrigens gibt es in Deutschland eine interdisziplinäre Wissenschaftlergemeinschaft, die »Studiengruppe Entwicklungsprobleme der Industriegesellschaft« (STEIG), die sich mit diesen Problemen gezielt und interdisziplinär beschäftigt.

Was den Treibhauseffekt betrifft, so sollten wir dabei von vornherein beachten und auseinanderhalten:

- Es handelt sich zunächst um einen natürlichen und willkommenen Vorgang, der das Leben auf der Erde erst ermöglicht (Kap. 3.1). Er hängt mit der Konzentration einiger atmosphärischer Spurengase wie CO_2, FCKW, CH_4, N_2O, O_3 usw., aber auch mit H_2O zusammen. Das eigentliche Problem ist die Intensivierung des Treibhauseffektes durch die Nebenwirkungen menschlicher Aktivität, der anthropogene Zusatz-Treibhauseffekt. Um die Klimawirksamkeit der Treibhausgase quantitativ genau abzuschätzen, benötigt man außer dem Treibhauspotential (TP), das pro Molekül die Wärmeabsorption beschreibt, auch weitere Informationen wie Emissionsraten, Konzentrationsänderungen und atmosphärische Verweilzeiten (Tabelle 9).

- Es gibt Fakten, Wahrscheinlichkeiten, Irrtümer und viele Querverbindungen. Darauf hinzuweisen ist eines der Hauptanliegen dieses Buches.
- So ist auch die Abschätzung künftiger, anthropogener Klimamodellrechnungen nur die eine Seite; die andere Seite ist die Einordnung in die natürlichen Klimaschwankungen, die Aufdeckung der wichtigsten natürlichen Ursachen, die in Konkurrenz zum zusätzlichen Treibhauseffekt stehen und die Abgrenzung dieser Ursachen und Effekte voneinander. Ohne diese prinzipiellen Überlegungen und die Kenntnisse zur Klimavorhersagbarkeit, auch ohne Beachtung der vielen Querverbindungen, müssen alle Diskussionen um den Treibhauseffekt Makulatur bleiben. Wer aber alles dies beachtet, wird mit Katastrophenprophezeiungen, wegen der Komplexizität und Unsicherheit, zurückhaltend sein; gleichzeitig wird er, wegen der Fakten und Wahrscheinlichkeiten auch nicht der Gefahr der Verharmlosung anheimfallen.
- Es ist nicht verwunderlich, daß angesichts der Komplexizität und Unsicherheit nicht alle Klimatologen exakt einer Meinung sind, wobei allerdings beachtet werden muß, ob es sich bei bestimmten Meinungsäußerungen auch wirklich um Klimatologen handelt. Dabei stehen wir seit dem Sommer 1990 vor der in der Wissenschaft vielleicht einmaligen Situation, daß sich die rund 150 führenden Klimatologen der Welt im »Intergovernmental Panel on Climate Change« (IPCC)[1], beauftragt von den Vereinten Nationen, auf einen Konsens geeinigt haben, wovon im Anhang ein kurzer Auszug dokumentiert ist. Jeder kann diesen äußerst bemerkenswerten Konsens nachlesen und auch, wer als ausgewiesener Fachmann daran beteiligt war. Weitere zweihundert Fachleute haben diesen Report kritisch durchgesehen, so daß er überaus gut abgesichert ist.

Die folgende, wegen der Wichtigkeit des Problems relativ ausführliche Zusammenfassung der Treibhausproblematik, der Ursache weltweiter Klimaänderungen durch menschliche Aktivitäten, stützt sich weitgehend auf diesen Konsens ab. Man sollte daher aufhören, davon abweichende Interpretationen und Zahlen zu nennen, ganz zu schweigen von längst überholtem oder nie ernsthaft diskutiertem Unsinn wie dem »Abschmelzen der Polareiskappen«. Alle Zahlen haben allerdings auch eine Unsicherheitsgrenze, ganz besonders bei der Abschätzung zukünftiger Ereignisse. Diese naturwissenschaftliche Selbstverständlichkeit muß wohl immer wieder betont werden, denn viele Mißverständnisse und falsche Erwartungen beruhen darauf.

Die wissenschaftliche Warnung vor weltweiten Klimaänderungen durch den Menschen, in Zusammenhang mit dem Treibhauseffekt, kann mittlerweile auf eine lange Geschichte zurückblicken. Nachdem der französische Physiker und Mathematiker Jean de Fourier (1827) sowie der irische Physiker John Tyndall (1861) den Zusammenhang zwischen atmosphärischer Kohlendioxid-Konzentration und Klima, den natürlichen Treibhauseffekt, bereits qualitativ richtig erkannt hatten, war es wohl der schwedische Physiker und Chemiker Svante Arrhenius (1896), der als erster auf die Gefahren der Nutzung fossiler Energie und die damit verbundene CO_2-Emission in die Atmosphäre hingewiesen hat, weil dadurch der natürliche Treibhauseffekt verstärkt wird, was weltweite Klimaänderungen zur Folge haben muß. Seit jener Zeit führt eine Kette wissenschaftlicher Befunde und Warnungen bis in unsere Zeit[1]. So hat G. S. Callendar bereits 1938 den anthropogenen CO_2-Konzentrationsanstieg anhand von Meßwerten nachgewiesen und Suky Manabe führte 1967 die erste Klimamodellrechnung zum CO_2-Problem durch, 1975 erstmals mit Hilfe der heute üblichen Zirkulationsmodelle.

Spätestens 1979, als die erste UN-Weltklimakonferenz einen Appell an alle Nationen der Welt richtete, mögliche anthropogene Klimaänderungen nicht nur vorherzusehen, sondern auch zu verhindern, wurde die Warnung vor solchen Änderungen zum internationalen Anliegen der Klimatologie. Die Weltkonferenz »The Changing Atmosphere« (Toronto, 1988) sprach sogar von einem unkontrollierten Experiment, das die Menschheit mit der Atmosphäre der Erde durchführe und dessen Konsequenzen letztlich mit einem Atomweltkrieg vergleichbar sein könnten. Derartig drastische Formulierungen ließen nun auch Medien, Politik und Wirtschaft aufhorchen. Im Jahr 1985 veröffentlichte das amerikanische Energieministerium eine Dokumentationsreihe zum Treibhauseffekt und leitete damit vermutlich das erwachende Interesse der Öffentlichkeit an dieser Problematik ein. Zwei Jahre später, 1987 rief der deutsche Bundestag die Enquête-Kommission »Vorsorge zum Schutz der Erdatmosphäre« ins Leben. Die Medien, die das Thema unter Schlagworten wie Klimakatastrophe ab dieser Zeit zum Teil sensationell aufgegriffen haben, berichten nun allerdings auch über Unsicherheiten, Meinungsänderungen und Stimmen, die alle Klimawarnungen in Zweifel zu ziehen scheinen. Diese Extrempositionen müssen in der Öffentlichkeit zu Irritationen führen, zumal es dabei häufig zu Fehlinterpretationen und Widersprüchen kommt. Eine wissenschaftliche Bestandsaufnahme muß dagegen versuchen, Fakten, Fehler und Unsicherheiten sowie Wahrscheinlichkeiten klar auseinanderzuhalten. Eine solche Bestandsaufnahme bietet der genannte IPCC-Bericht[1].

Welches Problem verbirgt sich nun hinter diesen Aktivitäten? Besteht tatsächlich eine Notwendigkeit zum Handeln?

In Kapitel 3.1 ist die erfreuliche Seite des Treibhauseffektes bereits behandelt worden: Die Eigenschaften bestimmter atmosphärischer Spurengase, die Wärmeabstrahlung der Erdoberfläche und unteren Atmosphäre zu verringern. Dieser Treibhauseffekt, und zwar zunächst der natürliche, ist überaus wirksam: Wir verdanken ihm eine bodennahe Weltmitteltemperatur von +15° C (1990: 15,4 bis 15,5° C nach Satellitenmessungen) gegenüber lebensfeindlichen −18° C ohne diesen Effekt und somit ohne klimawirksame Spurengase. Daran ist als wichtigstes natürliches Treibhausgas der Wasserdampf mit 62 Prozent, Kohlendioxid mit 22 Prozent, bodennahes Ozon mit 7 Prozent und der Rest mit 9 Prozent beteiligt.

Diesem erfreulichen Aspekt des Treibhauseffektes steht ein weniger erfreulicher gegenüber. Der Mensch erhöht durch seine diversen Aktivitäten die Konzentration der genannten Treibhausgase (Tabellen 9 und 10); zusätzlich kommen durch ihn die rein künstlichen FCKW in die Atmosphäre. Dies stellt Eingriffe in das überaus empfindliche Umweltsystem dar und muß zu weltweiten Klimaänderungen führen[3].

Im einzelnen handelt es sich um die steigende Nutzung von Primärenergie in fossiler Form, das heißt, um das Verbrennen von Kohle, Erdgas und Erdöl, wozu auch die Sekundärenergie im Verkehrsbereich zu rechnen ist, weiterhin um landwirtschaftliche und industrielle Produktion sowie um Emissionen beim Gebrauch solcher Produkte.

Es ist bemerkenswert, daß seit 1900 die Weltbevölkerung etwa um den Faktor 2,5 zugenommen hat und heute rund 5,3 Milliarden beträgt. Die Weltprimärenergienutzung aber hat um mehr als den Faktor 10 zugenommen und betrug 1990 rund 12 Gt SKE[2]. Da derzeit 88 Prozent der Weltprimärenergienutzung fossilen Ursprungs sind – 5 Prozent stammen von Kernkraftwerken, 7 Prozent von alternativen Energieträgern, wie vor allem der Wasserkraft – ist dadurch immer mehr Kohlenstoff in Form von Kohlendioxid in die Atmosphäre emittiert worden. Der Schätzwert für 1990 liegt bei 5,6 Gt C (Milliarden Tonnen Kohlenstoff), was etwa 20,5 Gt CO_2 entspricht (Umrechnungsfaktor 3,66).

Eine weitere, aber überwiegend indirekte Quelle für diese CO_2-Emissionen, die bei 1 Gt C liegen dürfte, stellen die Waldverluste dar, besonders die Rodungen tropischen Regenwalds. Das IPCC schätzt die gesamte CO_2-Emission des Jahres 1990, einschließlich Holzverbrennung und Bodenerosion, auf 26 Gt CO_2, dies entspricht etwa 7 Gt C (Tabellen 9 und 10). Vor hundert Jahren lag die CO_2-Freisetzung durch fossilie Energie bei lediglich rund 300 Mt C (Millionen Tonnen) pro Jahr und wurde von biosphärisch-geosphärischen Effekten, wie Waldrodungen und Bodenerosion, relativ gesehen, damals noch übertroffen – dies übrigens bis etwa 1950. Verstärktes Wachstum bestimmter Pflanzen bei höherem CO_2-Angebot, der Düngeeffekt, der nur bei gleichzeitig genügendem Wasser- und Nährstoffangebot wirksam ist, bringt nur eine sehr kleine Entlastung. Im Zusammenhang mit der anthropogenen Treibhausproblematik gilt Methan (CH_4) als zweitwichtigstes Spurengas. Die vom Menschen verursachten Emissionen sind vielfältig und größtenteils quantitativ unsicherer als beim CO_2. Folgende Rangfolge gilt derzeit als Bestschätzung pro Jahr: Reisanbau (um 110 Mt C), Viehhaltung (um 80 Mt C), Erdgaslecks, Biomassen-Verbrennung, Mülldeponien und Nutzung fossiler Energie (alle um 40 Mt C). Dies ergibt eine Summe von 200 bis 500 Mt C oder 270 bis 680 Mt CH_4 pro Jahr; die IPCC-Bestschätzung lautet 300 Mt C (400 Mt CH_4) pro Jahr.

Die derzeitige FCKW-Emission, im wesentlichen R11 und R12, liegt bei 1 Mt pro Jahr. Im wesentlichen sind folgende Anwendungsgebiete zu nennen: Treibmittel in Sprühdosen, wobei der Anteil in Deutschland stark sinkt, Kühlmittelzusatz, Aufschäummittel für bestimmte Isoliermaterialien, wie Polyurethan, sowie Lösungs- und Reinigungsmittel, besonders für die EDV-Industrie, bei steigendem Marktanteil.

Beim Distickstoffoxid (N_2O), das nicht mit den wesentlich kurzlebigeren NO_x-Gasen verwechselt werden darf (NO, NO_2, N_2O_4 usw.), sind gerade in jüngster Zeit große Unsicherheiten offenbar geworden. So nennt das IPCC (1990) als Bestschätzung im zusammenfassenden Teil 6 Mt N (entsprechend 10 Mt N_2O) pro Jahr. In der detaillierten Darstellung ist der früher mit 3 bis 5 Mt N veranschlagte Anteil aus der Nutzung fossiler Energie jedoch drastisch auf 0,1 bis 0,3 Mt reduziert, so daß Überdüngungen in der Landwirtschaft, bei einem Anteil um 1 Mt N pro Jahr, wohl als anthropogene Hauptquelle anzusehen ist. Biomassen-Verbrennung spielt demgegenüber nur eine untergeordnete Rolle.

Vom Ozon (O_3) war bereits in Kapitel 5.6 ausführlich die Rede. In der unteren Atmosphäre entsteht es über verschiedene Reaktionsket-

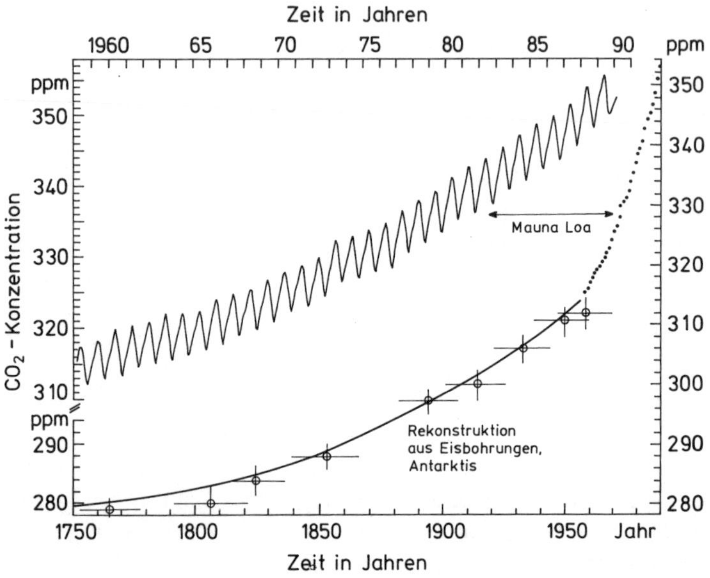

Abbildung 32 Atmosphärische Kohlendioxidkonzentration (CO_2), rekonstruiert nach Bohrungen im arktischen Eis ab 1750 (untere Kurve, wobei die Kreuze die Unsicherheitsbereiche angeben) und direkt gemessen (1958–1990) auf dem Mauna Loa (Hawaii), Monats- (oben) und Jahreswerte (Punkte rechts). Während der in der oberen Kurve ersichtliche Jahreszyklus von der jahreszeitlich wechselnden Vegetationsaktivität der Nordhalbkugel verursacht ist, muß der langfristige Anstieg zweifellos als vom Menschen verursacht angesehen werden. Quelle: C.-D. Schönwiese und B. Diekmann[4] nach verschiedenen Primärquellen, insbesondere A. Neftel und Mitarbeitern[5] sowie C. D. Keeling[6].

ten aus den ebenfalls kurzlebigen Vorgängersubstanzen NO_x, CO (Kohlenmonoxid) und einigen Kohlenwasserstoffen, die ihrerseits aus dem Verkehr, der Nutzung fossiler Energie und Teilbereichen der Industrie stammen. Die Gesamtemission dürfte bei maximal 1 Gt O_3 pro Jahr liegen, vielleicht aber auch erheblich darunter. Schließlich muß noch der Wasserdampf erwähnt werden, der zwar das wichtigste natürliche Treibhausgas ist, direkt anthropogen aber nur eine relativ geringe Bedeutung hat. Eine Ausnahme bildet die Stratosphäre, wohin er durch hochfliegenden Luftverkehr gebracht wird. Ein Teil davon geht in Kondensstreifen über, und dies geschieht vorwiegend in der oberen Troposphäre. Höchstwahrscheinlich wird auch dadurch der Treibhauseffekt verstärkt. Bei den derzeitigen Steigerungsraten im Luftverkehr muß auch diesem Problem mehr Aufmerksamkeit gewidmet werden.

Bei den Konzentrationsanstiegen dieser Gase spielt die mittlere atmosphärische Verweilzeit der jeweiligen CO_2-Moleküle eine entscheidende Rolle. Sie beträgt beim CO_2 5 bis 10 Jahre, wobei weniger chemische Reaktionen, sondern vielmehr Austauschvorgänge im Klimasystem, insbesondere mit dem Ozean, bei atmosphärisch-ozeanischer Austauschzeit von rund sieben Jahren, den Ausschlag geben. Von dieser Verweilzeit ist die Störungszeit zu unterscheiden, die angibt, nach welcher Zeit sich die ursprüngliche Konzentration nach abrupter Beendigung der Störung, hier der anthropogenen Emission, wieder einstellt. Diese Zeit beträgt beim CO_2 50 bis 200 Jahre. Festzuhalten ist, daß aufgrund anthropogener Emission und der langen atmosphärischen Verweilzeit des CO_2 die atmosphärische CO_2-Konzentration von vorindustriellen Werten um 280 ppm auf 351 ppm im Jahr 1988 angestiegen ist (Abb. 32). Der Schätzwert für 1990 beträgt 353 ppm (IPCC, 1990). Dabei hat bisher der Ozean jedes Jahr etwa die Hälfte der anthropogenen CO_2-Emissionen, zusätzlich zu den natürlichen Flüssen, aufgenommen – physikalisch im Meerwasser und biologisch in Mikroorganismen. Ohne diese Hilfestellung des natürlichen Kohlenstoffkreislaufs wäre der atmosphärische Konzentrationsanstieg noch wesentlich größer gewesen (vgl. Abb. 32).

Die über CO_2 hinausgehenden Treibhausgase spielen seit einigen Jahrzehnten eine immer größere Rolle, weil sie zum Teil wesentlich rascher als CO_2 in ihren atmosphärischen Konzentrationen ansteigen, teilweise eine wesentlich größere Verweilzeit in der Atmosphäre aufweisen und allesamt ein größeres molekulares Treibhauspotential beinhalten, das heißt pro Molekühl mehr Wärmestrahlung absorbieren. Hervorgehoben seien die langen Verweilzeiten und großen Treibhauspotentiale von FCKW und N_2O (Tabelle 9), wobei im Fall der FCKW noch ein überaus rascher Konzentrationsanstieg in den letzten Jahrzehnten hinzukommt. O_3 beinhaltet auch ein hohes Treibhauspotential, jedoch eine geringe atmosphärische Verweilzeit. Um sich komplizierte Einzelbetrachtungen zu ersparen, ist es üblich, die über CO_2 hinausgehenden Spurengase in sogenannten CO_2-Äquivalenten anzugeben, also in zusätzlichen fiktiven CO_2-Konzentrationswerten, die der Klimawirksamkeit dieser Gase entsprechen (Abb. 33).

Der Blick in die Zukunft ist aus verständlichen Gründen sehr unsicher. Bei Anwendung einfacher Trendfortschreibungen, etwa des sogenannten Szenario A des IPCC = *business-as-usual,* erhält man ungefähr den ebenfalls in Abbildung 33 dargestellten Verlauf. Da Klimamodellrechnungen häufig auf einer angenommenen atmosphärischen

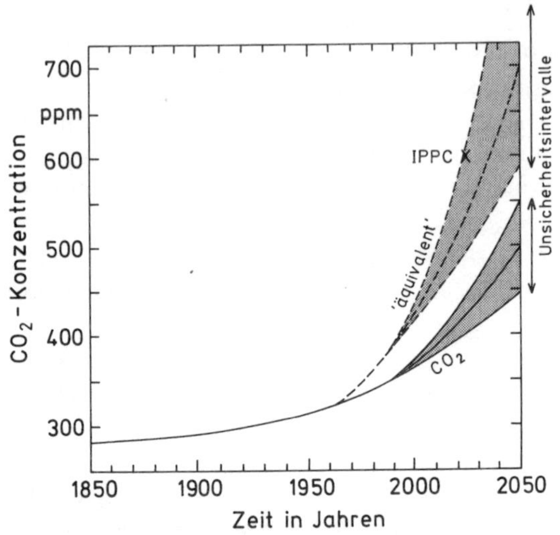

Abbildung 33 Vergangener und in die Zukunft extrapolierter Anstieg der atmosphärischen Kohlendioxidkonzentration (CO_2) bei Trendfortschreibung der menschlichen Aktivitäten (untere Kurve) sowie zusätzlich entsprechender sogenannter äquivalenter CO_2-Anstieg, bei dem die Wirksamkeit der über CO_2 hinausgehenden Treibhausgase in zusätzliche CO_2-Konzentrationswerte umgerechnet sind (siehe auch Abb. 32). Die IPCC-Schätzung, 600 ppm äquivalente CO_2-Konzentration im Jahr 2025, ist ebenfalls eingetragen. Quelle: C.-D. Schönwiese und B. Diekmann[4] nach verschiedenen Primärquellen, ergänzt.

CO_2-Verdoppelung beruhen, soll der Zeithorizont dafür angegeben sein: grob geschätzt hundert Jahre. Für die Klimawirksamkeit ist nun aber weniger eine CO_2-Verdoppelung als vielmehr eine Situation von Interesse, die unter Hinzunahme der weiteren klimawirksamen Spurengase einer solchen Verdoppelung entspricht. Wie Abbildung 33 zeigt, könnte dies bei Fortschreibung der derzeitigen Trends grob geschätzt um das Jahr 2030 (nach IPCC um das Jahr 2025) der Fall sein. Viel weiter sollte man nicht in die Zukunft schauen, weil dann die Effekte extrem nichtlinear und somit auch extrem unsicher werden.

Welche Konsequenzen wird eine solche Entwicklung nun für das Klima der Erde haben? Bei den derzeit besten und somit relativ verläßlichsten Klimamodellrechnungen zum anthropogenen Spurengasproblem handelt es sich um Approximationen, welche die dreidimensionalen Bewegungsvorgänge der Atmosphäre in einem Gitterpunktnetz, mit typischem Gitterpunktabstand um 500 Kilometer, und in mehreren Schichten bis in die Stratosphäre hinein simulieren. Sie sind mit einem mehr oder weniger stark vereinfachten Ozeanmodell gekoppelt, das zumindest die obere relativ warme Mischungsschicht umfaßt, und berücksichtigen außerdem, in ebenfalls stark vereinfachter Form, das Verhalten der Eisgebiete der Erde, das zur Abschätzung von Meeresspiegeländerungen unerläßlich ist. Nur solche Modelle sind in der Lage, alle wesentlichen Klimaelemente wie Temperatur, Niederschlag usw., und deren regionale Verteilung zu simulieren.

Diese Modelle werden zunächst in einem Kontrollexperiment auf ihre Fähigkeit hin getestet, das derzeitige Klima hinreichend korrekt wiederzugeben. Erst danach können zum Beispiel CO_2-Verdoppelungsexperimente durchgeführt werden, in denen die atmosphärische CO_2-Konzentration sprunghaft von 300 auf 600 ppm oder auch von 280 auf 560 ppm erhöht wird. Nach einer Simulationszeit von einigen Jahrzehnten, wozu eine Rechenzeit von einigen Tagen oder gar Wochen benötigt wird, wegen des physikalisch-numerischen Aufwandes, stellt sich dann – hoffentlich – eine Gleichgewichtsreaktion ein, das als Antwort des Klimas auf die betreffende Spurengaskonzentration interpretiert werden kann.

In welchem Jahr diese Reaktion eintritt, bleibt dabei zunächst offen. Um auch dieses Problem anzugehen, sind transiente, das heißt zeitabhängige Modelle entwickelt worden, die aber unzuverlässiger als die Gleichgewichtsmodellierungen sind, weil man nicht genau weiß, wie groß die Verzögerungszeit zwischen dem Spurengas – Konzentrationsniveau und der Klimareaktion ist. Denn tatsächlich ist das Klima nie im Gleichgewicht mit seinen Antriebsmechanismen, und im Fall der reinen beziehungsweise äquivalenten CO_2-Konzentration dürfte die Verzögerung in der Größenordnung von einigen Jahrzehnten liegen. Die in jüngster Zeit entwickelten Klimamodelle erlauben sowohl Gleichgewichts- als auch transiente Simulationen und arbeiten mit voller Zirkulation unter Einbeziehung auch des »tiefen« Ozeans, der mit der Atmosphäre gekoppelt ist. Dabei ergeben sich Rechenzeiten von einigen Monaten an den größten Computern der Welt.

Als Vorstufe zu allen diesen Klimamodellen benötigt man Emissionsszenarien mit Trendfortschreibungen oder Reduktionsannahmen sowie Stoff-Flußmodelle, wie Kohlenstoff-Flußmodelle, welche die künftigen oder auch vergangenen atmosphärischen Spurengaskonzentrationen liefern. Mit Impaktmodellen versucht man herauszufinden, wie sich etwa Vegetationszonen oder Wirtschaftsgegebenheiten bei Vorgabe bestimmter Klimaänderungen verhalten. Dies geschieht beispielsweise dadurch, daß ein Klimamodell mit einem Biosphärenmodell, und zwar einem Vegetationsklassen-Reaktionsmodell, gekoppelt wird. Kommt man zu der Ansicht, daß die dann erhaltenen Änderungen oder auch die Klimaänderungen selbst nicht tolerierbar sind, können veränderte Emissionsbedingungen formuliert werden und der Gang durch die Hierarchie der Modellabschätzungen beginnt von neuem.

Auf einzelne Probleme der Klimamodellierung kann hier nicht eingegangen werden[3,4]. Es darf aber nicht unerwähnt bleiben, daß trotz des teilweise gigantischen Aufwands die Klimamodelle erhebliche Schwächen aufweisen, besonders was die Rückkopplungseffekte betrifft. So sind sich die Konstrukteure und Anwender dieser Modelle in der Frage der Temperaturerhöhung – zunächst bodennah sowie jährlich und global gemittelt – bedingt durch die Strahlungswirkung allein des sich verdoppelnden CO_2 absolut einig: 1,2° C. Sobald aber die verschiedenen Rückkopplungseffekte hinzutreten, vor allem bezüglich des Wassers in all seinen Erscheinungsformen, als Wasserdampfanstieg durch erhöhte Verdunstung, in Form von Wolkenreaktionen, Niederschlag, Strahlungseffekte von Schnee und Eis, beginnen die Unsicherheiten, wobei interessanterweise die positiven Rückkopplungen (Verstärkungseffekte) zu überwiegen scheinen. Dies bedeutet, daß in den meisten Klimamodellrechnungen der Bedeckungsgrad an tiefen und mittleren Wolken, die aus Wasser oder einem Wasser-/Eisgemisch bestehen, als Folge des Temperaturanstiegs abnimmt, während die in größerer Höhe auftretenden Eiswolken ganz im Gegenteil den Treibhauseffekt verstärken. Die Weltmeterorologische Organisation (WMO) der UN hat für diese Temperaturerhöhung wiederholt eine wahrscheinliche Spanne von 1,5 bis 4,5° C angegeben[7]. Die ersten Berechnungen unter Berücksichtigung des tiefen Ozeans[8] – Kaltwasser unter der sogenannten oberen Mischungsschicht – sowie jüngste Verbesserungen bei der Behandlung der Wolken deuten jedoch auf geringere Werte hin: 1,6 bis 1,9° C, mit geringer Reaktion oder vielleicht sogar Abkühlung großer Bereiche der Südhemisphäre. Auf der anderen Seite dürften bisher weitgehend unberücksichtigte biologische Rückkopplungen[9] wieder überwiegend verstärkend wirken. Die Unsicherheit ist somit erheblich und erlaubt derzeit keine genauere Angabe als etwa 1,5 bis 5° C oder 1,9 bis 5,2° C (IPCC)[10].

Bei regionalen Aussagen und anderen Klimaelementen als der Lufttemperatur sind die Klimamodelle derzeit noch mehr überfordert. Trotzdem sollen die wichtigsten Modellerwartungen für den Fall einer äquivalenten CO_2-Verdoppelung kurz genannt sein:

- Temperaturerhöhung von den Tropen in Richtung gemäßigter und subpolarer Breiten ansteigend, dies jedoch auf den Winter, vielleicht auch auf Frühjahr und Herbst beschränkt, wo einige Modelle über 10° C anzeigen. Der Erwärmung der bodennahen Atmosphäre steht eine vermutlich quantitativ noch ausgeprägtere Abkühlung der Stratosphäre gegenüber.
- Meeresspiegelanstieg, dies jedoch primär als Expansionseffekt des (oberen) Mischungsschichtozeans und sekundär durch Rückschmelzen außerpolarer Gebirgsgletscher. In den polaren Gebieten, zumindest aber in der Antarktis, wird wegen zunehmenden Niederschlags eher eine Akkumulationszunahme als ein Überwiegen der Abschmelzvorgänge angenommen. Die erwarteten Bestwerte für das Jahr 2030 werden derzeit bei 20 cm Anstieg gegenüber dem heutigen Niveau gehandelt (IPCC), während die Weltmeteorologische Organisation noch vor wenigen Jahren 0,2 bis 1,4 m nannte.
- Im globalen Mittel Zunahme von Verdunstung, Luftfeuchte und Niederschlag, in Zusammenhang mit Änderungen der atmosphärischen Zirkulation sowie der thermischen Schichtung aber markante regionale Umverteilung des Niederschlags. Dabei sind die Vorhersagen von weniger Niederschlag in den Subtropen und der Übergangszone zu den gemäßigten Breiten gegenüber einer Niederschlagszunahme in mittleren bis polaren Breiten am wahrscheinlichsten, jedoch insgesamt wesentlich unsicherer als die Temperaturvorhersagen.
- Möglicherweise Intensitäts- und Häufigkeitszunahmen von tropischen Wirbelstürmen und anderen extremen Wettererscheinungen.

Das Verhalten des Windes ist sehr problematisch. In der gemäßigten Klimazone, in der wir leben, wird wegen der Abschwächung der Temperaturunterschiede zwischen Tropen und Polargebiet, das sich stärker erwärmt als die Tropen, auch eine Abschwächung der mittleren Windgeschwindigkeit erwartet. Gleichzeitig könnte aber der Sekundäreffekt die Intensivierung der vertikalen Temperaturunterschiede – Erwärmung unten, Abkühlung oben – die Atmosphäre labilisieren, das heißt, das Vertikalwachstum der Wolken fördern und damit die Häufigkeit und Intensität von Starkniederschlägen, Gewitter, Hagel und eben auch kurzzeitigen Windböen, obwohl auch das in den neuesten Modellrechnungen unsicher ist. Dagegen ist bei den tropischen Wirbelstürmen eine relativ hohe Ozeanoberflächentemperatur und mit ihr der Transport von Wasserdampf in die Atmosphäre von primärer Bedeutung, der bei der Wolkenbildung dort große Energievorräte freisetzt. Somit erscheint eine Häufigkeitssteigerung tropischer Wirbelstürme

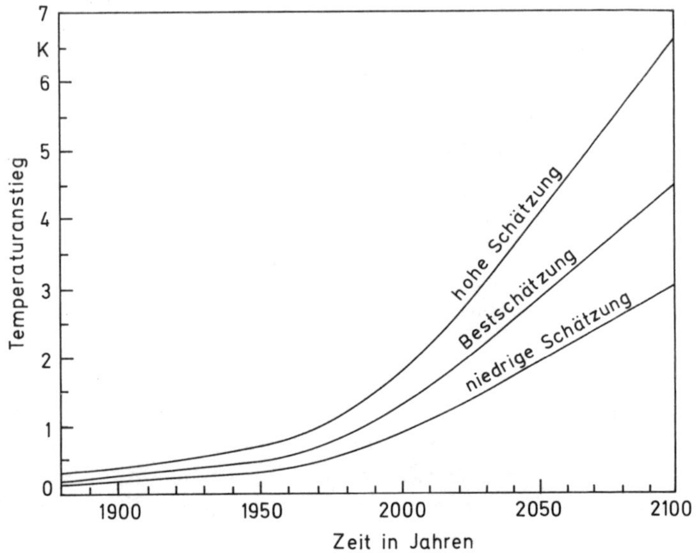

Abbildung 34 Anstieg der bodennahen Weltmitteltemperatur bei Trendfortschreibung der menschlichen Aktivität, sogenannte »Best-«, das heißt mittlere Schätzung, und Angabe der vermutlichen oberen und unteren Grenze solcher Schätzungen. Quelle: IPCC[10], umgezeichnet.

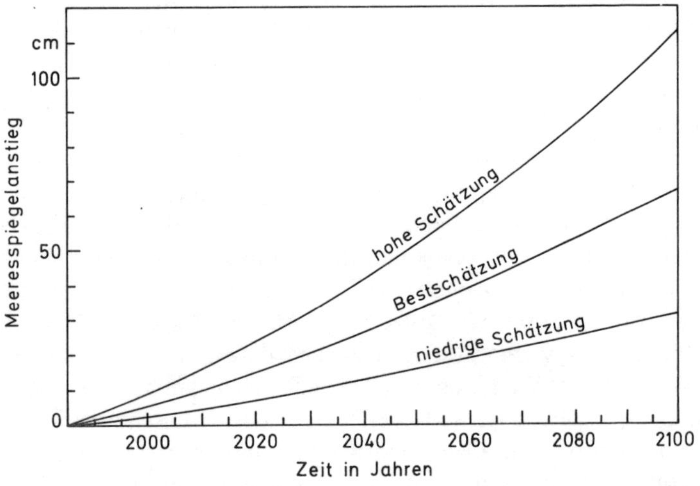

Abbildung 35 Anstieg der mittleren Meeresspiegelhöhe bei Trendfortschreibung der menschlichen Aktivität. Quelle: IPCC[10], umgezeichnet.

plausibel. Ob dies aber generell mit einer Intensitätssteigerung einhergeht, ist noch umstritten.

Nun ist das Klima aber nie im Gleichgewicht mit seinen Antriebsfaktoren. Was wir also eigentlich wissen möchten, sind die Klimaeffekte im Ungleichgewicht, also bei Berücksichtigung der auftretenden zeitlichen Verzögerungen. Wie bereits gesagt, benötigt man für solche Abschätzungen sogenannte transiente Klimamodellrechnungen. Wir halten uns weiter an das IPCC.

Die Abbildungen 34 und 35 zeigen solche Vorhersagen der jeweils global gemittelten bodennahen Lufttemperatur und Meeresspiegelhöhe. Dabei wird bei der Lufttemperatur vom vorindustriellen Vergleichsniveau, beim Meeresspiegel aber vom Vergleichsjahr 1990 ausgegangen. Das Ergebnis lautet: Bis zum Jahr 2030 gibt es einen Temperaturanstieg um 1 bis 3° C (Bestschätzung 2° C) gegenüber dem vorindustriellen Niveau, gegenüber 1990 ist dieser Anstieg um rund 1 ° C geringer, und ebenfalls bis 2030 wird der Meeresspiegel um 10 bis 30 cm (Bestschätzung 20 cm) gegenüber 1990 ansteigen. Bis zum Jahr 2100 ergeben sich obere Risikowerte von etwa 6 bis 7° C bei der Temperatur und rund einem Meter beim Meeresspiegel. Im Zusammenhang mit den vom IPCC diskutierten Emissionsminderungsmaßnahmen wird auf diese Abschätzungen noch einmal zurückzukommen sein. In der hier zunächst gezeigten Form handelt es sich bei den Spurengasannahmen zunächst um Trendfortschreibungen (IPCC Szenario A).

Offenbar gibt es neben den Stärken und trotz des großen Aufwandes immer noch erhebliche Schwächen bei den Klimamodellen, und dies wird voraussichtlich auch in den nächsten Jahren so bleiben. Als Hauptschwächen sollen hier genannt sein: der hydrologische Zyklus, mit Verdunstung, besonders Wolkenbildung und damit verbunden auch Niederschlagssimulation, die ozeanische Vertikalzirkulation, die Kopplung Atmosphäre-Ozean generell, Meereisbewegungen, Langzeitverhalten der Inlandeise und die weitgehend fehlenden biosphärischen Rückkopplungen. Prinzipiell bestehen Schwächen bei allen regionalen und zeitlichen Aussagen sowie der Erwartung extremer Ereignisse, die in den mittleren Modellergebnissen sozusagen untergehen.

Die Auswirkungen der zu erwartenden global-anthropogenen Klimaänderungen in biosphärisch-ökologischer sowie ökonomisch-sozialer Hinsicht, der sogenannte Klimaimpakt, sind vermutlich für die Menschheit das eigentlich brisante Problem, wobei es regional neben Verlierern vielleicht auch einige Gewinner geben wird. Koppelt man die zuvor beschriebenen Klimamodelle mit solchen Impaktmodellen, so kommen weitere Unsicherheiten hinzu, wobei insbesondere wieder bei Regionalaussagen größte Vorsicht geboten ist. Nach einigen Berechnungen[11] besteht eine Tendenz zum Rückgang der Waldflächen bei potentiell natürlichem Wald, ohne Rodungen und schadstoffbedingte Waldschäden, der vielleicht wegen der Geschwindigkeit der zu erwartenden Klimaänderungen sehr drastisch ausfallen könnte; Wüsten- und Steppen-/Savannengebiete könnten deutlich zunehmen. Trotz der großen Unsicherheiten solcher Projektionen, besonders regional, werden in diesem Zusammenhang große Gefahren für die Landwirtschaft diskutiert, bedingt durch ausgeprägte Dürren in den USA und in den Mittelmeerländern oder günstigere Ausbreitungsbedingungen für Pflanzenschädlinge bei wärmer-feuchteren Bedingungen in mittleren Breiten. Auch landeinwärts vordringendes Meerwasser in den großen Flußdeltagebieten der Erde bei Meeresspiegelanstieg, wie in Bangladesch, sowie größere Wirksamkeit und Ausbreitung von Tropenkrankheiten gehören in diese Diskussion. Das Leben im Meer und damit die Fischfangquoten werden von Klimaänderungen, wie durch höhere Wassertemperatur, erheblich beeinflußt, was beispielsweise im Fall der El-Niño-Ereignisse (Kap. 7.3) durch drastischen Rückgang der Fischfangquoten belegt ist. Zu erwartende globale Effekte dieser Art, die sich im übrigen durch zusätzlichen Schadstoff- und Nährstoffeintrag (Nitrat, Phosphat) zu Kombinatonseffekten aufschaukeln, sind im einzelnen noch weitgehend unbekannt. Darin liegt ein erhebliches Unsicherheitspotential. Es bestehen also diverse Querverbindungen, und es besteht ein großer Bedarf an entsprechender Klimawirkungsforschung.

Bevor wir aber die Vorhersagen zum Treibhauseffekt bewerten können, müssen wir eine Einordnung in die natürlichen Klimaschwankungen vornehmen; dies ist vor allem ein Klima-diagnostisches Problem.

7.2 Die »Treibhauskonkurrenz«: Vulkane und Sonne

Nach allem, was über das Klima und die Klimaschwankungen bisher gesagt wurde, wird niemand mehr davon ausgehen, daß dieses Klimageschehen leicht zu erkennen ist. Keinesfalls spiegelt es nur menschliche Eingriffe wider. Vielmehr haben wir es mit einer ungeheuren Fülle von Varianten in Raum und Zeit zu tun, die sich in komplizierter Art und Weise überlagern. Diese Vielfalt, hinter der entsprechend viele gekoppelter und nicht gekoppelter Ursachenkomplexe stehen, könnte eine Interpretation, besonders angesichts des Treibhausproblems, aussichtslos erscheinen lassen, würden sich nicht anhand von Skalierungsgesichtspunkten gewisse Abgrenzungen vornehmen lassen.

Skalierung, das ist die Frage nach der räumlichen und zeitlichen Größenordnung der Klimaprozesse. Das Treibhausproblem, also die Gefahr weltweiter Klimaänderungen durch den Menschen, ist räumlich gesehen ein globales Problem und zeitlich für die Größenordnung von Jahrzehnten bis Jahrhunderten relevant. Wenn wir also nach Klimavorgängen suchen, die in Konkurrenz zum Treibhauseffekt stehen, so kommt beispielsweise die Orbitalhypothese, die das Kommen und Gehen der Kalt- und Warmzeiten zu erklären sucht dafür nicht in Frage, weil sie ein viel zu großes zeitliches Ausmaß der Steuerungsmechanismen umfaßt. Auch Strömungsvorgänge der Atmosphäre, die irgendwo und irgendwann einen einzelnen milden Winter und gleichzeitig woanders einen einzelnen strengen Winter erzeugen, können wegen ihrer zu kleinen zeitlichen und räumlichen Größenordnung zunächst außer acht gelassen werden; dies gilt jedoch nicht für Häufungen solcher Ereignisse oder für die atmosphärische Zirkulation allgemein.

Eine Sichtung nach solchen Kriterien führt dann zu der Aussage, daß in Konkurrenz zum Treibhauseffekt, genauer zum Zusatz-Treibhauseffekt, den die Menschheit verursacht, vor allem folgende Vorgänge in Frage kommen:
- Vulkanismus,
- Vorgänge auf der Sonne,
- El-Niño-Mechanismen,
- Zufallsvorgänge.

Dabei dürfte auch der Zufall, dessen wissenschaftliche Behandlung, zum Beispiel im Rahmen der Chaos-Theorie oder in stochastischen Klimamodellen von großem Interesse ist, beim Klima vorwiegend in relativ kleinen räumlichen und zeitlichen Größenordnungen eine maßgebende Rolle spielen, wie bei den in den Abbildungen 14 bis 17 dargestellten Jahr-zu-Jahr- und Winter-zu-Winter-Variationen der Temperatur sichtbar wird. In einer stochastischen Klimamodellrechnung[12], in der durch zufallsgesteuerte Wechselwirkungen zwischen Atmosphäre und Ozean relativ langfristige Temperaturfluktuationen erzeugt wurden, zeigte sich, daß das Ausmaß, also die Amplitude, solcher Fluktuationen im Fall der bodennahen Weltmitteltemperatur nicht über 0,3° C liegen sollte und somit kleiner als der beobachtete hundertjährige Trend ist (Abb. 17). Somit bleiben zunächst einmal Vulkane und Sonne als Treibhauskonkurrenz übrig.

Beim Vulkanismus[13] lassen sich grob gesehen effusive und explosive Vulkanausbrüche unterscheiden. Vulkane des effusiven Typs erzeugen hauptsächlich Magmaflüsse, die an der Erdoberfläche größere Zerstörungen anrichten können, für das Klima aber praktisch ohne Bedeutung sind, da die mit ihnen verbundene Hitzeabstrahlung räumlich sehr begrenzt ist. Solche effusiven Vulkane finden wir unter anderem auf Hawaii. Dagegen schleudern explosive Vulkane Partikel und Gase (HCl, SO_2, CO_2, H_2S, usw.) in die Stratosphäre, wo sie bis zu einigen Jahren verweilen können und sich dabei großräumig ausbreiten. Dies ist ein durchaus klimawirksamer Vorgang, und wir finden Vulkane des explosiven Typs rund um den Pazifischen Ozean.

Dabei sind die zunächst nachweisbaren, in die Stratosphäre geschleuderten Festpartikel, die aus winzigen Glaskörnern und Stäuben bestehen, von untergeordneter Bedeutung. Erst wenn, einige Monate nach dem jeweiligen Ausbruch, sich auch große Teile der ausgestoßenen Gase in Partikel umgewandelt haben, wobei die aus schwefligen Gasen entstehenden Sulfatpartikel am wirksamsten sind, beginnt die Klimarelevanz. Diese Sulfatpartikel absorbieren und streuen die Sonneneinstrahlung, wobei sie sich erwärmen; bei schönem Wetter ist dies als lang anhaltende, purpurrote Dämmerungserscheinung sichtbar. Die dadurch in der Stratosphäre verursachte Erwärmung fehlt in der unteren Atmosphäre, wodurch es dort zur Abkühlung kommt. Die Ausbreitung der primären vulkanischen Partikelwolken erfolgt rasch, je nach vorherrschendem Wind der Stratosphäre, in westlicher oder östlicher Richtung. Die wirksamere Sekundärwolke, die unter anderem Sulfatpartikel enthält, breitet sich im Laufe der Monate auch polwärts aus, weil sie vom dortigen stratosphärischen Tiefdruckgebiet, das wir oberhalb des bodennahen polaren Kältehochs finden, angezogen wird. Dabei können tropische Vulkanausbrüche allmählich eine ganze Hemisphäre mit stratosphärischen Vulkanpartikeln überdecken. Sie sind wirksamer als Vulkaneruptionen in höheren geographischen Breiten.

Der Klimaeinfluß einzelner Vulkane ist allerdings nur in wenigen extremen Fällen nachzuweisen, und um so stärker, je mehr vulkanisches Material ausgestoßen wird und je größere Höhen es erreicht. Als Maßzahl dafür kann der Vulkanexplosivitätsindex (VEI) dienen, wie er von der amerikanischen Smithsonian Institution festgelegt wird[14], vergleichbar der Erdbebenstärkeskala, wobei diese Institution viele Tausende Ausbrüche erfaßt hat, historische und – mit Hilfe indirekter geologischer Methoden – vorhistorische. Den höchsten Index der letzten Jahrhunderte, nämlich VEI=7 (Tab. 11) erreichte der Tambora-Aus-

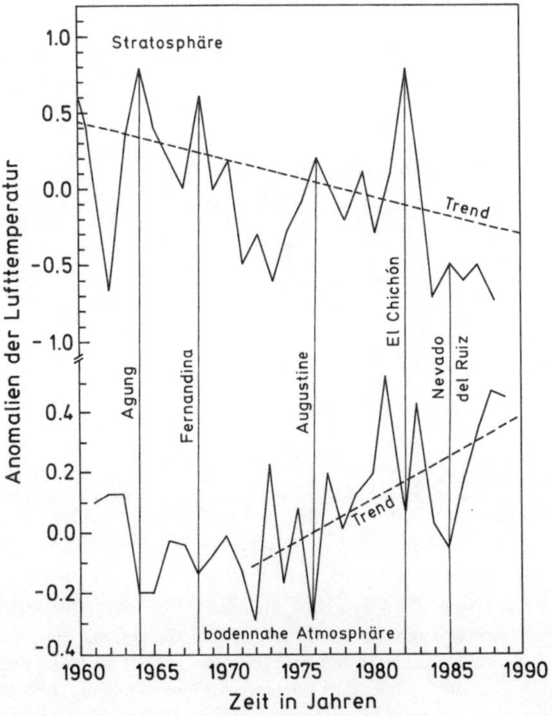

Abbildung 36 Vergleich der stratosphärischen mit der bodennahen Lufttemperatur von 1960 bis 1988, Mittelwerte der Nordhalbkugel und Angabe einiger explosiver Vulkanausbrüche, die in der Stratosphäre Erwärmungen, in der unteren Atmosphäre jedoch Abkühlungen mit sich bringen. Quelle: C.-D. Schönwiese[15], vereinfacht, unter Verwendung von Daten nach J. K. Augell[16], K. Labitzke[17] und P. D. Jones[18].

bruch in Indonesien vom April 1815. Seine Partikelwolke soll mit 60 bis 70 Kilometern Höhe sogar über die Stratosphäre hinaus bis in die Mesosphäre eingedrungen sein. Das Jahr danach, also 1816, ist als das »Jahr ohne Sommer« in die Geschichte eingegangen, was allerdings auch in diesem besonders extremen Fall kein wirklich weltweites Phänomen war, sondern auf Nordamerika und Teile Europas beschränkt blieb, soweit sich das rekonstruieren läßt. Aus den Nordweststaaten der USA sind jedoch Fröste mitten während der Vegetationsperiode des Jahres 1816 und entsprechende Ernteschäden belegt. Weitere extreme Ausbrüche waren die des Krakatau (1883, Indonesien, VEI=6), und in

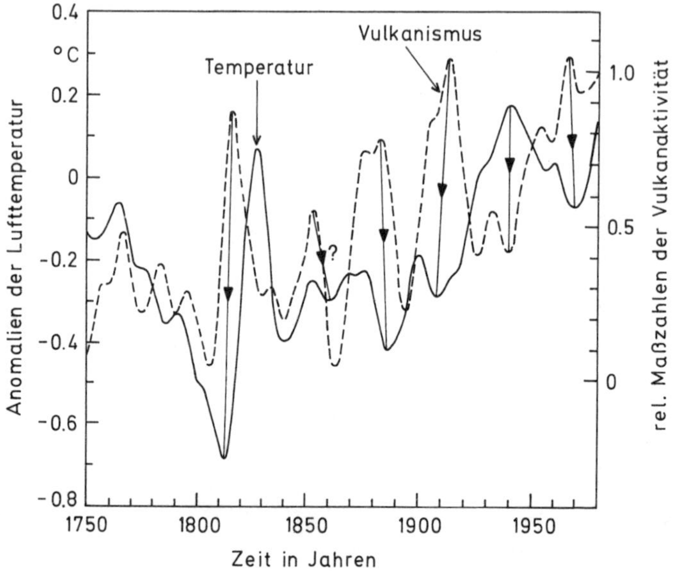

Abbildung 37 Vergleich der Schwankungen von 1750 bis 1980 der bodennahen Mitteltemperatur der Nordhalbkugel der Erde (ausgezogene Kurve) mit entsprechenden Maßzahlen, welche die Vulkanaktivität widerspiegeln (gestrichelte Kurve), jeweils zehnjährig geglättete Daten. Die zum Teil deutlich erkennbare Gegenläufigkeit der Kurven weist auf »Antikorrelation« hin, das heißt hohe Temperatur entspricht geringer Vulkanaktivität und umgekehrt (vgl. Pfeile). Quelle: Schönwiese[19], ergänzt, unter Verwendung von Daten nach P. D. Jones[18] sowie A. Cress und C.-D. Schönwiese[19].

neuerer Zeit des St. Helens (1980, USA, VEI=5), des El Chichón (1982, VEI=5) sowie des Pinatubo (1991, Philippinen, VEI vorläufig 5). Tabelle 11 enthält dazu eine Chronologie.

Bis zur Größenklasse VEI=3, die im Mittel mehrfach jährlich vorkommt, wird die Stratosphäre und damit das Klima möglicherweise, ab VEI=4 mit Sicherheit noch beeinflußt. Für die letzten zwei bis drei Jahrzehnte sind solche Klimaeffekte durch gleichzeitige stratosphärische Erwärmung und bodennahe Abkühlung recht gut nachweisbar (Abb. 36); länger zurück reichen die stratosphärischen Messungen leider nicht. Allerdings fällt die bodennahe Abkühlung im allgemeinen weniger deutlich als die stratosphärische Erwärmung aus, ja kann sogar durch ungefähr gleichzeitige Erwärmung der unteren Atmosphäre kompensiert werden, so geschehen im Jahr 1983, als dem Ausbruch des El Chichón (1982) ein besonders starkes El-Niño-Ereignis, also eine

Erwärmung des tropischen Pazifiks, folgte. Auch der Vulkanismus ist eben im Klimageschehen nur ein Einfluß unter vielen und ist aus diesem Geschehen nur in seltenen Fällen und mühsam zu separieren.

Detaillierte Untersuchungen[19] haben gezeigt, daß für das Klima, von ganz besonderen Extremereignissen abgesehen, nun weniger einzelne Vulkanausbrüche, sondern vielmehr ganze Serien oder auch das Ausbleiben solcher Serien von Bedeutung sind. Gelingt es, für Jahrhunderte das jährliche Niveau der Vulkanaktivität zu kennzeichnen, und mehrere derartige Ansätze liegen vor, dann läßt sich dies mit mathematisch-statistischen Mitteln nachweisen. In Abbildung 37 steht dem geglättetem bodennahen Temperaturgang der Nordhemisphäre, wo der vulkanische Einfluß deutlich stärker als auf der Südhemisphäre ist, eine ebenso geglättete Abschätzung der Vulkanaktivität gegenüber, wobei tropische und nordhemisphärische Vulkane erfaßt sind; die außertropische Südhemisphäre ist nämlich vulkanarm und unterliegt aus diesem Grund dem Vulkaneinfluß in weit geringerem Ausmaß. In der genannten Abbildung ist eine gewisse Gegenläufigkeit zu sehen: eine Tendenz zur Abkühlung bei steigender Vulkanaktivität, so auch in der Zeit von 1940 bis 1970, und eine Tendenz zur Erwärmung bei geringer werdender Vulkanaktivität, dies besonders zwischen 1920 und 1940, wie das auch zu erwarten ist, wobei nun Akkumulationseffekte stratosphärischen Materials von Bedeutung sind, was im übrigen auch durch LIDAR-Messungen der stratosphärischen Partikelstreuung belegt ist[20]. Viel mehr kann bei solch simplen Vergleichen nicht erwartet werden, und bei der Erwärmung seit etwa 1970 hat vielleicht auch schon der stärker werdende Treibhauseffekt eine größere Rolle gespielt als früher.

In den schon genannten detaillierten Untersuchungen zeigt sich auch, daß vulkanisch bedingte Abkühlungseffekte der unteren Atmosphäre zwar im Winter am stärksten, in den Sommerdaten aber deutlicher erkennbar sind, da sie im Winter von der stärkeren Temperaturvariabilität, die viele Ursachen hat, häufig überdeckt werden. So fallen vulkanisch bedingte Abkühlungen, im Fall einzelner Ausbrüche oft erst im Folgejahr, im Sommer sozusagen stärker auf, und sie sind dann auch für die Landwirtschaft bedeutsamer als im Winter. Regional, und da spielt die atmosphärische Zirkulation mit, scheinen im Sommer vor allem der nordöstliche Teil der USA, das südöstliche Kanada sowie Teile Ostasiens von vulkanisch bedingten Abkühlungen betroffen zu sein. Übrigens ist der Vulkanismus auch in der traditionellen Klimatologie ein alter Bekannter; er taucht in vielen Untersuchungen und Publikationen auf; ähnliches gilt für die Paläoklimatologie. So konnte gezeigt werden, daß in den letzten 40 000 Jahren fast alle größeren Vorstöße der Inlandeise und Gebirgsgletscher mit Epochen erhöhter Vulkantätigkeit zusammenfielen[21]. Auch beim Beginn des quartären Eiszeitalters scheint der Vulkanismus mitgespielt zu haben, da es vor 3 bis 5 Millionen Jahren eine enorm gesteigerte Vulkanaktivität auf der Erde gegeben hat.

Es ist daher erstaunlich, daß die Klimatologen in der Bewertung der Zusammenhänge zwischen Vulkanismus weniger gut übereinstimmen als im Fall des Treibhauseffektes. Wer sich allerdings mit diesem Problemkreis nie näher beschäftigt hat, neigt wohl zur Unterbewertung. Aufgrund der zahlreichen vorliegenden wissenschaftlichen Untersuchungen und Literatur wird man aber kaum bezweifeln können, daß der Vulkanismus ein wichtiger, wenn nicht der wichtigste Gegenspieler des Treibhauseffektes ist. In Gradbeträgen handelt es sich, bezogen auf die Weltmitteltemperatur, fluktuativ allerdings nur um einige Zehntel Grad, regional und jahreszeitlich um bis zu ca. 3° C Abkühlungseffekt.

Noch umfangreicher ist die Literatur zu solar-klimatischen Beziehungen, allerdings auch problematischer und weniger eindeutig. So hat es ein bemerkenswertes Hin und Her zwischen der Bewertung der sogenannten »Sonnenflecken« und ihren Einflüssen auf das Klima gegeben. Etwa vor dem Zweiten Weltkrieg waren viele Klimatologen jahrzehntelang überzeugt davon, dann folgten Jahrzehnte, in denen man solche Zusammenhänge für Unsinn hielt. Vor wenigen Jahren erfolgte eine erneute Trendwende, zur Freude der wenigen Klimatologen, die an solchen Zusammenhängen, allerdings schwach ausgeprägt und neben vielen anderen, nie gezweifelt haben.

Es geht hier um direkte Ausstrahlungsvariationen der Sonne, also nicht um indirekte Beziehungen wie bei der Orbitalhypothese oder beim Tages- und Jahresgang. Solche direkten Variationen der Sonnenstrahlung werden seit längerer Zeit mit den Sonnenflecken in Verbindung gebracht. Es handelt sich dabei um einzeln oder in Gruppen auftretende Regionen von relativ geringer Temperatur der Sonnenoberfläche (ca. 4500 K gegenüber sonst ca. 6000 K), die durch Anomalien des solaren Magnetfeldes hervorgerufen werden und als dunkle Flecken im Fernrohr sichtbar sind. In jüngster Zeit (1989/90) war ein bemerkenswert hohes Niveau dieser Aktivitäten zu verzeichnen.

Ein wesentlicher direkter Einfluß der Sonnenflecken auf das Klima ist kaum denkbar. Jedoch stellen die Sonnenflecken ein auffälliges Indiz für die Sonnenaktivität (unruhige Sonne) dar; zugleich mit den Sonnenflecken treten nämlich Eruptionen, sogenannte Fackeln und an-

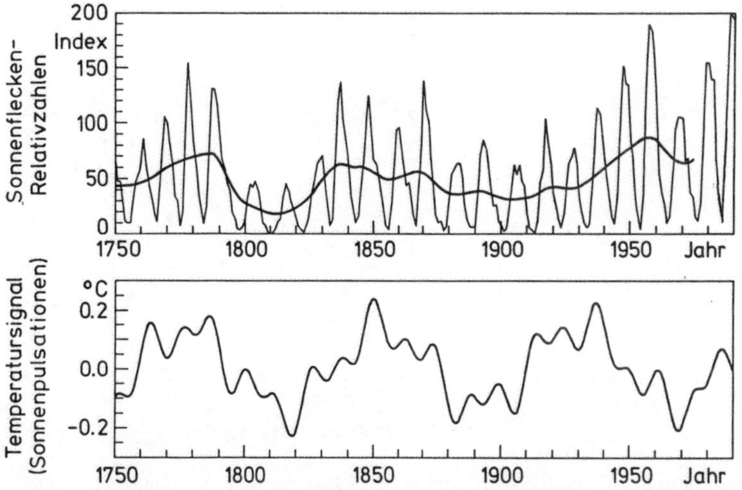

Abbildung 38 Oben: Sonnenflecken-Relativzahlen, Jahreswerte von 1750 bis 1990 sowie 30jährige Glättung, welche die Schwankungen der Sonnenaktivität markieren; unten: vermutliche Schwankungen der bodennahen Erdmitteltemperatur aufgrund teils gemessener und teils vermuteter Schwankungen des Sonnendurchmessers, sogenannte Gilliland-Hypothese. Quelle: C.-D. Schönwiese et al.[22] nach Daten von M. Waldmeier[23], ergänzt, und R. L. Gilliland[24].

dere Phänomene auf[25], die den solaren Strahlungsfluß nachweislich erhöhen. Auf diesem Weg ist tatsächlich ein Einfluß auf das Klimasystem denkbar, und zwar in Form einer Erwärmung während Zeiten starker solarer Aktivität, und einer Abkühlung während Zeiten geringer solaren Aktivität. Der günstige Umstand, daß die Sonnenfleckentätigkeit für eine ähnlich lange Zeitspanne direkt beobachtet worden ist wie die Klimaelemente, und die Tatsache, daß die Sonnenflecken einen auffallenden ungefähr elfjährigen Zyklus aufweisen, erklären, warum diesem Phänomen immer wieder besonders viel Aufmerksamkeit gewidmet worden ist.

Die Sonnenfleckentätigkeit wird mit Hilfe der sogenannten Sonnenflecken-Relativzahl quantitativ gekennzeichnet (Abb. 38), wobei in früheren Zeiten insbesondere die Beobachtungen in Zürich ausschlaggebend waren. Mehrere Autoren haben versucht, die früheren Werte vor dem Jahr 1700 zu verbessern oder zu ergänzen. Über die Bestimmung der Konzentration des Kohlenstoffisotops mit der Massenzahl 14 (14C), das heißt einer besonderen, in diesem Fall relativ schweren Koh-

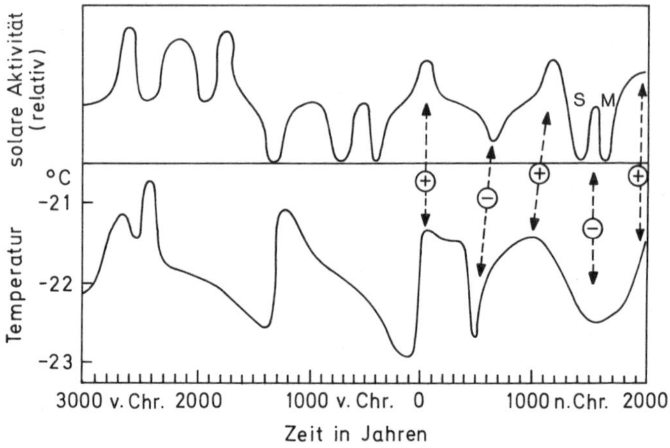

Abbildung 39 Relative, sehr langfristige Schwankungen der Sonnenaktivität, oben (grob und schematisch), im Vergleich mit entsprechenden Schwankungen der bodennahen Weltmitteltemperatur (vgl. auch Abb. 10, unten). M ist das sogenannte Maunder-Minimum (1645–1715), S das Sporer-Minimum (ca. 1400–1500)[25]. Quelle: J. A. Eddy[26], vereinfacht.

lenstoffart, oder mit Hilfe von Beryllium (^{10}Be), sind auch paläoklimatische Rekonstruktionen verfügbar. Nach Abbildung 39. Danach sind in den letzten 2000 Jahren gewisse Parallelen zwischen Temperaturschwankungen und Änderungen der solaren Aktivität erkennbar, obwohl solche Rekonstruktionen und Vergleiche nicht auf besonders sicheren Füßen stehen. Mehrere Autoren haben versucht, die Werte der Sonnenflecken-Relativzahlen mit Messungen der Sonneneinstrahlung zu vergleichen, um daraus Zusammenhänge abzuleiten. Das Problem dabei war immer, diese Messungen von atmosphärischen Einflüssen frei zu halten, um wirklich nur die Sonneneffekte festzustellen. Gelungen ist dies eigentlich erst mit Hilfe von Satelliten. Dadurch ist vor wenigen Jahren erstmalig nachgewiesen worden, daß die Sonnenausstrahlung tatsächlich parallel zum Sonnenfleckenzyklus variiert[27]. Die sogenannte »Solarkonstante«, also der solare Strahlungsfluß, den die Erde am Außenrand der Atmosphäre empfängt, ist somit nicht konstant, wie viele bisher dachten. Wenn aber solche Variationen existieren, so reagiert das Klima sehr empfindlich darauf; nach Klimamodellrechnungen würde eine Änderung von 1 Prozent die Weltmitteltemperatur um rund 1° C verändern[28]. Die von Satelliten gemessenen Änderungen der Solarkonstanten liegen jedoch unter 0,1 Prozent. Rechnet man dies, aufgrund der für Jahrhunderte vorliegenden Sonnenflecken-Relativzahlen auf maximale Effekte hoch, so kommen, ähnlich dem Vulkanismus, einige Zehntel Grad Temperatureffekt heraus. Die Sonne, genauer die solare Aktivität, hat somit höchstwahrscheinlich auch einen Einfluß auf das Klima, was sich allerdings eher in langfristigen Fluktuationen über die Jahrhunderte hinweg als in kürzerfristigen Effekten zeigt. Bei der Diskussion der Treibhausproblematik sollten daher solche Effekte, neben vulkanischen Einflüssen, nicht vergessen werden. Dies betrifft auch Überlegungen, ob nicht Variationen der Länge des Sonnenfleckenzyklus eine klimatische Bedeutung haben[29], oder ob die solar-terrestrischen Beziehungen von der stratosphärischen Zirkulation moduliert werden. So konnten Karin Labitzke und Harry van Loon[30] zeigen, daß sich bei Klassifizierung nach der vorherrschenden Windrichtung der Stratosphäre weitaus bessere Zusammenhänge zwischen Temperatur und Sonnenaktivität aufspüren lassen als ohne diese Klassifizierung. Probleme gibt es allerdings bei der physikalischen Deutung solcher Phänomene.

Es darf nicht verschwiegen werden, daß neben der solaren Aktivität noch einige weitere Hypothesen über solare Ausstrahlungsvariationen und deren Klimabeeinflussung existieren, die offenbar von den Sonnenflecken weitgehend unabhängig sind und somit zusätzliche Alternativen darstellen. Am wichtigsten ist der teils gemessene, teils vermutete Befund, daß der Sonnendurchmesser mit überlagerten Perioden von 11, 22 und 76 Jahren oszilliert[24]. Die daraus resultierende hypothetischen Variationen der bodennahen Erdmitteltemperatur, nach ihrem Errechner hier Gilliland-Oszillation genannt, sind in Abbildung 38 neben den Sonnenflecken-Relativzahlen zu erkennen. Sie zeigen für die letzten rund hundert Jahre eine deutliche Ähnlichkeit mit der gemessenen Temperatur. Dieser gute Zusammenhang wird aber rasch schlechter, wenn man weiter in die Vergangenheit zurückgeht. Deshalb und auch aus anderen Gründen ist die Sonnen-Oszillationshypothese in ihrer klimatologischen Bedeutung mit Recht umstritten. Dies gilt in noch höherem Maß für andere solare Hypothesen wie die möglichen Gravitationseinflüsse der großen Planeten auf die Sonne, die, unter anderem, den Abstand der in der Sonne stattfindenden Kernraktionen relativ zur Sonnenoberfläche und damit die effektive Ausstrahlung der Sonne ändern sollen. Möglicherweise werden künftige Forschungen die eine oder andere solare Hypothese noch erhärten oder widerlegen. Relativ am besten abgesichert aber ist zur Zeit die Hypothese, daß langfristige Variationen der solaren Aktivität, die deutlich über den elfjährigen Zyklus hinausgehen, einen gewissen Einfluß auf das Klima haben, wobei meist nur die Temperatur ins Auge gefaßt wird.

7.3 »El Niño«: Warmphasen des Ozeans

Wenn Klimatologen Ursache-Wirkung-Mechanismen betrachten, dann unterscheiden sie immer zwischen externen und internen Vorgängen im Klimasystem. Dabei sind interne oder auch »intrinsische« Vorgänge als Wechselwirkung innerhalb des Klimasystems, das heißt des Verbunds Atmosphäre-Ozean-Eis-Land-Biosphäre aufzufassen, und das El-Niño-Phänomen gehört dazu. Davon sind solche Vorgänge zu unterscheiden, die keine Wechselwirkungen aufweisen und daher auch als »extern« oder »extrinsisch« bezeichnet werden, was aber nicht mit »extraterrestrisch« verwechselt werden darf. Explosive Vulkanausbrüche sind Beispiele für externe Einflüsse auf die Atmosphäre beziehungsweise das Klima, da sie zwar das Klima beeinflussen, umgekehrt aber das Klima keine Vulkanausbrüche auslösen kann. Auch die solare Aktivität ist ein solcher externer und in diesem Fall gleichzeitig ein extraterrestrischer Einfluß, da es sich um einen Vorgang handelt, der sich außerhalb unserer Erde abspielt. Selbst der anthropogene Zusatz-Treibhauseffekt wird meist als extern angesehen, obwohl das problematisch ist. Interne wie externe Vorgänge können außerdem zyklisch oder quasizyklisch sein. Geschieht dies relativ kurzfristig, so ist das als eine Art Eigenschwingung des Klimasystems aufzufassen, die nicht als Klimaänderung mißdeutet werden darf. Dazu gehören der Jahres- und Tagesgang, das heißt die Unterscheide zwischen Sommer und Winter oder Tag und Nacht. Beides sind übrigens externe Vorgänge, die nicht genau periodisch sind, obwohl das auf die astronomische Anregung – Erdbahn um die Sonne bei bestimmter Erdachsenneigung beziehungsweise Erdrotation – durchaus zutrifft. Atmosphärische Störungen sorgen nämlich dafür, daß der Abstand zwischen sommerlicher Höchst- und winterlicher Tiefsttemperatur, bei Tag und Nacht ist es ähnlich, nicht immer exakt gleich ist. In diesem Fall, bei gewisser Unregelmäßigkeit, spricht man auch von einem Quasizyklus.

Während nun der mittlere Tages- und Jahresgang als typische »klimaimmanente« Vorgänge uns allen vertraut sind, trifft das auf die quasizweijährige Oszillation (engl. *quasi-biennial oscillation* QBO)[31] und das El-Niño-Phänomen nicht zu. Die QBO ist insbesondere in der tropischen Stratosphäre ausgeprägt, wo sie als ungefähr zweijährige Schwankung zwischen vorherrschenden West- und Ostwinden in Erscheinung tritt und dabei unter anderem die stratosphärische O_3-Konzentration oder ob die Ausbreitung vulkanischer Partikelwolken beeinflußt. Aber auch in der unteren Atmosphäre ist sie, bei genauer Analyse mehr oder weniger verdeckt in vielen Klimadatenreihen aufspürbar. Sie gilt als atmosphärischer und somit interner, zyklischer Wechselwirkungsvorgang, wobei die Verursachung noch nicht ganz geklärt ist. Auch »El Niño«[32] ist ein, in diesem Fall atmosphärisch-ozeanischer interner und zyklischer Wechselwirkungsvorgang, der das Klima nicht ändert, aber für einen Klimazustand typisch ist; sein Zyklus schwankt zwischen etwa drei und acht Jahren. Erst wenn »El Niños« ihre Häufigkeit ändern würden, ganz vergleichbar etwa einer signifikanten Häufigkeitsänderung strenger oder milder Winter, wären dies Indizien für eine Klimaänderung. Dafür aber gibt es keine signifikanten Hinweise.

»El Niño« heißt in der peruanischen Sprache »das Kind« oder auch »das Christkind«. So nannten die dortigen Fischer das Phänomen, bei dem das kühle Wasser des Humboldt-Stromes regelmäßig um die Weihnachtszeit spürbar wärmer wurde, was sich dann auf die Zusammensetzung der gefangenen Fische und auch auf die Fischfangquote negativ auswirkte. Im Jahre 1982 wurde dieser Name erstmalig von einem Kapitän namens Curillo dokumentiert[32]. Wir haben es also zunächst mit einem Jahrgang zu tun. Alle drei bis acht Jahre überschreitet die Erwärmung des tropischen Pazifiks aber deutlich das übliche Maß, mit entsprechend drastischen, praktisch immer negativen Auswirkungen auf den Fischfang, so daß vereinzelt ab etwa 1926, nach dem »El Niño« von 1925/26, häufiger dann nach einem weiteren starken »El Niño« von 1957/58, dieser Name für solche starken, nicht alljährlich eintretenden Erwärmungen von einigen Monaten Dauer verwendet wurde. Das »Jahrhundert-El-Niño« 1982/83, das extrem stark ausfiel, verglichen mit anderen zuvor aber sehr untypisch war, hat dann weltweit Aufmerksamkeit erregt und zu immenser Forschungsaktivität auf diesem Gebiet geführt.

Abbildung 40 zeigt für die Zeitspanne von 1870 bis 1990 eine Wasseroberflächen-Temperaturreihe des betroffenen, in ausgeprägten Fällen mehrere tausend Kilometer Durchmesser umfassenden Gebiets des tropischen Pazifiks, das die mäßigen bis sehr starken El-Niño-Ereignisse widerspiegelt (Tabelle 12), sowie ihre kalten Gegenspieler, die

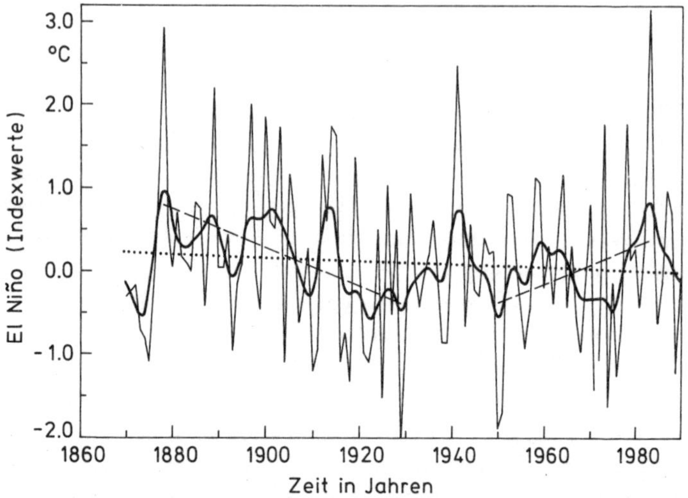

Abbildung 40 El-Niño-Variationen, das heißt Meeresoberflächentemperaturen des tropischen Ostpazifiks, Jahreswerte von 1870 bis 1990, zehnjährig geglättete Daten und Trends (gepunktete bzw. gestrichelte Kurven). Besonders hervor treten die Ereignisse in den Jahren 1879/80, 1940/41 und 1982/83; ein längerfristig ansteigender Trend ist allenfalls von etwa 1950 bis 1983, nicht aber für die Gesamtreihe erkennbar. Quelle: C.-D. Schönwiese[33], unter Verwendung von Daten nach Wright[34], ergänzt.

neuerdings recht willkürlich als »La Niña« bezeichnet werden[35]. Wir erkennen daran gewisse relativ langfristige Fluktuationen und zeitweise auch Trends, aber keinen systematischen Gesamttrend. Dies gilt auch für die letzten rund 400 Jahre, für die die El-Niño-Ereignisse noch recht gut dokumentiert sind (Tabelle 12). Paläoklimatische Rekonstruktionen weisen darauf hin, daß der El-Niño-Quasizyklus in der gesamten derzeitigen Warmzeit aufgetreten ist, wobei hin und wieder die Intensität des Jahrhundert-El-Niño von 1982/83 übertroffen worden ist; auch 1879/80 hat es ein ähnlich intensives Ereignis gegeben (Abb. 40). Vielleicht gab es auch in der letzten Kaltzeit »El-Niños«, letztlich im gesamten Quartären Eiszeitalter; bis etwa 40 000 Jahre zurück reichen die hinreichend verläßlichen Befunde.

Wissenschaftlich, aber auch in den Auswirkungen, ist von besonderem Interesse, daß El-Niño-Ereignisse im engeren Zusammenhang mit einer eigenartigen Luftdruckoszillation der bodennahen Atmosphäre der Südhalbkugel stehen, der sogenannten »Südlichen Oszillation« (SO), so daß man das Gesamtphänomen heute als »ENSO« bezeichnet

(El Niño/Southern Oscillation)[36], und daß solche ENSOs die atmosphärische Zirkulation in der betroffenen Region vehement ändern, so daß sonst trockene Gebiete sintflutartige Niederschläge erleben können, während an anderer Stelle extreme Dürren auftreten. So führen El Niños entlang des Küstenstreifens westlich der Anden, von Nordperu bis Nordchile, aber auch auf vorgelagerten Inseln, wie den Galapagos, zu enormen Niederschlagssteigerungen. Von Dezember 1982 bis Juni 1983 verzeichnete Esmeraldas in Nordequador 1766 statt normal 760 Millimeter Niederschlag[37], Chulucanas am Fuß der Voranden war 1983 von 4000 statt normal 250 Millimetern betroffen. Dies führte unter anderem dazu, daß Wüstengebiete zeitweise erblühten. Die Hauptinsel von Galapagos, Santa Cruz, wurde von Dezember 1982 bis Juni 1983 statt 374 von sage und schreibe 3325 Millimetern Niederschlag heimgesucht. Weiter im Landesinneren, wo es normalerweise reichlich regnet, trat gleichzeitig vielerorts extreme Trockenheit auf, in der El-Niño-Episode 1982/83 besonders der Bereich um den Titicaca-See. Diese verkehrte Welt während des El Niño, mit viel Regen in sonst trockenen Gebieten und wenig Regen in sonst feuchten Gebieten, ist durch die Umkehrung der sogenannten Walker-Zirkulation der Tropen zu erklären. Es ist nämlich nicht so, daß es in den gesamten inneren Tropen überall vorwiegend atmosphärische Hebungsvorgänge mit Wolken- und Niederschlagsbildung gibt; vielmehr konzentrieren sich diese Hebungen auf das Innere der Kontinente Südamerika und Afrika sowie Indonesien, während es an den Westküsten dieser Kontinente unter dem Einfluß der kalten an den Küsten nordwärts gerichteten Meeresströmungen zu atmosphärischer Kaltluft – Kaltluft ist schwerer als Warmluft – und daher zur Ausbildung niederschlagsarmer Regionen kommt. Eine der trockensten Regionen der Welt, die Atacama-Wüste in Chile, resultiert daraus. Das durch »El Niño« erwärmte Wasser erzeugt in diesen Trockenregionen und natürlich auch über dem Ozean aufsteigende Warmluft mit den geschilderten Niederschlagsanomalien, während in Kompensation dazu die Luft weiter landeinwärts, statt aufzusteigen, nunmehr absinkt und Trockenheit erzeugt. Die durch »El Niño« erzeugte Erwärmung des tropischen Pazifiks liegt großflächig meist zwischen 1 bis 3° C, (Abb. 40), kleinräumig kann während extremer Ereignisse eine Erwärmung von bis zu etwa 10° C vorkommen.

Diese Pendelausschläge der ozeanischen und der landgebundenen Witterungsanomalien zwischen »El Niño«, »La Niña« und normalen Bedingungen haben auf das Leben großen Einfluß; dazu gibt es besonders für 1982/83 detaillierte Berichte[37]. Im Ozean gehen während »El

Niño« der Nährstoff- und Phytoplanktongehalt zurück, und als Folge davon auch bestimmte Fischarten, was 1922/23 in Peru, Bolivien und Equador zu wirtschaftlichen Verlusten von rund 1,5 bis 3,5 Milliarden US-Dollar führte[37]. Es darf allerdings nicht übersehen werden, daß dazu, ganz analog zum Desertifikationsproblem im Sahel, auch Überfischungen, also generell zu hohe Fangquoten, beigetragen haben. Außerdem stellen El-Niño-Ereignisse für andere Lebensformen auch positive Bedingungen dar. Der CO_2-Gehalt der Atmosphäre steigt in El-Niño-Jahren deutlich stärker als in anderen Jahren an. Meist werden dafür die verstärkte Ausgasung des wärmeren Ozeanwassers und geringere CO_2-Aufnahme durch das ozeanische Phytoplankton verantwortlich gemacht. Verstärkte Brände in Trockengebieten, die durch geringeren Niederschlag begünstigt werden und die Vegetation vernichten, wurden ebenfalls diskutiert, dürften als Ursache aber weniger in Frage kommen, zumal gleichzeitig andernorts die Vegetationsaktivität kräftig zunimmt. Ausgedehnte Vegetationsbrände nach El-Niño-Ereignissen, wie 1895 auf der Insel Isabella (Nationalpark) dürften eher die Ausnahme als die Regel sein. Außer den bisher beschriebenen regionalen Effekten von »El-Niño«-Episoden wird durchaus auch eine globale Wirksamkeit diskutiert. So treten möglicherweise parallel zu den Erwärmungseffekten im tropischen Pazifik ähnliche Effekte auch im tropischen Atlantik und Indischen Ozean auf. All dies ist aber nicht zweifelsfrei erwiesen und falls es auftritt, dann sicher in wesentlich geringerem Ausmaß als im Pazifik. Deutlicher fallen Verbindungen mit dem indischen Sommermonsun ins Auge sowie mit Trockenperioden in Indonesien, zum Beispiel in Java. Selbst für Europa werden Einflüsse nicht ausgeschlossen. Die vielen dabei auftretenden Fragen bedürfen zur Beantwortung jedoch noch weiterer, intensiver Forschung.

Das gilt auch für die Vorhersagbarkeit von El-Niño-Ereignissen und deren Intensität. Der Schlüssel dafür liegt in der Tatsache, daß es sich dabei um einen atmosphärisch-ozeanischen Wechselwirkungsvorgang handelt, insbesondere im Zusammenhang mit der schon erwähnten Südlichen Luftdruckoszillation. Viele Forscher haben daher nach Vorläufer-Effekten von El-Niño-Ereignissen in der atmosphärischen Zirkulation gesucht, um solche Entwicklungen frühzeitig erkennen zu können. Darauf aufbauende Vorhersageversuche waren zum Teil bereits sehr erfolgreich[38]. Der Haken dabei ist, daß es anscheinend mehrere Varianten des Ablaufs und damit auch der Vorgeschichte gibt. Auch läßt sich nicht beweisen, daß die Atmosphäre jeweils die Initialzündung gibt. Vielmehr scheint es sich, im Regelfall, um einen Zyklus

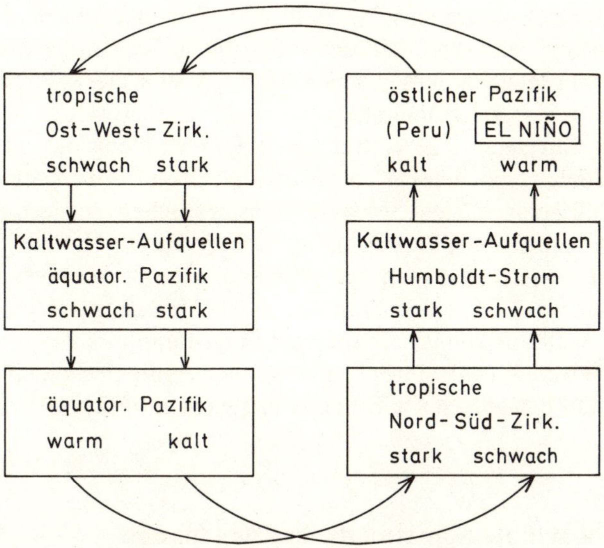

Abbildung 41 El-Niño-Zyklus, der hier grob vereinfacht die Vorgänge zusammenfaßt, die zum Auftreten und Abbau von El-Niño-Ereignissen (EN) führen. Man erkennt, daß EN die atmosphärische und ozeanische Zirkulation so verändert, daß es sich selbst abbaut, während ein kalter östlicher Pazifik, das »La Niña« genannte Gegenstück zu EN, den Keim zu einer erneuten Initiierung von EN in sich trägt. Quelle: U. Schneider[39], nach verschiedenen Primärquellen.

gekoppelter atmosphärisch-ozeanischer Phänomene zu handeln, wobei im Auftreten eines El-Niño-Ereignisses bereits die Vorbedingung zu seinem Ende und darin wiederum die Vorbedingung für das erneute Auftreten zu liegen scheint. Wesentlich daran beteiligt sind eine Art von Wasserwellen, sogenannte Kelvin-Wellen, die sozusagen über den gesamten Pazifik hin und her schwappen und unter anderem an Änderungen der Meeresspiegelhöhe erkennbar sind. Man spricht vom »ENSO-Zyklus«, der in stark vereinfachter Form in Abbildung 41 skizziert ist; nähere Details und alternative Modifikationen dazu würden hier zu weit führen. Jedoch sei erwähnt, daß es darüber hinaus auch Hypothesen vulkanischer Einflußnahme gibt[40].

Der ozeanisch-pazifische Teil eines El-Niño-Ereignisses wurde lange so gesehen, daß atmosphärische Vorgänge das normalerweise aus der Tiefe aufquellende Kaltwasser im Bereich des Humboldt-Stromes, das sehr nährstoff- und phytoplanktonreich ist, abblocken, so daß warmes, nährstoffarmes Wasser an seine Stelle tritt. Zumindest beim »El Niño« 1982/83 war es jedoch so, daß sich die vertikale Schichtung das Ozeans änderte, mit letztlich dem gleichen Effekt, aber ohne wesentliche Änderung der Vertikalströmungen im Ozean. Gleich welche Klärungen und vielleicht auch neue Rätsel des ENSO-Mechanismus uns in den nächsten Jahren noch erwarten: Es handelt sich um einen der wesentlichen zyklischen beziehungsweise quasizyklischen intrinsische Vorgänge, die für einen Klimazustand typisch sind, mit tiefgreifenden ökologischen Folgen, negativen wie positiven. Gerade bei diesen Folgen stehen wir wieder vor der Aufgabe, durch Menschen verursachte Effekte, hier Überfischung und sonstige Eingriffe mit ökologisch-ökonomischer Wirkung von natürlichen Vorgängen zu unterscheiden, obwohl der ENSO-Mechanismus selbst ohne Frage ein natürlicher Vorgang ist.

7.4 Beobachtete Klimatrends: Indizien für den »Treibhauseffekt«?

Nach der Betrachtung einiger natürlicher Steuerungsmechanismen des Klimageschehens, besonders solcher, die in Konkurrenz zum anthropogenen Zusatz-Treibhauseffekt stehen, kommen wir nun auf die Frage zurück: Ist der Mensch wirklich dabei, das Weltklima zu ändern? Wird der anthropogene Zusatz-Treibhauseffekt immer wirksamer? Man könnte sagen: Die Klimamodelle sagen das doch vorher; und es steigt die globale Mitteltemperatur (Abb. 17), doch an! Was also sollen diese Fragen?

Tatsächlich werden an dieser Stelle besonders viele Fehler gemacht, merkwürdigerweise auch von manchen Wissenschaftlern. Der IPCC-Bericht ist in diesem Punkt auch nicht vollständig und konsequent. Ganz besonders wenig Verständnis für die nun zu diskutierende Problematik findet man bei Medien und Politikern, was auch auf die Forschungsförderung durchschlägt. Und dabei wäre es sträflicher Leichtsinn, die nun folgenden Gedankengänge zu umgehen oder zu überspringen.

Punkt 1: Die Klimavorausberechnungen beruhen im allgemeinen auf Modellen, die nicht das Ganze, sondern nur einen Teil des Klimageschehens simulieren. Sie müssen in ihren Aussagen und ganz besonders Vorhersagen daher nicht richtig sein, und wir haben schon festgestellt, daß dies ganz besonders in quantitativer und regionaler Hinsicht gilt.

Auch dürfen wir nie vergessen, daß Klimamodellrechnungen zum Treibhauseffekt meist nur diesen einen Antriebsfaktor betrachten und vulkanische und solare Effekte meist außer acht lassen.

Punkt 2: Alle bisher beobachteten Klimatrends und -fluktuationen sind im Grunde nichts neues, könnten also allesamt rein natürlichen Ursprungs sein. Dies stellt auch der IPCC-Bericht deutlich und korrekt fest. Dramatisch sind an der Treibhaus-Problematik bisher somit nicht die Beobachtungen, sondern allein die Modellvorhersagen, und die sind unsicher. Dies ist ein sehr bemerkenswertes Dilemma.

Punkt 3: Da das Klima von sehr vielen Faktoren und Vorgängen in sehr komplexer und unübersichtlicher Weise gesteuert wird, kann ein irgendwann beobachteter Klimatrend aus ebenso viele Faktoren und Vorgänge zurückgehen, schlimmer noch, auf deren Überlagerung; es ist somit zunächst unmöglich, aus einer Wirkungsgröße, nämlich einem beobachteten Klimatrend, auf eine bestimmte von in Wirklichkeit zahlreichen Einflußgrößen zu schließen. Diese Situation verschärft unser Dilemma ganz erheblich.

Wann wird man also endlich lernen, daß Klimamodelle zum Treibhausproblem nicht einfach mit insgesamt beobachteten Klimatrends verglichen werden dürfen. Ebenso dürfen auch neueste Modellergebnisse nie als der Weisheit letzter Schluß angesehen werden. Das nächste Modellereignis kann – weniger grundsätzlich, aber quantitativ und regional – ganz anders ausfallen. Was aus unserem Dilemma herausführt, ist schon vorgezeichnet und soll nun, freilich wieder nur in knapper und vereinfachter Weise, zum Schluß geführt werden:

1. Wir müssen versuchen, das quantitative Ausmaß der in Konkurrenz zum Treibhauseffekt stehenden Klimaeffekte korrekt abzuschätzen. Dies ist schwierig, aufwendig und unsicher, so daß dazu bisher im wesentlichen nur vereinfachte Klimamodelle verwendet worden sind, welche, als Konsequenz dieser Vereinfachung, häufig nur zu global gemittelten Aussage kommen.

2. Wir müssen versuchen, in den Beobachtungsdaten den Anteil des anthropogenen Zusatz-Treibhauseffektes von anderen Ursachen, insbesondere natürlichen, abzutrennen, und dies nicht nur in den globalen Mittelwerten, sondern auch bezüglich der jahreszeitlichen und regionalen Verteilung; Klimatologen sprechen von der »Mustererkennung« der Effekte bestimmter Klimaeinflußmechanismen. Dabei müssen, zur Unterstützung und Verifizierung der Klimamodellrechnungen auch mathematisch-statistische Methoden verwendet werden, die strikt auf den Beobachtungsdaten beruhen.

Erwähnenswert ist in diesem Zusammenhang auch, daß es neben deterministischen Modellen, die explizit die Ursache-Wirkungsmechanismen erfassen, und dies ist bei den üblichen Modellrechnungen der Fall, auch stochastische Modelle zur Simulation von Zufallsprozessen und statistische Modelle zur Erfassung formaler Zusammenhänge, sogenannter Korrelationen gibt. Aus diesen Korrelationen werden Regressionsgleichungen entwickelt, die wie deterministische Modelle für Vorhersagen verwendet werden können, in diesem Fall aber nur hypothetisch und nicht ohne Überprüfung der zeitlichen Stabilität der formalen Zusammenhänge. Dies zeigt im übrigen, daß auch die Klimaprobleme nur multimethodisch gelöst werden können, einschließlich interdisziplinärer Zusammenarbeit.

Wir können nun so vorgehen, daß wir uns in gewisser Auswahl einige großräumige und relativ langfristig beobachtete Klimatrends ansehen und uns fragen, ob sie im groben mit den Klimamodellvorhersagen zum Treibhauseffekt konsistent sind. Dies geschieht wohl bewußt der Tatsache, daß daraus noch keine endgültigen Schlüsse gezogen werden können, ja schließt sogar die Möglichkeit ein, daß solche Trends zeitweise der Treibhaushypothese zuwiderlaufen können, wenn nämlich andere Vorgänge dominant sind, wie unter Umständen der Vulkanismus (Abb. 37). Wir können dabei zum Teil auf schon besprochene Abbildungen zurückgreifen, müssen dies aber noch um einige Aspekte erweitern.

Zunächst ist die Weltmitteltemperatur in den letzten rund hundert Jahren tatsächlich angestiegen (Abb. 17) allerdings etwas weniger, als im Mittel von den Klimamodellrechnungen erwartet (Abb. 34), und auch nicht kontinuierlich, wobei besonders auf der Nordhemisphäre die Abweichungen von diesem Trend erheblich waren (Abb. 15). Regional und jahreszeitlich war das Ausmaß dieses Trends ebenfalls wie aus der Sicht der Modellrechnungen zum Treibhauseffekt erwartet, am größten im Winter der Arktis und am geringsten in den Tropen (Abb. 18). Parallel dazu hat sich die Stratosphäre abgekühlt, wobei die Messungen allerdings nur zwei bis drei Jahrzehnte zurückreichen (Abb. 36). Da neben den formal errechenbaren Trends auch mehr oder weniger ausgeprägte Abweichungen davon auftreten, muß man deren Verläßlichkeit abschätzen, in der mathematischen Statistik als Signifikanz bezeichnet. Die einfachste Methode, dies zu tun, ist die Errechnung des sogenannten Trend-/Rauschverhältnisses; das heißt der über ein bestimmtes Zeitintervall errechnete Trend, wie zum Beispiel 0,5° C in Abbildung 17, wird durch ein statistisches Maß für die insge-

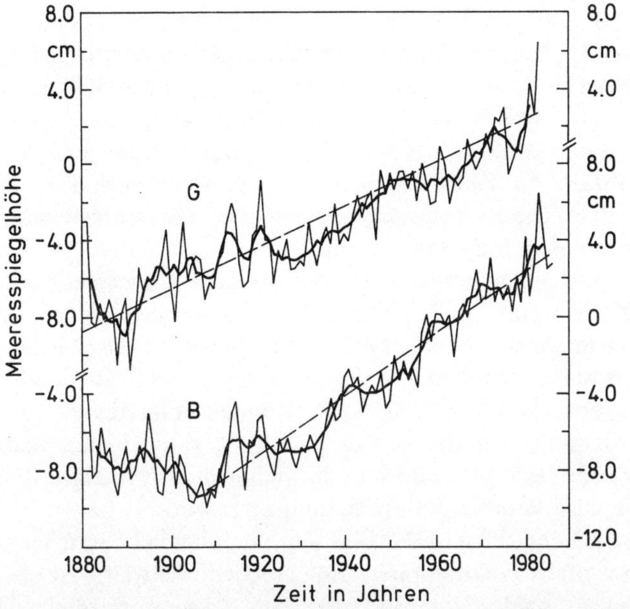

Abbildung 42 Anstieg der weltweit gemittelten Meeresspiegelhöhe, Jahreswerte seit 1881, zehnjährig geglättete Daten und Trend. Ab 1910 ergeben sich daraus Anstiege von etwa 9 (G) bzw. 14 (B) Zentimetern. Quellen: V. Gornitz[42] (G) und T. Barnett[42] (B), hier analysiert und zusammengefaßt nach Schönwiese[41].

samt aufgetretene Variabilität dividiert, in diesem Fall am besten durch die Standardabweichung der Jahresdaten; dies ergibt dann einen relativ hohen Wert, nämlich 2,7. Näheres soll hierzu nicht gesagt werden,[41] jedoch enthält Tabelle 13 eine Auswahl solcher Trend- und Trend-/Rauschwerte, die zeigen, daß die Trend-/Rauschverhältnisse im Fall der stratosphärischen Abkühlung kleiner und damit schlechter sind; dies bedeutet, daß sich in diesem Fall der Trend weniger von der insgesamt beobachteten Variabilität abhebt, obwohl er stärker als der entsprechende Erwärmungstrend der unteren Atmosphäre ist.

Der Trend des globalen gemittelten Meeresspiegelanstiegs (Abb. 42) ist mit rund 10 bis 15 Zentimetern in den letzten rund hundert Jahren gering, auch wenn alternative Abschätzungen[43] auf etwa 25 Zentimeter kommen. Dies entspricht, in die Vergangenheit extrapoliert, der niedrigen Schätzung der Klimamodellrechnungen (Abb. 35), ist somit also weniger als erwartet, insbesondere auch deswegen, weil sich nach gängigen Modellrechnungen die anthropogenen Klimaänderungen in den kommenden hundert Jahren eher verstärken als abschwächen werden. Erst danach sollten Abschwächungen, also geringere Klimareaktionen, überwiegen. Das Trend-/Rauschverhältnis ist bei der Meeresspiegelhöhe sehr groß; allerdings bedeutet der geringe Trend auch, daß dies in ungefähr der Größenordnung liegt, in der Messungen überhaupt möglich sind. Solche Betrachtungen lassen aber Rückschlüsse auf die Ursachen noch nicht ohne weiteres zu.

Die Luftfeuchte zeigt in der bodennahen Atmosphäre sehr unterschiedliche Trends. In Teilen der Tropen findet man jedoch, besonders wenn ungefähr die untere Hälfte der Troposphäre erfaßt wird, ganz bemerkenswerte Zunahmen[44], die im übrigen nicht nur den Treibhauseffekt verstärken, sondern durch Kondensation dieses zusätzlichen Wasserdampfes bei der Wolkenbildung der tropischen Atmosphäre auch weitere Energie zuführen, die vielleicht in vermehrte Bewegungsenergie, also Wind und Stürme, umgesetzt wird.

Beim Niederschlag ist das Bild sehr uneinheitlich. Statt Trends dominieren vielfach Fluktuationen. Entsprechend schwierig ist die Analyse und Bewertung der Datensituation. Nur bei sehr großzügiger Betrachtung gelingt es, für die letzten Jahrzehnte gewisse Trends auszumachen. So weist das in Abbildung 43 wiedergegebene Beispiel darauf hin, daß auf der Nordhalbkugel zwischen dem Äquator und etwa 45° Nord seit den fünfziger Jahren unseres Jahrhunderts ein Trend zur Niederschlagsabnahme und polwärts davon zur Niederschlagszunahme besteht, jeweils auf die Landgebiete der Erde bezogen. Daher sind auch die südhemisphärischen Abschätzungen sehr unsicher. Wie bei den Klimamodellen betreten wir hier ein sehr unsicheres Gebiet, obwohl Beobachtungen und Modelle, sehr grob gesehen, qualitativ sicherlich nicht in krassem Widerspruch zueinander stehen. Unser Dilemma ist hier, daß die Abschätzungen von Niederschlagsänderungen besonders wichtig sind, wegen der ökologischen und sozioökonomischen Konsequenzen, Modelle und Beobachtungen in dieser Hinsicht aber besondere Probleme aufwerfen. Dies ist einer der Punkte, wo es noch großen Forschungsbedarf gibt, auch wenn sehr umfangreiche wissenschaftliche Literatur dazu existiert. Darauf auch nur sehr partiell einzugehen, ist hier leider nicht möglich.

Bei Wind, Wellenhöhe und anderen Klimaelementen, einschließlich extremer Ereignisse, ergeben sich noch größere Probleme der Datenerfassung und -interpretation, einschließlich den bei den Meßdaten üblichen Repräsentanzfragen. Im Vergleich zu den Klimamodellprogno-

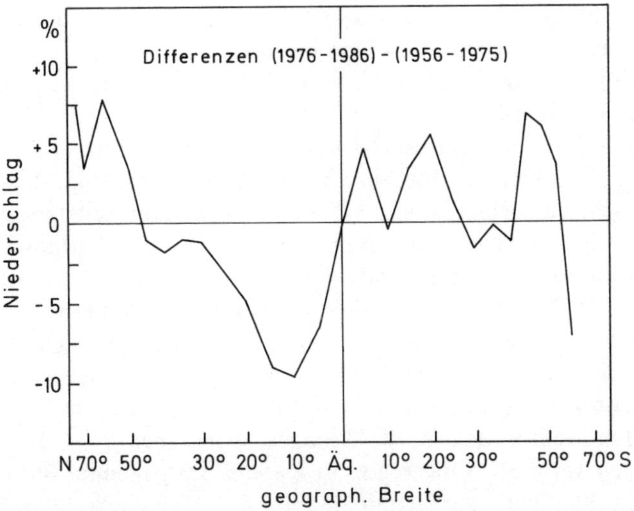

Abbildung 43 Weltweite Niederschlagstrends der letzten Jahrzehnte, das heißt seit 1956, in Prozent, aufgeschlüsselt nach Breitenkreiszonen (Landgebiete), für die Südhalbkugel aber sehr unsicher. Quelle: H. F. Diaz und Mitarbeiter[45].

sen zeigen sich zum Teil deutliche Widersprüche. So ist die erwartete Häufigkeitszunahme tropischer Wirbelstürme im Bereich des Atlantischen und Nordindischen Ozeans bisher nicht festzustellen. Dies gilt auch für den Nordwestpazifik, während der Nordostpazifik einen Aufwärtstrend zeigt. Beide Datenreihen beginnen jedoch erst um 1950 und sind daher nicht besonders aussagekräftig. Im australischen Raum, dem Südwestpazifik und Südwestindik war von 1910 bis 1965 ein mäßiger Aufwärtstrend, danach aber eher ein Rückgang der Sturmhäufigkeit zu erkennen. Das IPCC hat diese Ergebnisse, die von der National Oceanic and Atmospheric Administration (NOAA) stammen, in der Vorbereitungsphase ihres Berichtes diskutiert, schließlich aber nur Ergebnisse für den Atlantik und Indik festgehalten.

Von den Klimamodellerwartungen geringerer Windgeschwindigkeit in mittleren Breiten, die auch vom IPCC-Bericht hervorgehoben werden, war bereits die Rede. Im Widerspruch dazu haben Hermann Flohn und seine Mitarbeiter[46] im Bereich Ostatlantik und Europa für das Intervall 1961 bis 1988 und die Winterjahreszeit eine deutliche Intensivierung der Westströmung um 20 bis 40 Prozent gefunden. Dies ist kongruent mit winterlichen Orkanhäufungen, die insbesondere im

Winter 1989/90 zum Teil etwas kühn als Indiz für den anthropogenen Treibhauseffekt interpretiert worden sind.

Auch hier kann es nämlich sein, daß es sich um vorübergehende natürliche Fluktuationen handelt; so meint Hubert Lamb[47], daß in einem quasi-hundertjährigen Zyklus in der letzten Dekade eines Jahrhunderts erhöhte Sturmneigung besteht. Auch dies ist fragwürdig, da es durch Daten schlecht belegt ist und G. Tetzlaff[48] in Berlin seit 1964 einen systematischen Rückgang von Windböen der Beaufortstärke größer beziehungsweise gleich 8 gefunden hat. Der IPCC-Bericht weist darauf hin, daß die Nordatlantik-Oszillation (NAO) zwar seit etwa 1965 einen steigenden, davor seit 1910 aber einen deutlich ausgeprägteren fallenden Trend aufweist. Diese NAO ist die Luftdruckdifferenz zwischen den Azoren (Hochdruckgebiet) und Island (Tiefdruckgebiet) und somit ein indirektes Maß für die Windgeschwindigkeit. Noch bemerkenswerter ist vermutlich die schon in Kapitel 3.6 genannte Statistik der Sturmfluthäufigkeit der letzten 2000 Jahre an den englisch/holländisch/deutschen Küsten (Abb. 3). Die schlimmsten und häufigsten Sturmfluten sind demnach im späten Mittelalter aufgetreten, übrigens in einer Abkühlungsepoche, dem Übergang vom Mittelalterlichen Klimaoptimum in die frühe Kleine Eiszeit. Damals sind unter anderem die friesischen Inseln erst vom Festland getrennt worden, und der Jadebusen sowie die Zuydersee entstanden. Die Windindizien sind daher sehr widersprüchlich und fragwürdig. Auch im Fall von Meereis und Schneebedeckung und weiteren hier nicht genannten Aspekten sind die Fragezeichen größer als die Wahrscheinlichkeit der Indizien. Daher erscheint es sinnvoll, im folgenden auf die Diskussion der bodennahen Temperatur zurückzukommen; denn Langzeittrends der Temperatur erscheinen bei der Indiziensuche zur Zeit zweifellos als das Argument mit dem größten Gewicht.

Was die zu Beginn dieses Kapitels genannte, eigentlich entscheidende Frage betrifft, welcher Anteil beobachteter großräumiger Klimatrends auf den Menschen, den anthropogenen Zusatz-Treibhauseffekt zurückzuführen ist, so sind neben einigen Ansätzen beim Niederschlag, der stratosphärischen Temperatur und Meeresspiegelhöhe die greifbarsten Erfolge bei der bodennahen Lufttemperatur erzielt worden. Nach einigen, allerdings sehr speziellen Versuchen dieser Art mit Hilfe vereinfachter Klimamodelle scheint die Arbeitsgruppe Schönwiese[41] derzeit die einzige zu sein, die dieses Problem breit sowie auf der Grundlage der Beobachtungsdaten und daher mit mathematisch-statistischen Methoden angeht. Da es dazu umfangreiche Forschungsberichte[41] und auch eine Kurzdarstellung[49] gibt, sollen hier nur die betrachteten Einflußgrößen sowie das Ergebnis kurz genannt sein.

Als Einflußgrößen werden einmal die atmosphärische CO_2-Konzentration und zum anderen die äquivalente CO_2-Konzentration verwendet, welche sozusagen die Summe der wichtigsten anthropogen in ihrer Konzentration ansteigenden Treibhausgase darstellt. Simultan kommen die Einflüsse Vulkanismus, solare Aktivität beziehungsweise Sonnenoszillationen sowie das El-Niño-Phänomen dazu, und zwar für jede Einflußgröße jeweils verschiedene alternative Ansätze, um auch die Unsicherheit der natürlichen Klimasteuerung abschätzen zu können. Auch Zeitverschiebungen zwischen den jeweiligen Klimasteuerungsmechanismen und der Klimareaktion sind berücksichtigt. Das Gleichungssystem, aus dem dieses multiple statistische Modell besteht, erlaubt es nun, bei Vorgabe des Verhaltens einer beliebigen Einflußgröße den zugehörigen Klimaeffekt separat zu berechnen. Die gegenüber den üblichen deterministischen Klimamodellen große Einfachheit solcher statistischer Modelle ermöglicht die Berechnung von Klimaeffekten für eine große Zahl von Einflußgrößen und deren Kombination, auch jahreszeitlich und regional aufgeschlüsselt, in vergleichsweise kurzer Zeit. Dieser Vorteil wird allerdings mit dem Nachteil erkauft, daß es sich bei statistischen Berechnungen nie um strenge Beweise, sondern nur um Hypothesen bestimmter Wahrscheinlichkeit handelt.

Abbildung 44 zeigt nun die Simulation der Variationen der nordhemisphärisch gemittelten bodennahen Lufttemperatur von 1851 bis 1987, und zwar das Modell mit der besten Übereinstimmung mit den Beobachtungsdaten, im Vergleich mit diesen Beobachtungsdaten, jeweils in geglätteter Form. Man sieht, daß die Übereinstimmung, ausgenommen vor 1880, sehr gut ist. Daraus ist nun der vermutliche anthropogene Temperaturanstieg berechnet, wie er hypothetisch ohne natürlichen Klimaeinflüsse gewesen wäre. Abbildung 45 zeigt dazu, nunmehr im globalen Mittel, die vermutlich menschgemachte Temperaturerhöhung gegenüber dem vorindustriellen Niveau. Außer der Summe, dem sogenannten äquivalenten Anteil, ist auch der Beitrag angegeben, der allein auf CO_2 zurückgeht. Bei solchen Klimaeffekten, die sich einer bestimmten Ursache zuordnen lassen, spricht man, gleich ob bei deterministischen oder statistischen Klimamodellrechnungen, von Klimasignalen. Sie lassen sich wiederum mit der insgesamt modellierten bzw. beobachteten Variabilität, dem Klimarauschen, vergleichen.

Die Abbildungen 44 und 45 lassen nun erkennen, daß der anthropogene Zusatz-Treibhauseffekt, bezogen auf die bodennahe Weltmittel-

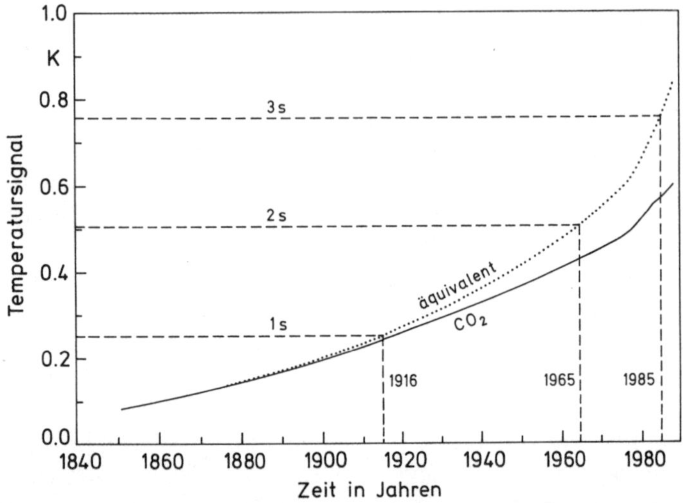

Abbildung 44 Beobachtete Schwankungen von 1851 bis 1987 der Mitteltemperatur auf der Nordhalbkugel der Erde, bodennahe Lufttemperatur (Abb. 15), in Form zehnjährig geglätteter Werte (ausgezogen) und Reproduktion dieser Schwankungen mit Hilfe eines statistischen Modells, das außer der Wirkung der Treibhausgase auch Einflüsse des Vulkanismus und der Sonnenaktivität enthält (gestrichelt). Daraus ist dann schließlich der durch den Menschen verursachte Zusatz-Treibhauseffekt (gepunktet) errechnet. Quelle: C.-D. Schönwiese und Mitarbeiter[41, 49].

temperatur, heute bereits in der Größenordnung von 0,8° C liegt, mit einer Unsicherheit von etwa 0,2° C, die sich aus der Verwendung verschiedener Hypothesen der natürlichen Klimasteuerung ergibt. Diese etwa 0,6 bis 1,0° C Temperaturerhöhung, mit dem CO_2-Anteil von 0,5 bis 0,7° C, liegt deutlich höher als der tatsächlich beobachtete Trend. Im IPCC-Bericht ist dieses Forschungsergebnis dadurch berücksichtigt, daß es dort heißt, zwar könnten die bisherigen Klimaschwankungen allesamt natürlichen Ursprungs sein, alternativ könnten aber auch natürliche Vorgänge in Wahrheit noch größere menschgemachte Klimaänderungen überdeckt, das heißt verringert und damit verschleiert haben. Die Verzögerungen zwischen Spurengaskonzentration und Klimaeffekt wird in diesen Untersuchungen[41] mit zwanzig bis vierzig Jahren abgeschätzt. Eine Hochrechnung auf eine atmosphärische CO_2-Verdopplung ergibt eine Temperaturerhöhung in der Größenordnung von rund 2,5 bis 4,5° C, in recht guter Übereinstimmung mit einigen deterministischen Klimamodellrechnungen. Schließlich läßt sich auch die Zeit

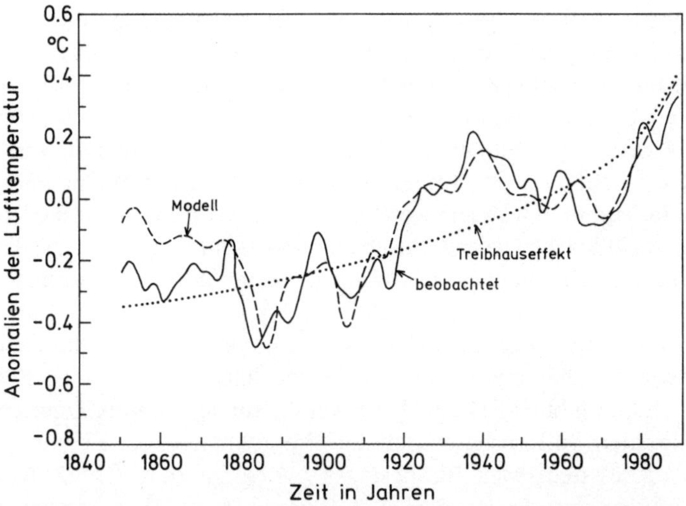

Abbildung 45 Aufschlüsselung des in Abbildung 44 (gepunktete Kurve) angegebenen Treibhauseffektes, das heißt der bisher eingetretenen Temperaturerhöhung aufgrund der von der Menschheit verursachten Emission von Treibhausgasen insgesamt, sog. »äquivalente« Schätzung (gepunktet) und aufgrund der CO_2-Emission allein (ausgezogen). Die Unsicherheit dieser Schätzungen liegt bei etwa 0,2° C, so daß der bisherige Treibhauseffekt bei rund 0,6–1,0° C liegt, somit höher ist als der insgesamt beobachtete Trend (s = Standardabweichung der Beobachtungsdaten). Quelle: wie Abbildung 44.

abschätzen, wann die durch den Menschen verursachten Klimaänderungen mit hoher statistischer Wahrscheinlichkeit nachweisbar sein werden, wann also das Signal-/Rauschverhältnis der treibhausbedingten globalen Erwärmung eine Signifikanz von 99 Prozent überschreiten wird: etwa um das Jahr 2000. Wir dürfen nicht vergessen: Auch das jahreszeitlich regionale Muster der aus den Beobachtungsdaten in dieser Weise statistisch hochgerechneten treibhausbedingten Temperatursignale ähnelt sehr dem der Klimamodellrechnungen und auch sehr den in Abbildung 18 wiedergegebenen beobachteten Trends, wobei die maximalen Signale allerdings mit bisher etwa 7° C, im arktischen Winter, wiederum deutlich höher als die beobachteten Trends sind.

Dies mag für folgende Feststellung genügen: Zwar sind die Klimamodellvorhersagen zum Treibhausproblem unsicher, zwar sind weiterhin diese Effekte in den Beobachtungsdaten noch nicht zweifelsfrei beweisbar, aber statistische Hypothesen auf der Grundlage dieser Daten und im Vergleich mit den deterministischen Klimamodellvorhersagen zeigen, daß die anthropogenen, weltweiten Klimaänderungen schon längst im Gang sind und diese Vorhersagen zumindest qualitativ und im Prinzip richtig sind. Zudem haben wir das Faktum der anthropogenen Veränderung der atmosphärischen Zusammensetzung, insbesondere den Anstieg der Treibhausgase, was zu Klimaänderungen führen muß. Und wir haben die Zeitverzögerung, so daß Abwehrmaßnahmen erst nach Jahrzehnten wirksam werden, erst in einer Zeit, in der die Effekte voraussichtlich bewiesene Tatsachen sind. Und wir haben die Fakten der Luftverschmutzung, der Waldrodungen, der Bodenverluste und Desertifikation. Alles dies, Fakten wie Risiken, sind genug, festzustellen, daß dringend gehandelt werden muß, wie dies Klimatologen und Fachkonferenzen immer wieder gefordert haben.

Auch hier gibt es Erfreuliches von der Bundesrepublik Deutschland zu berichten: In Konsequenz zu den Empfehlungen der Enquête-Kommission des deutschen Bundestages »Vorsorge zum Schutz der Erdatmosphäre« hat das Bundeskabinett am 13. 6. 1990 beschlossen, bezogen auf das Jahr 1987, eine 25prozentige Senkung der CO_2-Emissionen bis zum Jahr 2005 zu erreichen. Ähnlich der FCKW-Halon-Verbot-Verordnung hat damit Deutschland auch bei der Abwehr des Treibhausproblems eine Vorreiterrolle übernommen, die man nur begrüßen kann. Auch dieser Kabinettsauftrag zur CO_2-Emissionsminderung ist im Anhang dokumentiert.

Es darf aber nicht übersehen werden, daß es sich bei der Abwehr der Treibhausgefahr um ein viel komplexeres und schwierigeres Problem als bei der Vorsorge hinsichtlich des Ozonlochs handelt. Daher besteht über die einzuleitenden Maßnahmen, welche die CO_2-Emissionsverminderung letztlich realisieren sollen, weder im Bundeskabinett und schon gar nicht im politischen Spektrum dieses Landes eine einhellige Meinung. Eine Interministerielle Arbeitsgruppe hat inzwischen für die Bereiche Energie, Verkehr, Gebäude, neue Technologien sowie Land- und Forstwissenschaft konkrete Vorschläge erarbeitet. Die Diskussion um die verschiedenen Möglichkeiten der Lösungswege aber wird weitergehen. Noch mehr muß beunruhigen, wie wenig konkret international die Beschlußlage ist. Entsprechend allgemein und unverbindlich ist auch der Beschluß der Zweiten UN-Weltklimakonferenz, die ebenfalls auszugsweise im Anhang dokumentiert ist.

Man kann nur hoffen, daß die im Rahmen der UN-Umweltkonferenz im Juni 1992 (United Nations Conference on Environment and Development, UNCED) in Rio de Janeiro geplante Weltklimakonvention nicht in unverbindlichen Absichtserklärungen steckenbleibt.

8 Konsequenzen: Frieden mit Klima und Umwelt

Wissenschaftlern wird oft vorgehalten, sie würden lediglich die wissenschaftlichen Sachverhalte ihres Fachgebiets darstellen – wenn man Glück hat, nicht nur für Fachleute, sondern auch für die Allgemeinheit verständlich –, aber sie würden keine Konsequenzen daraus ziehen. Nicht selten läßt tatsächlich die allgemeinverständliche Ausdrucksweise zu wünschen übrig. Auf der anderen Seite bleiben wissenschaftliche Warnungen oft unbeachtet, insbesondere wenn die Probleme erst langsam auftauchen; die warnenden Wissenschaftler gleichen dann einsamen Rufern in der Wüste, zumal sie auch über keine Lobby verfügen. Unterschiedliche Auffassungen, die es in der Wissenschaft zumindest in Detailfragen immer gibt, mögen zusätzlich verwirren.

Im Klimabereich hat es an frühen Warnungen wahrlich nicht gefehlt. Hinzu kommt der hier immer wieder betonte und im Anhang teilweise dokumentierte IPCC-Bericht: Klimatologen der Welt im Konsens. Berücksichtigt man, daß zu jeder Zahlenaussage eine Unschärfe gehört und unterscheidet man gewissenhaft Fakten, Bandbreiten, Wahrscheinlichkeiten und Nicht-Wissen, wie im IPCC-Bericht geschehen, so ist eigentlich die Zeit vorbei, in der ernsthaft krasse Gegenpositionen vertreten und Klimatologen gegeneinander ausgespielt werden könnten. Die meisten der dennoch abweichenden Meinungen sind darauf zurückzuführen, daß man sich mit dem IPCC-Bericht nicht genügend beschäftigt hat oder in der Klimaforschung im engeren Sinn nicht besonders kompetent ist. Diese Kompetenz läßt sich übrigens anhand von Veröffentlichungen aktueller Beiträge in begutachteten Zeitschriften leicht nachprüfen.

Dies ist deswegen wichtig, weil die erste Konsequenz lauten muß: Wir brauchen korrekte, ideologiefreie und abgewogene Informationen von fachlich kompetenter Seite. Nicht ohne Grund war das erste Kapitel dieses Buches dem Informationsproblem gewidmet. Ansonsten sind in den einzelnen Kapiteln immer wieder Konsequenzen gezogen worden. Alles, was wesentlich darüber hinausgeht, überschreitet den Kompetenzbereich des Klimatologen, und wird zum interdisziplinären

Problem, das nur in entsprechend interdisziplinärer Weise gelöst werden kann. Dementsprechend beruhen die Empfehlungen der Enquête-Kommission des deutschen Bundestages »Vorsorge zum Schutz der Erdatmosphäre«[1] – seit 1991 gibt es die Nachfolge-Kommission »Schutz der Erdatmosphäre« – auf einer Vielzahl von Hearings, Gutachten, Studien und Publikationen. Wenn auch der Klimatologe nicht mit allen dortigen Fachaussagen einverstanden sein kann – die Klimadiagnose war eben auch dort nicht vertreten – so ist dies doch im Prinzip der richtige Weg. Der sehr umfangreiche Bericht dieser Kommission ist allgemein zugänglich und unter anderem von Peter Stichel[2] aus physikalisch-energetischer Sicht diskutiert worden. Im großen und ganzen ist dieser Enquête-Bericht sehr anerkennenswert und den Empfehlungen kann man nur zustimmen, wobei allerdings gesehen werden muß, daß es hinsichtlich der Kernenergie kein einheitliches Votum gegeben hat, sondern drei Alternativen: Ausstieg, Ausbau und einen als Engergiepolitik-Szenario bezeichneten Kompromiß, der weder Ausbau noch Ausstieg vorsieht, jedoch keine allgemeine Zustimmung fand.

Es ist eine Binsenweisheit, daß es auch auf dem Gebiet der Kernreaktortechnik Fachleute gibt und nicht zuletzt eine internationale Behörde, die International Atomic Energy Organization (IAEO) mit Sitz in Wien, der man den Vorwurf von Inkompetenz und Leichtfertigkeit sicher nicht machen kann. Wir sind also nicht auf Emotionen oder Vermutungen angewiesen. Die IAEO empfiehlt seit längerem die Stillegung mehrerer Kernreaktoren aus Sicherheitsgründen, darunter in Greifswald, was nach dem Zusammenbruch der DDR endlich geschehen ist, und Kosloduj in Bulgarien, was leider trotz etlicher Störfälle (1991) nicht geschieht, weil die IAEO wie die UN generell die Souveränität der Nationen nicht überwinden und somit keine Beschlüsse durchsetzen kann. Dies gehört zu den vielen Unzulänglichkeiten der Menschheit, die geändert werden müßten; denn unsichere Kernkraftwerke gefährden nicht nur die eigene Nation, sondern auch andere, und wahrscheinlich wäre uns die Reaktorkatastrophe von Tschernobyl (1986) erspart geblieben, hätte die IAEO internationale Weisungsbefugnis.

Es ist auch eine Binsenweisheit, daß es neben sehr unterschiedlichen Sicherheitsstandards sehr unterschiedliche Reaktortypen gibt. So hat beispielsweise die Kernreatoranlage von Tschernobyl (UdSSR) mit der von Biblis (Deutschland) etwa so wenig zu tun, wie ein offenes Feuer im Wald mit einem Kachelofen. Freilich ist es auch eine Binsenweisheit, daß keine Reaktortechnik völlig risikofrei ist, auch wenn gewisse

Reaktorlinien möglicherweise eine Entwicklung zur sogenannten inhärenten Sicherheit gestatten, bei der trotz beliebig vieler Fehler und Versagen von Sicherheitseinrichtungen eine Kernschmelze, also ein unkontrolliertes Hochgehen (GAU) aus physikalischen Gründen ausgeschlossen ist.

Aber was auf dieser Welt ist schon ohne Risiko? Im Bereich der Energienutzung ist das eigentlich nur die Einsparung und die Effektivitätssteigerung, die aber selbst keine Technologie ist. Tschernobyl hat 31 Tote gefordert, bei der Londoner Smog-Katastrophe waren es einige tausend, weitere Tote durch Spätfolgen sind in beiden Fällen anzusetzen, wobei im Fall von Tschernobyl bei nicht zu großer Realitätsferne Zahlen bis in die Größenordnung von tausend auftauchen. Wer aber erinnert sich noch an den Staudammbruch 1980 in Indien, der etwa 2000 Tote gefordert hat und das Risiko der Wasserkraft vor Augen führt. Wie problematisch auch diese Energieform ist, zeigt die Diskussion um Tucurui-Stausee in Brasilien, dem 2100 Quadratkilometer tropischer Regenwald zum Opfer gefallen sind, und außerdem können erhebliche CH_4-Ausgasungen durch absterbende Vegetation unter Wasserabschluß auftreten. 1982 starben in Afghanistan ungefähr 1100 Menschen als Folge des Zusammenstoßes von Öl-Tankwagen in einem Tunnel, 1984 waren es etwa 500 Menschen nach einer Explosion einer Öl-Pipeline. 1989 führte die Havarie eines Öltankers vor Alaska, bei dem schwersten der bisher schon sehr vielen Tankerunfälle, zu einer Ölpest, welche die Küste in einer Länge von 1600 Kilometern verseuchte und über 250000 Seevögel tötete sowie ökologische Schäden für Jahrzehnte hinterließ. Im Golfkrieg wurde das Öl als Waffe eingesetzt. Wer zählt die Toten des Kohlebergbaus und der dadurch verursachten Luftverschmutzung? Es gibt Abschätzungen, wonach jährlich etwa drei Millionen Menschen auf der Welt den Rauchertod sterben. Im Verkehrsbereich wird man wohl mindestens mit 100000 Tote pro Jahr rechnen müssen.

Solche Fakten[3] und Risiken müssen erwähnt werden, weil manche Menschen eindimensional denken, das heißt, sich nur auf einen Ursache-Wirkung-Mechanismus konzentrieren können. Sie laufen dann Gefahr, bestimmte Risiken auszublenden und dabei andere zu vergessen. Ein sinnvolles Vorgehen aber muß alle erkennbaren Risiken erfassen, bewerten und den Weg des geringsten Gesamtrisikos suchen und gehen. Um dies nachzuvollziehen, sind korrekte Informationen erforderlich, und wir sind wieder bei den Gedanken zu Beginn dieses Kapitels angelangt. Dieser Exkurs zur Kernenergie mit der Risikobetrachtung, wenn auch nur knapp und andeutungsweise war aber notwendig, weil gerade hierzulande die Diskussion um die Kernenergie oft einseitig und emotional geführt wird. Es hat wenig Sinn, wenn das Land mit dem höchsten Sicherheitsstandard aus der Kernenergie aussteigt, die dazu beiträgt, daß ein beträchtlicher Anteil des CO_2-Ausstoßes in die Atmosphäre vermieden wird, während die meisten anderen Länder mit teilweise haarsträubenden, man muß schon sagen mit Unsicherheitseinrichtungen, weiterarbeiten. Nach neueren Einschätzungen müßten praktisch alle Kernkraftwerke Osteuropas stillgelegt werden. Wieder muß die Weisungsbefugnis der IAEO gefordert werden. Offensichtlich hohe Risiken sind hier wie überall untragbar.

Kommen wir nun also zur Zusammenfassung der klimatologischen und damit zusammenhängenden Konsequenzen der dargestellten Sachverhalte, was hier nur in sehr pauschaler Form geschehen kann. Die Forderungen lauten:

- Vernichtung aller Atomwaffen, um nukleare Kriege auszuschließen und drastische Reduktion aller sonstigen Rüstung und Waffenarsenale, damit die frei werdenden Geldmittel für soziale und umweltrelevante Maßnahmen verwendet werden können;
- Vegetations- und Bodenschutz, insbesondere in den Tropen, einschließlich wirksamer Maßnahmen zur Reinhaltung von Luft, Wasser und Boden; eine gewisse Entlastung der Klimaproblematik bringt sicherlich eine Zunahme lebender Biomasse wie Aufforstungen, die Produktion von Rapsöl als Ersatz für Diesel-Kraftstoff und vieles andere;
- Verbot aller Substanzen, die im Verdacht stehen, das stratosphärische Ozon abzubauen (FCKW, Halone u. a.);
- Wirksame Emissionsminderung aller Gase, die den Treibhauseffekt verstärken und dadurch zu weltweiten Klimaänderungen führen (CO_2, CH_4, FCKW, N_2O, O_3-Bildner u. a.).
- Ingangsetzen allen sonstigen Maßnahmen, die der Erhaltung einer lebensfreundlichen und ökologisch gesunden Umwelt dienen.

Dabei sind, neben der Abrüstung, die Problemkreise »Vegetations- und Bodenschutz« sowie »Treibhauseffekt« besonders komplex, so daß auch die entsprechenden Vorsorge- und Abwehrmaßnahmen sehr vielschichtig und oft schwer zu erreichen sind. Zudem handelt es sich ja generell um Weltprobleme, bei denen Maßnahmen einzelner Länder höchstens Vorreiter- oder Signalwirkung haben können.

Einige wesentliche Gesichtspunkte zum Treibhausproblem sollen hier noch einmal genannt sein. Dazu rufen wir uns, bezogen auf einen

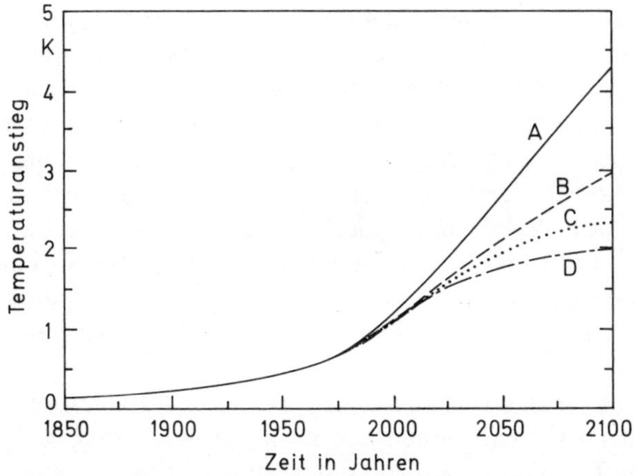

Abbildung 46 Anstieg der Weltmitteltemperatur aufgrund des Treibhauseffektes nach Klimamodellrechnungen, mittlere, sogenannte Bestschätzung (vgl. Abb. 34), bei Trendfortschreibung der menschlichen Aktivitäten, Szenario A (ausgezogen) und bei bestimmten Annahmen über Reduktionen der Emission von Treibhausgasen. Am weitesten geht das Szenario D (strichpunktierte Kurve), das weltweit eine Halbierung der CO_2-Emissionen bis zum Jahr 2050 vorzieht; in diesem Fall würde die Erhöhung der Weltmitteltemperatur bis etwa 2° C über den vorindustriellen Wert hinausgehen und sich dann einpendeln. Quelle: IPCC[4].

Hundert-Jahre-Zeithorizont, die Beiträge der einzelnen Spurengasemissionen zum anthropogenen Zusatz-Treibhauseffekt in Erinnerung (Tabelle 9 und 10, jeweils IPCC-Angaben): CO_2 61 Prozent, CH_4 15 Prozent, FCKW 11 Prozent, N_2O 4 Prozent, weitere, insbesondere O_3 und stratosphärischer Wasserdampf 9 Prozent. Die größte Gefahr geht daher vom CO_2 aus, wobei der größte Anteil aus der Nutzung fossiler Energie stammt. Danach folgen die Problemkreise Vegetations- und Bodenzerstörung, insbesondere Waldrodungen, und Landwirtschaft. Wählt man statt eines hundert- einen zehnjährigen Bezugszeitraum, nämlich die gerade hinter uns liegenden achtziger Jahre, so läßt sich auch folgende Rangfolge angeben: fossile Energie 46 Prozent, FCKW, Halone usw. 24 Prozent, Waldverluste 18 Prozent, Landwirtschaft 9 Prozent, als Rest verbleiben 4 Prozent. Ein Ausstieg aus der FCKW- und Halon-Nutzung wäre innerhalb weniger Jahre möglich. Theoretisch wäre auch ein Stopp der Waldrodungen und, etwas langfristiger, ein wirksamerer Vegetations- und Bodenschutz möglich; in der Praxis stößt dies jedoch auf große Hemmnisse.

Es muß daher alles mögliche unternommen werden, um neben dem Verbot von FCKW, Halonen und weiteren Substanzen, wie Tetrachlorkohlenstoff, auch großräumige Waldrodungen sowie allgemein einen wesentlich wirksameren Vegetations- und Bodenschutz zu erreichen. Dies ist nicht nur mit dem Klimaproblem im engeren Sinn, sondern auch mit notwendigen energischen Fortschritten im Bereich Reinhaltung von Luft, Wasser und Boden verknüpft. Alle diese Entlastungen von Klima und Umwelt sollten unbedingt noch in diesem Jahrhundert erreicht werden, und zwar nicht in zaghaften Ansätzen, sondern in international abgestimmten Maßnahmen, die auch quantitativ befriedigen.

Bleibt als zentrales, aber nur längerfristig lösbares Problem die Reduktion der CO_2-Emissionen aus fossilen Energieträgern. Das IPCC nennt eine Reduktionszahl von mindestens 60 Prozent, um das Klima zu stabilisieren. Was Stabilisierung heißt, führt uns Abbildung 46 vor Augen: Unternehmen wir nichts auf diesem Sektor, so wird sich die bodennahe Weltmitteltemperatur bis zum Ende des kommenden Jahrhunderts nach mittlerer IPCC-Schätzung um mehr als 4° C erhöht haben, in rund hundert Jahren um mehr, als es natürliche Klimaschwankungen in vielen Jahrmillionen zustande bringen. Wird die vom IPCC geforderte CO_2-Reduktion etwa bis zum Jahr 2050 erreicht, so steigt die Weltmitteltemperatur immer noch um ca. 2° C über das vorindustrielle Niveau hinaus, dies nach mittleren Schätzungen, die eine Unsicherheitsbandbreite von etwa 1 bis 2° C aufweisen. Das ist mehr, als im Rahmen der natürlichen Klimaschankungen in den letzten 10000 Jahren aufgetreten ist. Daraus muß der Schluß gezogen werden, daß erhebliche anthropogene Klimaänderungen gar nicht mehr zu verhindern sind.

Um jedoch das Schlimmste zu verhüten, müssen gewaltige Anstrengungen unternommen werden. Abbildung 47 faßt die CO_2-Reduktionsempfehlungen der bereits mehrfach zitierten Enquête-Kommission zusammen. Danach müssen die Industrieländer, um dem Bevölkerungswachstum und dem steigenden Energiebedarf der Entwicklungsländer entgegenzuwirken, bis zur Mitte des kommenden Jahrhunderts zu einer CO_2-Reduktion um rund 85 Prozent kommen. Diese Empfehlung, die man als Klimatologe nur unterstreichen kann, stellt ohne Frage eine der größten Herausforderungen an die Menschheit dar, wobei man dies freilich mit der Forderung nach einer Verlangsamung und schließlich Beendigung des Weltbevölkerungswachstums verknüpfen muß, sonst helfen alle CO_2-Reduktionsmaßnahmen der Industrielän-

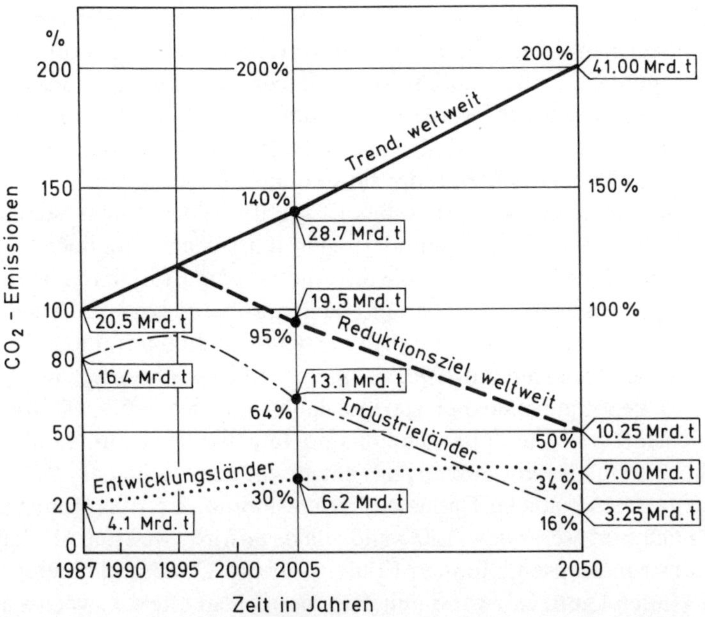

Abbildung 47 Vorhersage der weltweiten CO_2-Emission nach den Aussagen der Weltenergiekonferenzen (obere Kurve) und Reduktionsziel nach den IPCC-Forderungen (entsprechend dem Szenario D in Abb. 46), wobei das Bezugsjahr hier 1987 ist und nur die CO_2-Emissionen aus der fossilen Energie erfaßt sind (vgl. Tabelle 10). Um dieses Reduktionsziel weltweit bis zum Jahr 2005 beziehungsweise 2050 zu erreichen, müssen bei Berücksichtigung des Zuwachses an Energiebedarf in den Entwicklungsländern die Industrieländer überproportional reduzieren, nach der hier wiedergegebenen Empfehlung um 84 Prozent bis zum Jahr 2050. Quelle: Enquête-Kommission des deutschen Bundestages »Vorsorge zum Schutz der Erdatmosphäre«[1].

der langfristig nur wenig. Und der genannte CO_2-Reduktionsplan der Bundesregierung, 25 Prozent bis zum Jahre 2005 kann dabei nur ein Einstieg sein, dem – international und längerfristig – eine weitaus größere Reduktion folgen muß.

Gelegentlich werden Gegenmaßnahmen zum Treibhauseffekt vorgeschlagen, von denen man sich verspricht, die Emissionsminderungen vielleicht umgehen zu können oder weniger ehrgeizig anpacken zu müssen. Da taucht beispielsweise die Idee auf, durch Raketen die Hochatmosphäre mit Schwefelpartikel zu impfen, um – ähnlich dem Vulkanismus – der Treibhauswärme entgegenzuwirken. Oder es wird angeregt, CO_2 tiefzugefrieren und mittels Rohrleitungen im Ozean unterhalb etwa drei Kilometern Tiefe zu versenken, weil man hofft, dieses »entsorgte« CO_2 würde in der Tiefe bleiben. Vor solchen Vorschlägen muß dringend gewarnt werden, denn abgesehen vom dafür notwendigen Energieaufwand, sind alle diese Maßnahmen nicht frei von unerwünschten Nebeneffekten, oder sie sind nicht sicher genug.

Nicht noch mehr, sondern weniger Eingriffe in das Klimasystem sind erforderlich. An Emissionsminderungen führt daher kein noch so ausgeklügelter Weg vorbei. Und die Alternative, die Biosphäre zur Entlastung einzuspannen, scheitert am Flächenproblem, so daß sie nur partiell helfen kann. Denn wollte man den CO_2-Ausstoß nur durch die fossile Energie, bezogen auf 1990, in einem schnell wachsenden Wald binden, so benötigte man bei Hartholzlaubwald, der rund 600 Tonnen Kohlenstoff pro Quadratkilometer und Jahr binden kann, rund zehn Millionen Quadratkilomenter; das entspricht der Fläche der USA. Außerdem ist eine solche Entlastung nur während der Wachstumsphase und auch nur, wenn das Holz »endgelagert« wird, wirksam. Eukalyptus, der rund tausend Tonnen Kohlenstoff pro Quadratkilometer und Jahr binden kann, ist zwar damit etwa doppelt so effektiv, wächst aber nur in besonderen Klimazonen und ist deshalb weniger universell einsetzbar.

Nimmt man die Klimagefahr also ernst und identifiziert man sich mit der fünfundachtzigprozentigen CO_2-Reduktionsforderung für die Industrieländer, so darf kein einziger ernsthafter und verantwortungsbewußter Vorschlag, der uns an diese Forderung heranführt, unberücksichtigt bleiben, sofern es sich tatsächlich um Emissionsminderungen handelt. Bei dieser Größenordnung kann es nämlich kein einzelnes Patentrezept, sondern nur ein ganzes, vielfältiges Bündel von Maßnahmen geben, immer unter dem schon genannten Prinzip der Minimierung des Gesamtrisikos, wobei dann selbstverständlich, da keine Technologie vollkommen risikofrei ist, nur die Wahl relativ kleinerer Übel bleibt, um größere Übel zu vermeiden; alles andere ist leider Traumtanz.

Das bedeutet selbstverständlich auch, daß die Kernenergie in diese Diskussion mit einbezogen werden muß. Es muß ja nicht der Schnelle Brüter und die mit, allerdings technisch vermeidbarer, Krypton-85-Emission verbundene Wiederaufbereitung von Kernbrennstäben sein; Krypton-85 ist kein Treibhausgas, kann aber, in noch nicht ganz geklärter Weise, auf die Wolken- und Niederschlagsbildung, insbesondere über den Ozeanen, Einfluß nehmen. Es müssen auch schon gar nicht solche Reaktoren sein, die von der IAEO als nicht tragbares Risiko eingestuft werden. Die technische Entwicklung ist auch auf diesem Gebiet noch nicht abgeschlossen. Und auch muß klar gesagt werden: Sollten Lösungswege mit geringerem Risiko, als sie bei verschiedenen Reaktortechniken und -realisationen vorhanden ist, im gewünschten Umfang zu realisieren sein, dann wäre es unverantwortlich, am größeren Risiko der Kernenergie festzuhalten. Ebenso ist es aber auch falsch, aus der Kernenergie ganz auszusteigen und größere Risiken, zu denen auch der Kraftverkehr gehört, ohne weiteres in Kauf zu nehmen. Dabei ist, auch das ist eine Selbstverständlichkeit, letztlich vieles eine quantitative Frage. Keiner will aus der fossilen Energie oder dem Kraftverkehr vollständig aussteigen, es geht um Reduktionen, die insgesamt und bei minimalem Gesamtrisiko das Ziel einer fünfundachtzigprozentigen Abnahme der CO_2-Emissionen der Industrieländer sicherstellen. Diese eigentlich simplen Überlegungen bedeuten auch, daß die Wege mit dem geringsten Risiko zuerst begangen werden müssen. Dazu gehören die maximale Steigerung des Anteils regenerativer Energieträger, wie der Solarenergie, und vor allem Effizienzsteigerungen auf dem gesamten Energiesektor, bevor etwa an einen Ausbau der Kernenergie gedacht werden sollte. Fassen wir also die wichtigsten erforderlichen Maßnahmen auf dem CO_2-Energiesektor zusammen:

- Effizienzsteigerung bei Erzeugung und Nutzung von Energie;
- Reduktion des Anteils fossiler Energieträger; Substitution innerhalb der fossilen Energieträger, beispielsweise zugunsten von Erdgas;
- Bevorzugung umweltfreundlicher Verkehrsmittel;
- geringere Inanspruchnahme, also echte Einsparung von Energie.

Es sei noch erwähnt, daß in Westdeutschland fast 20 Prozent der CO_2-Emissionen aus dem Verkehrsbereich kommen. Die Benutzung von Bahn und sonstigen öffentlichen Verkehrsmitteln anstelle des eigenen Autos, oder soweit möglich und noch besser, mit dem Fahrrad oder zu Fuß sein Ziel zu erreichen, muß die Konsequenz daraus heißen. Kraftfahrzeuge stoßen ja nicht nur CO_2 aus. Der Ersatz fossiler Energieträger wie das Erdgas setzt pro Heizwert wesentlich weniger CO_2 frei, auch weniger Schadgase, als Öl und Kohle (Tabelle 14). Geringerer Verbrauch von Energie heißt aber auch Reduzierung von Verpackungsmaterial, dessen Herstellung Energie kostet, und dessen Entsorgung die Müllberge aufhäuft, die derzeit in Deutschland jährlich schon über 30 Millionen Tonnen betragen, davon sind 5 Millionen Tonnen Sondermüll; im Vergleich dazu betragen die radioaktiven Abfälle aus Kernreaktoren etwa 15000 Tonnen, davon sind 500 Tonnen hochaktiv. Die vom Bundesumweltministerium in Gang gesetzte Kette von Verpackungsvorordnungen ist hier im Prinzip sicher der richtige Weg. Neben den Abgasnormen für Kraftfahrzeuge wäre freilich auch eine raschere Marktdurchsetzung wesentlich sparsamerer Motoren zu wünschen.

Bei allen diesen Zielvorstellungen im Energie- und Verkehrsbereich muß man sich auch die Frage nach der Durchsetzbarkeit stellen. Noch immer bilden Ökologie und Ökonomie, zumindest in der Praxis, ein Gegensatzpaar. Richtig verstandene Ökonomie muß aber das Haushalten mit Ressourcen und Naturgütern sicherstellen. So müssen besonders die sogenannten externen Kosten berücksichtigt werden, das heißt, die von der Ökonomie angerichteten Schäden, und zwar nicht nur die heutigen, sondern – gerade im Zusammenhang mit dem Klima – auch die künftigen[5]. Auch wenn die traditionelle Ökonomie damit im allgemeinen noch überfordert ist, müssen diese Denkweisen möglichst bald Eingang in die Praxis finden. Unter solchen, leider bisher nicht berücksichtigten Gesichtspunkten rechnet sich etwa die Solarenergie weitaus günstiger als nur in den derzeit üblichen Kilowatt-Preisen der Energieversorger. Denn die externen Kosten der Solarenergie sind eben weitaus geringer als die der fossilen und nuklearen Energie. Da eine intakte Umwelt durch nichts zu ersetzten ist, müßte uns ihr Erhalt dies wert sein. Die Konsequenz heißt also: kräftige Besteuerung umweltbelastender Technologien und umfassende Investitionen bei umweltfreundlichen Verfahren. Ein Klimatologe muß sich zweifellos zu solchen Fragen äußern, damit die Konsequenzen aus seinem Fachwissen gezogen werden können, zumal diese Fragen von so großer Bedeutung für die Menschheit sind. Kommen wir auf die Klimatologie zurück, so mag die Frage erlaubt und von Interesse sein, was sich ein Klimatologe angesichts der in diesem Buch geschilderten Problematik am meisten wünscht; es ist folgendes:

- Zustandekommen einer wirksamen und breit angelegten UN-Konvention zum Schutz von Klima und Umwelt, möglichst schon 1992 im Rahmen der geplanten UN-Umweltkonferenz in Brasilien[6].
- Objektive und sachliche Information der Öffentlichkeit sowie der Entscheidungsträger in Politik, Wirtschaft und sonstigen gesellschaftlichen Gruppen, wobei wirklich kompetente Wissenschaftler zu Wort kommen sollten; dies schließt ein, daß Medien auf einseitige und überzogene Darstellungen verzichten und bei den Wissenschaftlern, mit denen sie kooperieren, mehr auf Kompetenz achten sollten; das heißt auch, das Wissenschaftler allein aufgrund ihrer Kompetenz in politische Beratungsgremien und Delegationen berufen

werden sollten und nicht aufgrund von Parteizugehörigkeit oder Affinität zu gewissen Schaltstellen der Behörden.

- Ermöglichung angemessener Forschung im Umweltbereich, besonders an Universitäten, mit der nötigen Zuordnung von Personal und Raum, ohne allzu viele zeitraubende Verwaltungsaufgaben. Gegenüber Großforschungseinrichtungen sind Universitäten nämlich oft in unangemessener Weise benachteiligt.
- Orientierung der Forschungsförderung (Drittmittel, die außerhalb der Universitäten eingeworben werden müssen) in ausgewogener Weise an allen wichtigen Aspekten, hier des Umweltbereiches ohne modische Einschränkungen; so werden zum Beispiel Zusammenhänge zwischen Vulkanismus und Klima nicht erst dann wichtig, wenn zufällig ein Vulkan ausbricht.
- Adäquate Berücksichtigung der naturwissenschaftlichen Grundlagen der Umweltproblematik im Schulunterricht, wofür sich vor allem die physische, also naturwissenschaftlich ausgerichtete Geographie anbietet, in Ergänzung dazu auch der Biologie-, Chemie- und Physikunterricht.
- Stärkere Beachtung wissenschaftlicher Verbände, die bestimmte Fachrichtungen aber auch fachübergreifende Problemkreise repräsentieren und bearbeiten. Als Beispiele seien genannt: Meteorologische Gesellschaft, Arbeitskreis Energie der Physikalischen Gesellschaft, Studiengruppe Entwicklungsprobleme der Industriegesellschaft, Gesellschaft Verantwortung in der Wissenschaft und nicht zuletzt Autorenkreis Sachdialog Naturwissenschaft und Medien; dies jeweils in Deutschland, aber auch die Amerikanische Meteorologische Gesellschaft oder die Europäische Geophysikalische Gesellschaft sollen hier genannt sein. Von besonderem Rang ist zweifellos die wissenschaftliche Arbeitsgruppe des IPCC.

Der Autorenkreis »Sachdialog Naturwissenschaft und Medien« bietet Kontakte zu fachlich kompetenten Wissenschaftlern und will so zu mehr Sachlichkeit und Ausgewogenheit der Berichterstattung in den Medien beitragen. Erwähnenswert ist in diesem Zusammenhang auch die Kontaktstelle Umwelt des Forschungszentrums für Umwelt und Gesundheit. Einige Anschriften sind im Anhang angegeben.

Wie so oft, bleibt vieles ungesagt. Das Gesagte hat hoffentlich zu ausgewogener Information und einigen Denkanstößen beigetragen. Ein letzter Gedanke soll noch hervorgehoben werden: Kaum etwas auf dieser Welt ist wichtiger als Friede, wobei wir zunächst, wenn wir dieses Wort hören, an Frieden ohne Waffen denken. Hier aber soll zu einem weiteren Frieden aufgerufen werden, dem Frieden mit Klima und Umwelt. Es wäre töricht, wenn wir nicht einsehen würden, daß es sich bei der Umweltproblematik um einen Krieg gegen uns selbst handelt. Aus religiöser Sicht, um der Schöpfung willen, aber auch ganz allgemein um uns und unserer Kinder willen, müssen wir diesen Frieden schließen. Alle richtigen und guten Argumente, ohne ideologische oder emotionale Scheuklappen, die uns diesem Frieden näher bringen, sind willkommen und notwendig. Und das Wichtigste ist, daß von den vielen Diskussionen, Plänen und Absichtserklärungen endlich zu weltweiten, konkreten und wirksamen Maßnahmen übergegangen wird.

Anhang

Tabelle 1 Chemische Zusammensetzung der Atmosphäre (Bodennähe, trockene, reine Luft)

	Gas, chemisches Symbol	Prozent		ppm
	Stickstoff, N_2	78,08		
	Sauerstoff, O_2	20,95		
	Argon, Ar	0,93		
→	Kohlendioxid, CO_2	0,035	=	350*
	Neon, Ne			18
	Helium, He			5
→	Methan, CH_4			1,7*
	Krypton, Kr			1,1
	Wasserstoff, H_2			0,5
→	Distickstoffoxid, N_2O			0,3*
	Xenon, Xe			0,1
→	Ozon, O_3			0,03**
	...			
→	FCKW (R 11 + R 12)			0,0008
	...			

* Untere Atmosphäre (Troposphäre) steigend.

** Wie oben, obere Atmosphäre (Stratosphäre) jedoch fallend (dort Mittelwert bei 5–10 ppm).

→ Treibhausgase

Quelle: C.-D. Schönwiese[1, 2]

Tabelle 2 Geologische Zeitgliederung und Klima

Millionen Jahre vor heute	Ära (Zeitalter)	Formation (Periode)	Klima (E = Eiszeitalter, W = eisfreies Warmklima)	
	Neozoikum (Känozoikum, Cenozoikum)	Quartär (Holozän seit 10 000 Jahren v. h., davor Pleistozän)	E	*Quartäres Eiszeitalter,* global Im Holozän Neo-Warmzeit, davor Wechsel zwischen relativen Kalt- und Warmzeiten.
2–3		Tertiär	W	Europa warm-feucht, im frühen Tertiär allmähliche, dann stärker einsetzende Abkühlung; in der zweiten Hälfte beginnende Vereisung der Südhemisphäre (Antarktis).
65	Mesozoikum	Kreide		In Europa warm-feucht
135		Jura		
190		Trias		In Europa warm-trocken
225	Paläozoikum	Perm	E	*Permokarbonisches Eiszeitalter,* Südhemisphäre (»Gondwana-Vereisung«).
280		Karbon		
345		Devon	W	
395		Silur	E	*Silur-Ordovizisches Eiszeitalter,* hemisphärisch (besonders Nordafrika).
430		Ordovizium		
500		Kambrium	W	
570	Präkambrium (Eozoikum)	(Eokambrium)		
650			E	*Eokambrisches Eiszeitalter I,* wahrscheinlich global.
			W	
			E	*Eokambrisches Eiszeitalter II,* wahrscheinlich global.
750		Algonkium (Proterozoikum)	W	
950			E	*Algonkisches Eiszeitalter,* vermutlich hemisphärisch (besonders Europa).
2000		Archaikum	W	
2300			E	*Archaisches Eiszeitalter,* vielleicht global (»Huronische Eiszeit«).
			W	

Quelle: C.-D. Schönwiese[1], vereinfacht, nach verschiedenen Primärquellen, insbesondere H. H. Lamb[3]

Tabelle 3 Übersicht der Eisgebiete der Erde

Region	Fläche (in Mill. km^2)	Volumen (in Mill. km^3)	mittlere Dicke (in Kilometern)	Meeresspiegel-Äquivalent* (in Metern)	Turn-over Zeit** (in Jahren)
Antarktis	12,0	29,0	2,5	65	15 000
Grönland	1,7	3,0	1,6	7	5 000
außerpolare Gebiete	0,6	0,1	0,2	0,4	50–1 000

Geschätzte Flächenanteile während der Würm-Kaltzeit, jeweils in Millionen km^2: Antarktis 13,8; Grönland 2,3; Nordamerika 13,4; Skandinavien und Großbritannien 13,8; Asien 4,0; Südamerika 2,3; Gesamtsumme ca. 44 Millionen km^2 gegenüber heute ca. 14 Millionen km^2.

* Beitrag zur Meeresspiegelerhöhung im Fall eines totalen Abschmelzens (Gesamtsumme hier 72–73 m, nach anderen Autoren ca. 80 m).

** Umwälzzeit, das ist die Zeit, die ein Partikel benötigen würde, um von der obersten bis in die unterste Schicht zu gelangen, gleichzeitig Orientierung über mögliche relative Abschmelzzeiten, die sich jedoch bei stärkerem Temperaturanstieg beschleunigen würden.

Quellen: IPCC[5], C.-D. Schönwiese[4]

Tabelle 4 Schadstoff-Freisetzung verschiedener fossiler Energieträger in Kilogramm pro Tonne SKE (Steinkohleneinheiten)
CO_2 siehe Tabelle 14

Quellen	Emissionen (Mittelwerte kg/t SKE)				
	SO_2	NO_x	C_mH_n	CO	Staub (St), Ruß (Ru), Blei (Bl)
Steinkohle in Kraftwerken	26,0	7,0	0,1	0,5	3,5 (St) 0,01 (Bl)
Steinkohle bei industrieller Nutzung	26,0	6,5	0,5	5,0	6,7 (St) 0,02 (Bl)
Steinkohle bei privater Nutzung	20,0	1,5	5,0	50,0	24,00 (St) 0,07 (Bl)
Braunkohle in Kraftwerken	23,0	8,5	0,1	0,1	4,5 (St) 0,015 (Bl)
Heizöl (S) bei industrieller Nutzung + in Kraftwerken	23,0	5,0	0,8	0,2	1,5 (St)
Heizöl (L) bei industrieller Nutzung	8,0	5,0	0,8	0,2	1,5 (St)
Heizöl (L) bei privater Nutzung	8,0	1,5	0,2	1,0	0,2 (St)
Gas in Kraftwerken + Industrie	–	5,0	–	–	–
Gas bei privater Nutzung	–	1,5	–	–	–
Benzin im Straßenverkehr	0,38	9,5	9,0	245,0	0,38 (Bl)
Diesel im Straßenverkehr	3,8	7,3	1,8	28,5	1,5 (Ru)

SO_2 = Schwefeldioxid, NO_x = Stickoxide (NO, NO_2 usw.), C_mH_n = Kohlenwasserstoffe, CO = Kohlenmonoxid.

Quelle: K. Heinloth[6]

Tabelle 5 Grenzwerte der Schadstoffbelastung in Deutschland nach »Technischer Anleitung (TA) Luft« sowie maximalen Imissions- (MIK) und Arbeitsplatz- (MAK) Konzentrationen in Milligramm pro Kubikmeter

Schadstoff-komponente	TA-Luft		MIK-Werte			MAK-Werte
	1 a	½ h	½ h	24 h	1 a	
SO_2	0,14	0,40	1,00	0,30	0,10	5,0
CO	10,00	30,00	50,00	10,00	10,00	33,0
NO_2	0,08	0,20	0,20	0,10	–	9,0
NO	–	–	1,00	0,50	–	–
O_3	–	–	0,15	0,05	0,05	0,2
Staub	0,15	0,30	0,45	0,30	0,15	–

SO_2 = Schwefeldioxid, CO = Kohlenmonoxid, NO_2 = Stickstoffoxid, NO = Stickstoffmonoxid, O_3 = Ozon, a = Jahr, h = Stunde (Belastungszeiten).

Quelle: A. Heintz, G. Reinhardt[7]

Tabelle 6 Vegetationszonen der Erde

Zone	Fläche* (in Millionen km^2)	Festlandsanteil* (in Prozent)
1 Polare/subpolare Zone	22,1	14,8
1.1 Tundra	5,8	3,9
1.2 Eiswüsten	16,3	10,9
2 Boreale Zone**	19,5	13,0
3 Feuchte Mittelbreiten	14,5	9,7
4 Trockene Mittelbreiten	16,4	11,0
4.1 Grassteppen	11,9	8,0
4.2 Wüsten und Halbwüsten	4,5	3,0
5 Tropisch/subtropische Trockengebiete	31,2	20,9
5.1 Dornsavannen + Dornsteppen	13,6	9,2
5.2 Wüsten und Halbwüsten	17,6	11,7
6 Winterfeuchte Subtropen	2,7	1,8
7 Immerfeuchte Subtropen	6,1	4,1
8 Sommerfeuchte Tropen	24,4	16,3
9 Immerfeuchte Tropen	12,5	8,3

* Ohne Übergangsregionen, die nicht eindeutig zuordenbar sind.

** Nur auf der Nordhalbkugel ausgeprägte Zone mit stark kontinentalem Klima (warme Sommer, sehr strenge Winter; typische Vegetation: Nadelwald).

Quelle: J. Schultz[8]

Tabelle 7 Übersicht einiger FCKW (R 11 – R 22), Halone und weiterer Gase, die stratosphärisches Ozon abbauen. OZP ist das Ozonzerstörungspotential relativ zu R 11, TP das Treibhauspotential relativ zu CO_2, jeweils molekular.

Spurengas		Konzentration	Steigerung (in Prozent)	Verweilzeit (in Jahren)	OZP	TP
$CFCl_3$ = R 11	FCKW	0,28 ppb	4	65	1	3 500
CF_2Cl_2 = R 12	FCKW	0,48 ppb	4	130	1	7 300
$CClF_3$ = R 13	FCKW	0,005 ppb	?	400	?	?
$C_2Cl_3F_3$ = R 113	FCKW	0,06 ppb	10	90	1	22 000
$C_2Cl_2F_4$ = R 114	FCKW	0,015 ppb	?	200	?	?
C_2ClF_5 = R 115	FCKW	0,005 ppb	?	400	?	?
$CHClF_2$ = R 22	FCKW	0,12 ppb	7	15	0,05	2 000
CCl_4***		0,15 ppb	1,5	50	1,2	4 000
CH_3CCl_3		0,16 ppb	4	7	0,15	–
CF_2ClBr	Halone	0,002 ppb	12	25	2–3	–
$CBrF_3$	Halone	0,002 ppb	15	110	5–8	–
NO_x*		0–100 ppb	0,25	einige Tage	0,25	–
N_2O**		0,31 ppb	0,25	100	0,05	290

* Stickstoffoxide (NO, NO_2, . . .).
** Distickstoffoxid.
*** Tetrachlorkohlenstoff.

Quellen: C.-D. Schönwiese[2], nach verschiedenen Primärquellen; IPCC[5], Umweltbundesamt[9]

Tabelle 8 Abweichungen des Stadtklimas gegenüber dem Umland (grobe Orientierung)

Globalstrahlung*	−15% bis − 20%
ultraviolette Strahlung**	−10% bis − 30%
Sonnenscheindauer	− 5% bis − 15%
bodennahe Lufttemperatur**	+ 1° C bis + 3° C
bodennahe relative Luftfeuchtigkeit***	− 2% bis − 10%
Regenmenge	+ 5% bis + 10%
Zahl der Regentage	ca. + 10%
Bewölkungsgrad	+ 5% bis + 10%
Nebel und schlechte Sicht	+50% bis +100%
Windgeschwindigkeit	−10% bis − 30%
Aerosole (feste Schwebeteilchen)	ca. +1000%

* Summe aus direkter Sonnen- und diffuser Himmelsstrahlung.
** Abweichung besonders groß im Winter.
*** Abweichung besonders groß im Sommer.

Quelle: H. E. Landsberg[10], hier vereinfacht nach Schönwiese[1]

Tabelle 9 Atmosphärische Eigenschaften der wichtigsten klimawirksamen Spurengase (»Treibhausgase«)

Spurengas	derzeitige* (und vorindustrielle) Konzentration	anthropogene Emission pro Jahr	Konzentrationsanstieg pro Jahr (in Prozent)	mittlere atmosphärische Verweilzeit (in Jahren)	molekulares Treibhauspotential**
CO_2	353 (280) ppm	7 Gt C****	0,5	5–10***	1
CH_4	1,7 (0,8) ppm	300 (200–500) Mt C	0,9	10	21
FCKW,					
R 11	0,3 (0) ppb	1 Mt FCKW	4	65	3 500
R 12	0,5 (0) ppb			130	7 300
N_2O	0,31 (0,29) ppm	6 (1–7) Mt N	0,25	100	290
O_3	30 (?) ppb	1 (?) Gt	1	1–3 Monate	2 000

ppm = parts per million (10^{-6}); ppb = parts per billion (10^{-9}) Volumenanteile; Gt = Gigatonnen (Milliarden t); Mt = Megatonnen (Millionen t); C = Kohlenstoffeinheiten; N = Stickstoffeinheiten.

* 1990.
** 100 Jahre Zeithorizont.
*** Störungszeit (e-folding time) 50–200 Jahre.
**** Davon 5,6 Gt aus fossiler Energie, entsprechend 20,5 Gt CO_2.

Quelle: IPCC[5], hier zusammengefaßt nach C.-D. Schönwiese[2]

Tabelle 10 Emissionen klimawirksamer Spurengase durch menschliche Aktivitäten (Maßeinheiten vgl. Tabelle 9)

Spurengase	Quelle	Emission	Summe	Anteil am Gesamtumsatz** (in Prozent)
CO_2	fossile Energie*	5,6 Gt C (±0,5)		
	Waldrodungen, Bodenerosion	ca. 1 Gt C (±1,0)	ca. 7 Gt C (±1,8)	
	Holzverbrennung	0,5 Gt C (±0,3)	(= 26 Gt CO_2)	4
O_3 (trop.)	Verkehr, Industrie, usw		ca. 1 Gt CO_2	20
FCKW	Sprühdosen, Kältetechnik, Schaumstoffe, Reinigung		1,1 Mt FCKW	100
N_2O***	fossile Energie	1,0 Mt N (+4/–0,9)		
	Überdüngung	1,1 Mt N (±1,0)		
	Biomassen-Verbrennung	0,1 Mt N (±0,1)	1–6 Mt N (±1,2) (= 3–10 Mt N_2O)	30–50
CH_4	Reisanbau	110 Mt C (±85)		
	Viehhaltung	80 Mt C (±20)		
	Erdgaslecks	45 Mt C (±20)		
	Biomassen-Verbrennung	40 Mt C (±40)		
	fossile Energie	35 Mt C (±15)	200–500 Mt C	
	Mülldeponien	40 Mt C (±30)	(= 270–680 Mt CH_4)	60–70

* Mit Verkehr.

** D. h. gegenüber den natürlichen Stoffumsätzen.

*** Große Diskrepanzen im IPCC-Bericht (als Gesamtsumme wird in der »Policymakers Summary« 6 Mt N angegeben, im ausführlichen Beitrag ist jedoch die fossile Energie mit 0,2 ± 0,1 Mt C fast vernachlässigt).

Quelle: IPCC[5], hier zusammengefaßt nach C.-D. Schönwiese[2]

Tabelle 11 Chronologie einiger wichtiger explosiver Vulkanausbrüche ab 1750, ab 1960 einschließlich Stärkeklasse 4

Vulkan	Koordinaten	Höhe (über NN) (in Metern)	Jahr (und Monat)	Stärke
Katla	63.6 N 19.0 W	1363	1755 (10)	5
Lakagigar (Laki)	64.1 N 18.3 W	500	1783 (6)	4
Tambora	8.3 S 118.0 O	2851	1815 (4)	7
Galunggung	7.3 S 108.1 O	2168	1822 (10)	5 (?)
Cosiguina	13.0 N 87.6 W	859	1835 (6)	5
Sheveluch	56.8 N 161.6 O	3395	1854 (2)	5
Askja	65.0 N 16.8 W	1510	1875 (3)	5
Krakatau	6.1 S 105.4 O	300	1883 (8)	6
Santa Maria	14.8 N 91.6 W	2700	1902 (10)	6
Ksudach	51.8 N 157.5 W	1079	1907 (3)	5
Novarupta (Katmai)	58.3 N 155.2 W	2285	1912 (6)	6
Bezymianny	56.1 N 160.7 O	2800	1956 (3)	5
Agung	8.3 S 115.5 O	3142	1963 (3)	4
Sheveluch	56.8 N 161.6 O	3395	1964 (11)	4
Taal	14.0 N 121.0 O	300	1965 (9)	4
Kelut	7.9 S 112.3 O	1731	1966 (4)	4
Oldoinyo Lengai	2.8 S 35.9 O	2880	1966 (8)	4
Awu	3.7 N 125.5 O	1320	1966 (8)	4
Fernandina	0.4 S 91.6 O	1495	1968 (6)	4
Tiatia	44.4 N 146.3 O	1822	1973 (7)	4
Fuego	14.5 N 90.9 W	3763	1974 (10)	4
Plosky Tolbachik	55.9 N 160.5 O	3085	1975 (7)	4
Augustine	59.4 N 153.4 W	1227	1976 (1)	4
Bezymianny	56.1 N 160.7 W	2800	1979 (2)	4
St. Helens	46.2 N 122.2 W	1920	1980 (5)	5 (?)
Alaid	50.8 N 155.5 O	2339	1981 (4)	4
Pagan	18.1 N 145.8 O	570	1981 (5)	4
El Chichòn	17.3 N 93.2 W	1350	1982 (3, 4)	5
Una Una	0.2 S 121.6 O	508	1983 (7)	4
Nevado del Ruiz	4.9 N 75.4 W	5400	1985 (12)	4–5 (?)
Kelut	7.9 S 112.3 O	1731	1990 (2)	4
Pinatubo	15.1 N 120.4 W	1745	1991 (6–8)	5 (?)

Stärke(klasse) nach U. S. Smithsonian Institution (volcanic explosivity index)

Quelle: Nach verschiedenen Primärquellen, u. a. T. Simkin[11], ergänzt

Tabelle 12 Chronologie starker (s) und sehr starker (ss), ab 1880 auch mäßiger (m) El-Niño-Ereignisse

Jahr	Stärke	Jahr	Stärke
1541	s	1871	s (ss?)
1552	s	1877/78	ss
1567/68	s	1880	m
1578	ss	1884	m
1591/92	s	1888/89	s
1607	s	1891	m
1614	s	1896	s
1618/19	s	1899	s
1624	s (ss?)	1902	s
1634	s	1905	s
1652	s (ss?)	1911	s
1660	s	1914/15	s-ss
1671	s	1918	s
1681	s	1923	m
1687/88	s (ss?)	1925/26	m-s
1696	s	1930	m-s
1701	s (ss?)	1932	m
1707/08	s	1939/41	ss
1714/15	s	1944	m
1720	s (ss?)	1947	m
1728	ss	1951	m
1747	s	1953	m
1761	s	1957/58	m
1775	s	1963	m-s
1785/86	s	1965	s
1791	ss	1969	m
1803/04	s (ss?)	1972/73	s
1814	s	1976/77	s
1828	ss	1979	m
1844/45	s (ss?)	1982/83	ss
1864	s	1987	m-s

Quellen: W. A. Arntz und E. Fahrbach[12], U. Schneider und C.-D. Schönwiese[13]; Daten vor 1875 unsicher

Tabelle 13 Einige beobachtete Klimatrends

Klimaelement	Region	Zeitspanne	Trend	Trend/ Rauschen*
Bodennahe Temperatur	global**	1861–1990	+0,54° C	2,7
	Nordhemisphäre	1851–1989	+0,50° C	2,0
	Südhemisphäre	1858–1989	+0,54° C	2,5
Stratosphär. Temperatur	Nordhemisphäre	1958–1988	–0,71° C	1,7
	Südhemisphäre	1964–1988	–1,62° C	2,7
Meeresspiegel-höhe***	global	1910–1985	+9/+14 cm	2,9/3,2

* Linearer Trendwert, wie in der Spalte davor angegeben, dividiert durch die Standardabweichung der Einzeldaten (größer als 2 bedeutet 95 Prozent statistische Signifikanz).

** Hier Luft- und Meeresoberflächentemperatur, sonst nur Lufttemperatur.

*** Vgl. unterschiedliche Autoren und Daten in Abbildung 42, daher alternative Werte.

Quellen: Wie in den Abbildungen 15 und 17 sowie 42 angegeben; Berechnungen C.-D. Schönwiese[2, 16]

Tabelle 14 Kohlendioxid-Emission fossiler Energieträger

Energieträger	t CO_2/t SKE	t CO_2/KWh	kg CO_2/KWh_e*
Braunkohle, konventionell	3,25	0,40	1,11 (100%)
Braunkohle, Kombikraftwerk**			0,87 (78%)
Steinkohle, konventionell	2,68	0,33	0,87 (78%)
Steinkohle, Kombikraftwerk**			0,73 (66%)
Erdöl (schwer)	2,30	0,29	0,75 (68%)
Erdgas, Turbine	1,50	0,19	0,60 (54%)
Erdgas, Kombikraftwerk**			0,38 (34%)
Biomasse, besonders Holz (trocken)		0,30	

* KWh_e bedeutet Kilowattstunde bei Bereitstellung in Form von Strom (deutscher Standard); ohne Zusatz »e«: Heizwert.

** Kombikraftwerke arbeiten parallel mit der Gas- und Dampfphase (»GuD«) des Wassers und erreichen dadurch bessere Wirkungsgrade.

Quellen: Deutscher Bundestag[14], Siemens[15]

Dokumentation

I: Übersetzung der Kurzzusammenfassung des Berichtes der wissenschaftlichen Arbeitsgruppe des Intergovernmental Panel on Climate Change für die zweite UN-Weltklimakonferenz

Im folgenden sind wir sicher:

- Es gibt einen natürlichen Treibhauseffekt, der die Erde bereits in einem wärmeren Zustand unterhält als es ohne diesen Effekt der Fall wäre.
- Emissionen, die aus menschlichen Aktivitäten resultieren, erhöhen die atmosphärische Konzentration der Treibhausgase beträchtlich: Kohlendioxid, Methan, Chlorfluorkohlenstoffe (CFC)[1] und Distickstoffoxid. Diese Konzentrationsanstiege verstärken den Treibhauseffekt, was im Durchschnitt eine zusätzliche Erwärmung der Erdoberfläche bewirkt. Das hauptsächliche Treibhausgas, der Wasserdampf, steigt in seiner Konzentration als Folge der globalen Erwärmung ebenfalls* an und verstärkt den Treibhauseffekt darüber hinaus.

Wir berechnen zuverlässig:

- daß einige Gase potentiell effektiver als andere in* ihrer* Eigenschaft*, das Klima zu ändern, sind und daß ihre relative Effektivität abgeschätzt werden kann. Kohlendioxid ist in der Vergangenheit für über die Hälfte des zusätzlichen Treibhauseffektes verantwortlich gewesen, und es ist wahrscheinlich, daß dies auch in Zukunft so bleiben wird;
- daß die atmosphärischen Konzentrationen der langlebigen Gase (Kohlendioxid, Distickstoffoxid und CFC)[1)] nur langsam auf Emissionsänderungen reagieren. Fortgesetzte Emissionen dieser Gase im gegenwärtigen Ausmaß würde uns für Jahrhunderte mit erhöhten Konzentrationen konfrontieren. Je länger diese Emissionen im gegenwärtigen Ausmaß fortgesetzt werden, desto größer werden in* Zukunft* die Reduktionen sein müssen, um die Konzentrationen auf dem gegenwärtigen Niveau zu stabilisieren;
- daß im Fall der langlebigen Spurengase sofortige Reduktionen der Emissionen, die auf menschlichen Aktivitäten beruhen, um mehr als 60 % notwendig wären, um die betreffenden Konzentrationen auf dem gegenwärtigen Niveau zu stabilisieren; beim Methan wäre eine Emissionsreduktion um 15–20 % erforderlich.

* IPCC veröff. 1990, s. Lit.

Auf der Grundlage gegenwärtiger Modellergebnisse sagen wir vorher:

- Bei IPCC-Trendfortschreibung[2] (Szenario A)-Emissionen der Treibhausgase eine Anstiegsrate der globalen Mitteltemperatur[3] im Laufe des kommenden Jahrhunderts um 0,3° C pro Jahrzehnt (mit einem Unsicherheitsbereich von 0,2° C bis 0,5° C pro Jahrzehnt); dies ist mehr als in den letzten 10000 Jahren jemals aufgetreten. Dies wird zu einem wahrscheinlichen Anstieg der globalen Mitteltemperatur um etwa 1° C im Jahr 2025 über den derzeitigen Wert hinaus und um 3° C noch vor dem Ende des kommenden Jahrhunderts führen. Wegen anderer Einflüsse wird dieser Temperaturanstieg jedoch nicht stetig verlaufen;
- bei anderen IPCC-Emissionsszenarien[4], die progressiv fortschreitende Kontrollmaßnahmen vorsehen, Anstiegsraten der globalen Mitteltemperaturen von 0,2° C pro Jahrzehnt (Szenario B), etwas mehr als 0,1° C pro Jahrzehnt (Szenario C) bzw. um 0,1° C pro Jahrzehnt (Szenario D);
- daß sich die Landoberflächen rascher als der Ozean erwärmen und hohe nördliche Breiten im Winter stärker als im globalen Mittel;
- daß regionale Klimaänderungen vom globalen Mittel abweichen werden, obwohl die Verläßlichkeit der Vorhersage regionaler Änderungen im Detail gering ist. Beispielsweise werden für Südeuropa und das zentrale Nordamerika höhere Temperaturanstiege als im globalen Mittel vorhergesagt, die im Durchschnitt von geringerem Sommerniederschlag und geringerer Bodenfeuchte begleitet sein sollten. Die Vorhersagen für die Tropen und die Südhemisphäre sind von Modell zu Modell weniger konsistent.
- Beim IPCC-Trendfortschreibung[2]-Emissionsszenario eine durchschnittliche Rate des global gemittelten Meeresspiegelanstiegs im Laufe des kommenden Jahrhunderts um 6 cm pro Jahrzehnt (mit einer Unsicherheit von 3–10 cm pro Jahrzehnt), und* zwar* hauptsächlich durch die thermische Expansion der Ozeane und durch das Schmelzen einigen Landeises. Der vorhergesagte Anstieg der mittleren globalen Meeresspiegelhöhe bis zum Jahr 2030 beträgt ungefähr 20 cm, bis zum Ende des kommenden Jahrhunderts ungefähr 65 cm. Dabei werden jedoch signifikante regionale Unterschiede auftreten.

Unsere Vorhersagen sind mit vielen Unsicherheiten belastet, insbesondere was die Eintrittszeit, das Ausmaß und die regionale Verteilung der vorhergesagten Klimaänderungen betrifft. Dies beruht auf unserem unvollständigen Verständnis der:

- Quellen und Senken[5] der Treibhausgase, welche die Vorhersagen künftiger Konzentrationen bedingen,
- Wolken, die das Ausmaß der Klimaänderungen stark beeinflussen,
- Ozeane, die den zeitlichen Verlauf und die regionale Verteilung der Klimaänderungen beeinflussen,
- polaren Eisgebiete, die für die Vorhersage des Meeresspiegels von Bedeutung sind.

Diese Vorgänge werden zum Teil schon verstanden und wir sind zuversichtlich, daß die bestehenden* Unsicherheiten durch weitere Forschung verringert werden können. Die Komplexität des Systems[6] bringt es jedoch mit sich, daß wir Überraschungen nicht ausschließen können.

Unsere Beurteilung ist:
- daß die globale Mitteltemperatur in Bodennähe in den letzten 100 Jahren um 0,3° C bis 0,6° C angestiegen ist, wobei, ebenfalls* im* globalen* Mittel,* die fünf wärmsten Jahre im Jahrzehnt seit 1980 aufgetreten sind. In der gleichen Zeit ist die global gemittelte Meeresspiegelhöhe um 10–20 cm angestiegen. Diese Anstiege sind weder zeitlich gleichmäßig noch einheitlich in* ihrer* Verteilung* über die Erde abgelaufen.
- Das Ausmaß dieser Erwärmung ist im großen und ganzen konsistent mit den Vorhersagen der Klimamodelle, aber es liegt auch in der gleichen Größenordnung wie die natürliche Klimavariabilität. Daher könnte der beobachtete Trend im wesentlichen auf dieser natürlichen Variabilität beruhen; alternativ könnten diese natürliche* Variabilität und andere menschliche Einflüsse eine in* Wahrheit* noch größere anthropogene Treibhaus-Erwärmung überdeckt haben. Die unzweifelhafte Entdeckung des anthropogenen Zusatztreibhauseffektes in den Beobachtungen ist mindestens im kommenden Jahrzehnt unwahrscheinlich. – Es gibt keine deutlichen Anzeichen dafür,* daß Klima in den letzten Jahrzehnten variabler geworden ist. Jedoch werden in Verbindung mit dem Anstieg der Mitteltemperatur in Zukunft Hitzeepisoden[7] höchstwahrscheinlich häufiger und Kälteepisoden[7] weniger häufig auftreten.
- Ökosysteme beeinflussen das Klima und werden ihrerseits* durch Klimaänderungen und steigende atmosphärische* Kohlendioxidkonzentrationen beeinflußt. Rasche Klimaänderungen verändern die Zusammensetzung der Ökosysteme; einige Species[8] werden davon profitieren während andere nicht in der Lage sein werden, zu wandern bzw. sich schnell genug anzupassen, wodurch sie möglicherweise ausgelöscht werden. Ein erhöhtes Niveau der Kohlendioxidkonzentration kann bei* der* Vegetation* zu Steigerungen der Produktivität und der Effektivität der Wassernutzung führen[9]. Obwohl wenig verstanden, könnte die Erwärmung biologische Prozesse aber auch so beeinflussen, daß daraus ein atmosphärischer Konzentrationsanstieg der natürlichen[10] Treibhausgase resultiert.

Um unsere Vorhersagemöglichkeiten zu verbessern benötigen wir:
- ein besseres Verständnis der klimarelevanten Prozesse, insbesondere derjenigen, die mit Wolken, dem Ozean und dem Kohlenstoffzyklus[11] verknüpft sind;
- eine Verbesserung der systematischen Beobachtung klimarelevanter Variabler auf globaler Basis und weitere Untersuchungen von Klimaänderungen, die in der Vergangenheit abgelaufen sind;
- die Entwicklung verbesserter Modelle des Klimasystems[12] der Erde;
- eine verstärkte Unterstützung nationaler und internationaler Aktivitäten der Klimaforschung, insbesondere in den Entwicklungsländern;
- verbesserte Möglichkeiten* des internationalen Klimadatenaustausches.

Anmerkungen des Übersetzers:
Worteinfügungen zur besseren Verständlichkeit sind durch hochgestellte Sterne * hervorgehoben.

1 In der deutschen Sprache ist die speziellere, jedoch nicht immer korrekte Bezeichnung Fluorchlorkohlenwasserstoffe (FCKW) üblich.
2 Original: *business-as-usual,* also weitermachen wie bisher üblich, also Trendfortschreibung, willkürlich als »Szenario A« bezeichnet.
3 Gemeint ist hier stets die bodennahe, in zwei Meter über der Erdoberfläche gemessene beziehungsweise simulierte Lufttemperatur, in ozeanischen Bereichen im allgemeinen die Wasseroberflächentemperatur; globale Mittelwerte werden aus den Gitterpunktsimulationen der Modelle oder entsprechenden Umrechnungen der Beobachtungsdaten ermittelt.
4 Neben dem Szenario A (Trendfortschreibung) hat das IPCC verschiedene Szenarien der Emissionsreduktion der Treibhausgase entwickelt, B, C, und D, mit jeweils zunehmendem Ausmaß der Reduktion (somit bei D am größten); vgl. Abbildung 46.
5 Quellen sind mit Ausstoß (Emission), Senken mit Aufnahme (Immission) der betreffenden Gase verknüpft; so ist die Nutzung (Verbrennung) fossiler Energie eine CO_2-Quelle, der Ozean überwiegend eine CO_2-Senke.
6 Gemeint ist das Klimasystem, das aus Atmosphäre (Luft mit Beimengungen), Hydrosphäre (Salzwasser der Ozeane und Süßwasser der Landgebiete), Kryosphäre (Land- und Meereis), Biosphäre (Leben, insbesondere Vegetation) und Geosphäre (im engeren Sinn, das heißt Boden und Gesteine) besteht.
7 Episoden dieser Art können einzelne besonders warme oder kalte Tage, aber auch einzelne Jahreszeiten sein.
8 Arten innerhalb der Vegetationsklassifikation.
9 Sogenannter CO_2-Düngeeffekt, der eine negative Rückkopplung darstellt, das heißt die intensiver wachsenden Pflanzen entnehmen der Luft mehr CO_2, so daß dort der Konzentrationsanstieg und somit auch der anthropogene Zusatztreibhauseffekt gedämpft wird.
10 Positive Rückkopplung, das heißt – im Gegensatz zum CO_2-Düngeeffekt – Verstärkung.
11 Flüsse zwischen den Reservoiren Atmosphäre, Vegetation, Boden (Pedosphäre) und Ozean.
12 Vgl. 6

Zu den am Schluß genannten Empfehlungen zur Forschungsförderung ist anzumerken, daß hier das schon klassisch zu nennende Konzept *Prozesse* (physikochemische klimarelevante Vorgänge, die sich auf Einzelprobleme beziehen), *Diagnose* (Analyse von Klimadaten und Meßprogramme) und *Modelle* (zur Simulation komplexer Gesamtzusammenhänge) verfolgt wird, ganz ähnlich wie auch bei den Empfehlungen des Weltklimaforschungsprogrammes (WMO 1984); vgl. das davon abweichende Konzept der ENQUETE-KOMMISSION des deutschen Bundestages »Vorsorge zum Schutz der Erdatmosphäre«, wo der Klimadiagnose eine geringere Bedeutung beigemessen wird.

II: Auszüge aus der Ministererklärung anläßlich der Zweiten UN-Weltklimakonferenz in Genf vom 29. Oktober bis 7. November 1990

Insgesamt besteht die Erklärung in 31 Absätzen, der vollständige Text in englischer Sprache ist erhältlich bei der Weltmeteorologischen Organisation (WMO) der Vereinten Nationen, Postfach 2300, CH-1211 Genf 2.

1. Wir, die Minister und andere Repräsentanten von 137 Ländern, . . . erklären folgendes:

2. Wir stellen fest, daß – während es Klimaveränderungen in der Vergangenheit immer gegeben hat und noch ein großes Maß an wissenschaftlicher Unsicherheit besteht – das Ausmaß der Klimaänderungen, das vom ›Intergovernmental Panel on Climate Change‹ (IPCC) für das nächste Jahrhundert vorhergesagt wird, bisher ohne Beispiel ist. Dies ist hauptsächlich auf die beständige Akkumulation von Treibhausgasen zurückzuführen, die auf den menschlichen Aktivitäten seit der industriellen Revolution beruhen, bisher hauptsächlich in den entwickelten Ländern. Die möglichen Auswirkungen solcher Klimaänderungen könnten Umweltschäden von bisher unbekannter Größenordnung hervorrufen; und sie könnten die soziale und wirtschaftliche Entwicklung in einigen Regionen gefährden. Sie könnten sogar das Überleben in einigen kleinen Inselstaaten, tiefliegenden Küstenregionen und trokkenen bzw. niederschlagsarmen Gebieten erschweren.

8. Die möglichen ernsten Konsequenzen der Klimaänderungen . . . stellen eine ausreichende Veranlassung dazu dar, trotz signifikanter Unsicherheiten . . . Maßnahmen einzuleiten. Solche Maßnahmen schließen ein: Einstellung der Nutzung und Produktion von FCKW[1], Effizienzsteigerungen und Sparmaßnahmen in der Bereitstellung und Nutzung von Energie, angemessene Maßnahmen im Verkehrssektor, schonende Forstwirtschaft, Wiederaufforstungsmaßnahmen, Entwicklung von Abwehrplänen zur Begegnung von Klimagefahren[2], angemessene Landnutzungsplanung, adäquates Management in Küstenbereichen, Überdenken intensiver landwirtschaftlicher Praktiken und Nutzung sicherer sowie sauberer Energiequellen mit geringerer Freisetzung von Kohlendioxid, Methan, Distickstoffoxid und weiterer Treibhausgase sowie Vorläufern von Ozon[3], mit besonderer Berücksichtigung neuer und erneuerbarer Energiequellen . . .

9. Wir stellen fest, daß der Pro-Kopf-Energieverbrauch in bestimmten Teilen der Welt[4] sowie der erwartete Anstieg der Weltbevölkerung zum vorhergesagten Anstieg der Treibhausgase beitragen . . .

11. Wir betonen die Notwendigkeit, in einem ersten Schritt die Emissionen der Treibhausgase zu stabilisieren, die nicht vom Montrealer Protokoll über ozonzerstörende Substanzen kontrolliert werden, während eine angemessene Entwicklung der Weltenergiewirtschaft[5] sicherzustellen ist.

12. Im Bewußtsein, daß die entwickelten Länder für drei Viertel der Emissionen der Treibhausgase verantwortlich sind, begrüßen wir die Entscheidungen und Empfehlungen der Europäischen Gemeinschaft und ihrer Mitgliedsstaaten sowie Australien,

Österreich, Kanada, Finnland, Island, Japan, Neuseeland, Norwegen, Schweden, Schweiz und anderer entwickelter Länder, Maßnahmen zu ergreifen, mit dem Ziel, die Emissionen von CO_2, oder CO_2 und weiterer nicht vom Montrealer Protokoll kontrollierter Gase bis zum Jahr 2000 zu stabilisieren, im allgemeinen bezüglich 1990[6] . . .

13. Wir drängen darauf, daß die entwickelten Länder vor der 1992 (stattfindenden) UN-Konferenz über Umwelt und Entwicklung[7] . . . Programme für eine schrittweise Reduktion aller Treibhausgasemissionen entwickeln . . .

20. . . . Wir empfehlen . . . die Anwendung eines wirtschaftlichen Instrumentariums, angepaßt an die sozioökonomischen Gegebenheiten der einzelnen Länder, in Verbindung mit einer ausgewogenen Mischung regulierender Maßnahmen.

24. Wir stellen fest, daß die Erhaltung der Wälder der Erde in ihrer Bedeutung als Kohlenstoffspeicher, in Verbindung mit anderen Maßnahmen, von beträchtlicher Bedeutung für die Stabilität des Weltklimas ist, wobei wir uns (auch) der wichtigsten Rolle der Wälder bei der Bewahrung der biologischen Artenvielfalt und beim Schutz der Bodenstabilität sowie des Wasserkreislaufs bewußt sind . . .

28. Wir rufen dazu auf, den Rahmen einer Konvention über Klimaänderungen[8] in Angriff zu nehmen, . . . die in Rio de Janeiro während der Konferenz der Vereinten Nationen über Umwelt und Entwicklung[7] unterzeichnet werden soll . . .

29. Wir empfehlen, daß diese Inangriffnahme die möglichen Elemente berücksichtigt, wie sie vom IPCC zusammengestellt worden sind, und daß die Klimakonvention in der Weise und mit dem Ziel angegangen wird, daß sie von einer möglichst großen Anzahl von Ländern unterstützt wird . . .

31. Wir meinen, daß eine gut informierte Öffentlichkeit wesentlich ist, um eine so komplexe Thematik wie die Klimaänderungen anzusprechen und zu bewältigen.

Anmerkungen des Übersetzers:
1 Im Original CFC, vgl. Anmerkung 1 zur Dokumentation I.
2 Gemeint sind tropische Wirbelstürme, Dürren usw.
3 Stickoxide (NO_x) u. a., vgl. Kap. 5.3
4 Gemeint ist der hohe Energieverbrauch in den Industrieländern
5 Gemeint sind eventuell wirtschaftliche Maßnahmen zur Bewältigung der Klimaprobleme, Steuern oder Investitionen; hier wie auch generell ist der Text aber sehr weich und weitgehend unverbindlich gehalten.
6 Da hier nur von »Stabilisierung« die Rede ist, muß festgehalten werden, daß sich außer Deutschland bisher kein Land zu Reduktionsplänen durchgerungen hat.
7 Vorgesehen für 1.–12. Juni 1992.
8 Sogenannte Weltklimakonvention.

III: Verordnung zum Verbot von bestimmten die Ozonschicht abbauenden Halogenkohlenwasserstoffen (FCKW-Halon-Verbots-Verordnung) gemäß Beschluß der Bundesregierung vom 30. Mai 1990, in der leicht veränderten Form, der der Bundesrat am 22. März 1991 zugestimmt hat

§ 1 Anwendungsbereich

(1) Diese Verordnung gilt für folgende Stoffe sowie Zubereitungen und Erzeugnisse, die diese Stoffe enthalten:
1. Trichlorfluormethan (R 11),
2. Dichlordifluornethan (R 12),
3. Chlortrifluormethan (R 13),
4. Tetrachlordifluorethan (R 112),
5. Trichlortrifluorethan (R 113),
6. Dichlortetrafluorethan (R 114),
7. Chlorpentafluorethan (R 115),
8. Bromchlordifluormethan (Halon 1211),
9. Bromtrifluormethan (Halon 1301),
10. Dibromtetrafluorethan (Halon 2402),
11. Tetrachlormethan (Tetrachlorkohlenstoff),
12. 1, 1, 1-Trichlorethan (Methylchloroform),

(2) Für den teilhalogenierten Stoff Chlordifluormethan (R 22) gilt die Verordnung in den näher bezeichneten Fällen.

(3) Diese Verordnung gilt nicht für die Herstellung, das Inverkehrbringen und die Verwendung zu Forschungs-, Entwicklungs- und Analysezwecken.

(4) Diese Verordnung gilt nicht
1. auf Seeschiffen unter fremder Flagge oder auf Seeschiffen, für die der Bundesminister für Verkehr nach § 10 der Flaggenrechtsgesetzes in der im Bundesgesetzblatt Teil III, Gliederungsnummer 9541-1, veröffentlichten bereinigten Fassung die Befugnis zur Führung der Bundesflagge lediglich zur ersten Überführungsreise in einen anderen Hafen verliehen hat,
2. an Bord von Wasserfahrzeugen, sofern der Heimatort dieser Fahrzeuge nicht im Geltungsbereich dieser Verordnung liegt,
3. in Luftfahrzeugen, die nicht im Geltungsbereich dieser Verordnung eingetragen und zugelassen sind.

§ 2 Druckgaspackungen

(1) Es ist verboten, Druckgaspackungen, die in § 1 Abs. 1 und 2 genannte Stoffe mit einem Massengehalt von insgesamt mehr als 1 vom Hundert enthalten, herzustellen oder in den Verkehr zu bringen. Auf Montageschäume in Druckgaspackungen finden die Vorschriften des § 4 Anwendung.

(2) Das Verbot nach Absatz 1 gilt nicht, soweit zum Zeitpunkt des Inkrafttretens dieser Verordnung eine Zulassung nach dem Arzneimittelgesetz besteht, jedoch nur

bis zur Entscheidung über die Verlängerung dieser Zulassung. Das Bundesgesundheitsamt kann auf Antrag im Rahmen der Entscheidung über die Zulassung oder die Verlängerung der Zulassung nach dem Arzneimittelgesetz befristete Ausnahmen von dem Verbot nach Absatz 1 zulassen, wenn es sich um Arzneimittel zur Behandlung schwerwiegender Gesundheitsstörungen handelt und der Einsatz der in § 1 Abs. 1 und 2 genannten Stoffe zur Anwendung des Arzneimittels zwingend erforderlich ist.

(3) Die zuständige Landesbehörde kann im Einvernehmen mit der Bundesanstalt für Materialforschung und -prüfung für besondere technische Anwendungen auf Antrag befristete Ausnahmen von dem Verbot nach Absatz 1 zulassen, wenn die in § 1 Abs. 1 und 2 genannten Stoffe nicht bestimmungsgemäß als Treibgase dienen und ihr Einsatz zwingend erforderlich ist.

§ 3 Kältemittel

(1) Es ist verboten, Kältemittel mit einem Massengehalt von insgesamt mehr als 1 vom Hundert der in § 1 Abs. 1 und 2 genannten Stoffe in den Verkehr zu bringen oder zu verwenden.

(2) Es ist verboten, Erzeugnisse, die in Absatz 1 genannte Kältemittel enthalten, herzustellen oder in den Verkehr zu bringen.

§ 4 Schaumstoffe

(1) Es ist verboten, die in § 1 Abs. 1 und 2 genannten Stoffe zur Herstellung von
1. Verpackungsmaterial und Geschirr aus Schaumstoff,
2. Dämmstoffen, in denen die in § 1 Abs. 1 und 2 genannten Stoffe bestimmungsgemäß eingeschlossen sind,
3. Montageschäumen in Druckgaspackungen oder
4. sonstigen Schaumstoffen zu verwenden.

(2) Es ist verboten, Schaumstoffe, die die in § 1 Abs. 1 und 2 genannten Stoffe freisetzen können oder enthalten, sowie Erzeugnisse, die aus derartigen Schaumstoffen bestehen, in den Verkehr zu bringen.

Reinigungs- und Lösungsmittel

(1) Es ist verboten, Reinigungs- und Lösungsmittel mit einem Massengehalt von insgesamt mehr als 1 vom Hundert der in § 1 Abs. 1 und 2 genannten Stoffe herzustellen, in den Verkehr zu bringen oder zu verwenden.

(2) Das Verbot nach Absatz 1 gilt nicht, soweit

1. der in § 1 Abs. 1 Nr. 11 genannte Stoff als Lösungsmittel bei Chlorierungsprozessen in geschlossenen Systemen aus technischen Gründen nicht durch andere, weniger gefährliche Stoffe, Zubereitungen oder Erzeugnisse ersetzt werden kann,

2. die Reinigungs- und Lösungsmittel in Anlagen nach der Zweiten Verordnung zur Durchführung des Bundes-Immissionsschutzgesetzes verwendet werden dürfen und ausschließlich für den Einsatz in diesen Anlagen bestimmt sind.

Für Oberflächenbehandlungsanlagen, Chemischreinigungs- und Textilausrüstungsanlagen sowie Extraktionsanlagen, die Anlagenteile oder Nebeneinrichtungen genehmigungsbedürftiger Anlagen nach der Vierten Verordnung zur Durchführung des Bundes-Immissionsschutzgesetzes sind, gilt die Regelung nach Nummer 2 entsprechend.

(3) Die zuständige Landesbehörde kann auf Antrag befristete Ausnahmen von dem Verbot nach Absatz 1 hinsichtlich der in § 1 Abs. 1 Nr. 11 und 12 genannten Stoffe zulassen, wenn der Einsatz dieser Stoffe zwingend erforderlich ist.

§ 6 Löschmittel

(1) Es ist verboten, Löschmittel mit einem Massengehalt von insgesamt mehr als 1 vom Hundert der in § 1 Abs. 1 Nr. 8 bis 10 genannten Stoffe herzustellen, in den Verkehr zu bringen oder zu verwenden

(2) Die für die Zulassung der Geräte und Anlagen der Brandbekämpfung zuständige Behörde kann im Benehmen mit dem Umweltbundesamt auf Antrag befristete Ausnahmen von dem Verbot nach Absatz 1 zulassen, wenn die Stoffe bei der Brandbekämpfung zum Schutz von Leben und Gesundheit des Menschen zwingend erforderlich sind.

Anmerkung:
Die weiteren Bestimmungen (§ 7–12) regeln Kennzeichnungen, Betrieb, Strafverfolgung (Ahndung von Ordnungswidrigkeiten) sowie Übergangsvorschriften, Berlin-Klausel und Inkrafttreten.
Es handelt sich um das bisher erste und einzige Gesetz, das ein Land, hier die Bundesrepublik Deutschland (Stand Sept. 1991), zum Verbot von FCKW und Halonen erlassen hat.
Im EG-Rahmen sind ähnliche Bestimmungen in Planung, die auf entsprechende Verbote ab dem Jahr 2000 hinauslaufen.
Weitere Informationen erteilt das Bundesministerium für Umwelt, Naturschutz und Reaktorsicherheit, Pressereferat, Postfach 12 06 29, 5300 Bonn 1.

IV: Beschluß des Bundeskabinetts vom 13. Juni 1990 zur Reduzierung der CO_2-Emission in der Bundesrepublik Deutschland bis zum Jahr 2005

Das Bundeskabinett hat am 13. Juni 1990 folgendes beschlossen: Die Bundesregierung strebt als wichtigen Baustein eines Gesamtkonzeptes an, die energiebedingten Emissionen von Kohlendioxid (CO_2) deutlich zu senken. Sie setzt eine interministerielle Arbeitsgruppe ein, die sich bei der Erarbeitung von Vorschlägen an einer 25%igen Reduzierung der CO_2-Emissionen in der Bundesrepublik Deutschland bis zum Jahre 2005 – bezogen auf das Emissionsvolumen des Jahres 1987 – orientiert und Möglichkeiten einer Minderung weiterer energiebedingter Treibhausgase prüft.

Um dabei auch die CO_2-Minderungspotentiale in den neuen Bundesländern soweit wie möglich auszuschöpfen, wurde die Interministerielle Arbeitsgruppe beauftragt, diese Minderungspotentiale in ihre Überlegungen darüber hinaus einzubeziehen. Die Bundesregierung wird ein Konzept zur Ausschöpfung der nationalen CO_2-Minderungspotentiale erarbeiten. Sie wird bei der Realisierung der CO_2-Reduktion die internationale Abstimmung und Auswirkungen auf volkswirtschaftliche Ziele, wie z. B. Beschäftigung, Preisniveaustabilität, wirtschaftliches Wachstum, außerwirtschaftliches Gleichgewicht und die Sicherheit der Energieversorgung, beachten.

Das Bundeskabinett richtete im Rahmen der Interminsteriellen Arbeitsgruppe (Vorsitz: BMU) Arbeitskreise zu den Themenbereichen: Energieversorgung (Vorsitz: BMWi), Verkehrsbereich (Vorsitz: BMV), Gebäudebereich (Vorsitz: BMBau), CO_2-Verminderung durch neue Technologien (Vorsitz: BMFT) sowie CO_2-Verminderung durch Land- und Forstwirtschaft (u. a. CO_2-Senken) (Vorsitz: BML) ein.

Die Interministerielle Arbeitsgruppe (IMA CO_2-Reduktion) wurde beauftragt, dem Bundeskabinett einen ersten Sachstandsbericht sowie – soweit möglich – erste entscheidungsreife Vorschläge bis zum November 1990 vorzulegen.

Anmerkung:
Der hier genannte Bericht der Interministeriellen Arbeitsgruppe liegt vor, so daß die Bundesregierung am 7. November 1990 weitergehende Beschlüsse zur Realisierung des Reduktionszieles gefaßt hat. Wie im Fall der Dokumentation III, hat damit auch auf dem CO_2-Treibhaus-Sektor die Bundesrepublik Deutschland eine Vorreiterrolle übernommen. Die Gesamtdokumentation (»Umweltpolitik«) ist ebenfalls bei der in Dokumentation III genannten Anschrift erhältlich.
Weltweit gibt es (Stand September 1991) folgende Reduktionspläne:

Australien:	Reduktion aller Treibhausgasemissionen um 20 Prozent bis zum Jahr 2005 gegenüber 1988;
Dänemark:	Reduktion der CO_2-Emissionen um 20 Prozent bis zum Jahr 2000 gegenüber 1988;
Deutschland:	Reduktion der CO_2-Emissionen um 25 bis 30 Prozent bis zum Jahr 2005 gegenüber 1987;
Italien:	Reduktion der CO_2-Emissionen um 20 Prozent bis zum Jahr 2005 gegenüber 1990;
Neuseeland:	Reduktion der CO_2-Emissionen um 20 Prozent bis zum Jahr 2005 gegenüber 1990;
Niederlande:	Reduktion der CO_2-Emissionen um 5 Prozent bis zum Jahr 2000 gegenüber 1989/90;
Österreich:	Reduktion der CO_2-Emissionen um 20 Prozent bis zum Jahr 2005 gegenüber 1987.

Frankreich, Großbritannien, Japan, Kanada, Norwegen und Schweden planen Stabilisierungen. Viele weitere Staaten, so die Hauptemittenten USA, UdSSR und China lassen mit Maßnahmen beziehungsweise Planungen noch immer auf sich warten (Quelle: W. Fischer, 1991, pers. Mitt.).

Literaturauswahl

Allgemeinverständliche Werke

Arntz, W.A., E. Fahrbach: El Niño. Klimaexperiment der Natur. Birkhäuser, Basel/Boston/Berlin 1991.

Bach, W.: Gefahr für unser Klima. C. F. Müller, Karlsruhe 1982.

Deutscher Bundestag: Schutz der Atmosphäre; Schutz der Tropenwälder; Schutz der Erde. Abschlußbericht der Enquête-Kommission »Vorsorge zum Schutz der Erdatmosphäre«, vier Bände. Economica, Bonn 1990.

Fabian, P.: Atmosphäre und Umwelt. Springer, Berlin/Heidelberg/New York/Tokyo, 3. Aufl. 1989.

Flohn, H.: Das Problem der Klimaänderungen in Vergangenheit und Zukunft. Wiss. Buchges., Darmstadt 1985.

Graßl, H., R. Klingholz: Wir Klimamacher. S. Fischer, Frankfurt (Main) 1990.

Herkendell, J., E. Koch: Bodenzerstörung in den Tropen. C. H. Beck, München 1991.

Lamb, H. H.: Klima und Kulturgeschichte. Rowohlt, Reinbek 1989.

Jositz, J. (Hrsg.): Neuartige Waldschäden – Erkenntnisse und Folgerungen. Hanns-Seidel-Stiftung, München 1990.

Kippenhahn, A.: Der Stern, von dem wir leben. DVA, Stuttgart 1991.

Opitz, P. J. (Hrsg.): Weltprobleme. Bundeszentrale für politische Bildung, Bonn 1990.

Schönwiese, C.-D.: Klimaschwankungen. Springer, Berlin/Heidelberg/New York 1979.

Schönwiese, C.-D., B. Diekmann: Der Treibhauseffekt. Der Mensch ändert das Klima. DVA, Stuttgart, 2. Aufl. 1988; Taschenbuchausgabe Rowohlt, Reinbek, 4. Aufl. 1991.

Schönwiese, C.-D.: Das Problem menschlicher Eingriffe in das Globalklima (»Treibhauseffekt«) in aktueller Übersicht. Frankfurter Geowiss. Arb., Band B3, 1991.

Schmincke, H.-U.: Vulkanismus. Wiss. Buchges., Darmstadt 1986.

Stichel, P.: Jetzt müssen wir handeln! Weltenergieversorgung, Bevölkerungsexplosion, Klimakatastrophe. Gütersloher Verlagshaus G. Mohn, Gütersloh 1991.

Weizsäcker, H.-U.: Erdpolitik. Wiss. Buchges., Darmstadt 1989.

Grundlagenwerke

Cress, A., C.-D. Schönwiese: Vulkanische Einflüsse auf die bodennahe und stratosphärische Lufttemperatur der Erde. Bericht Nr. 82 Inst. Meteorol. Geophys. Univ. Frankfurt (Main) 1990.

Flohn, H., R. Fantechi: The Climate of Europe: Past, Present, and Future. Reidel, Dordrecht 1984.

Frakes, L. A.: Climates Throughout Geologic Time. Elsevier, Amsterdam 1979.

Heintz, A., G. Reinhardt: Chemie und Umwelt. Vieweg, Braunschweig, 1990.

Houghton, J. T. et. al. (eds.): Climate Change. The IPCC Scientific Assessment. Cambridge Univ. Press, Cambridge 1990.

Hutter, K. (Hrsg.): Dynamik umweltrelevanter Systeme. Springer, Berlin 1991.

IPCC (Intergovernmental Panel on Climate Change), s. Houghton.

Lamb, H. H.: Climate, Present, Past, and Future. Two Volumes. Methuen, London 1972 und 1977.

Rudloff, H. von: Die Schwankungen und Pendelungen des Klimas in Europa seit Beginn der regelmäßigen Instrumenten-Beobachtungen. Vieweg, Braunschweig 1967.

Schlesinger, M. E. (ed.): Greenhouse-Gas-Induced Climatic Change: A Critical Appraisal of Simulations and Observations. Elsevier, Amsterdam 1991.

Schönwiese, C.-D.: Climate Variations. In Fischer, G. (ed.): Climatology. Landolt-Börnstein Numerical Data and Functional Relationships in Science and Technology, Vol. V/4cl, Springer, Berlin/Heidelberg/New York/Tokyo 1987.

Schönwiese, C.-D. u. a.: Statistische Analyse des Zusammenhangs säkularer Klimaschwankungen mit externen Einflußgrößen und Zirkulationsparametern unter besonderer Berücksichtigung des Treibhausproblems. Bericht Nr. 84 Inst. Meteorol. Geophys. Univ. Frankfurt (Main) 1990.

Ullrich, B. (Hrsg.): Internationaler Kongreß Waldschadensforschung: Wissenschaft und Perspektiven. 2 Bände. Forschungsbeirat Waldschäden/Luftverunreinigungen, Kernforschungszentrum Karlsruhe 1989.

Schwarzbach, A.: Das Klima der Vorzeit. Enke, Stuttgart 1974.

Umweltbundesamt: Verzicht aus Verantwortung: Maßnahmen zur Rettung der Ozonschicht. E. Schmidt, Berlin 1989.

Quellenhinweise

Kapitel 1

1 H. Seifert: Information über die Information. C. H. Beck, München 1968.
2 Beispielsweise R. Strauss: Alpensinfonie.
3 T. Koenigs, R. Schaeffer (Hrsg.): Fortschritt vom Auto. Raben-Verlag, München 1991.
4 P. J. Opitz, 1990, s. Lit.*

Kapitel 2

1 C.-D. Schönwiese: Grundlagen und neue Aspekte der Klimatologie. Frankfurter Geowiss. Arb. Band B3, 2. Aufl., 1990; und dort zitierte Literatur.
2 Beispielsweise Diercke Weltatlas. Westermann, Braunschweig 1988/91.

Kapitel 3

1 R. Kippenhahn, 1991, s. Lit.; E. Keppler: Sonne, Monde und Planeten. Piper, München, 2. Auflage 1990.
2 P. Fabian, 1989; A. Heintz, R. Reinhardt, 1990; R. Kippenhahn, 1991; s. jeweils Lit.
3 C.-D. Schönwiese, 1987, s. Lit.; vgl. auch C.-D. Schönwiese: Klimaschwankungen. Springer, Berlin 1979.
4 L. A. Frakes, 1979, s. Lit; vgl. auch 3.
5 C. Pfister: Klimageschichte der Schweiz. Haupt, Bern/Stuttgart 1984.
6 W. Lauer, P. Frankenberg: Zur Rekonstruktion des Klimas im Bereich der Rheinpfalz seit Mitte des 16. Jahrhunderts mit Hilfe von Zeitreihen der Weinquantität und Weinqualität. G. Fischer, Stuttgart/New York 1986.
7 K. Müller: Geschichte des badischen Weinbaus. Schwanenburg (Lahr) 1953; vgl. auch H. v. Rudloff, 1967, s. Lit.
8 H. v. Rudloff, 1967, s. Lit.
9 H. H. Lamb, 1972/77, s. Lit.; ders.: Historic Storms of the North See, British Isles and Northwest Europe. Cambridge Univ. Presse, Cambridge 1991.
10 C.-D. Schönwiese, 1991, s. Lit.
11 Kommission für Glaziologie der Bayerischen Akademie der Wissenschaften, hier aus C.-D. Schönwiese: Klimaschwankungen, Springer, Berlin 1979.

* »s. Lit.« verweist auf die *Literaturauswahl,* Seite 208f.

12 F. Röthlisberger: 10000 Jahre Gletschergeschichte der Erde. Sauerländer, Aarau/Frankfurt/M./Salzburg 1986; G. Furrer: 25000 Jahre Gletschergeschichte. Naturforschende Gesellschaft Zürich 1990.
13 W. Daansgaard: Nature 255 (1975) 24–28.
14 L. A. Frakes, 1979; H. H. Lamb, 1972/77; C.-D. Schönwiese, 1987; M. Schwarzbach, 1984; s. jeweils Lit.
15 F. H. Schweingruber: Der Jahrring. Haupt, Bern/Stuttgart 1983; vgl. auch W. Birrong, C.-D. Schönwiese: Statistisch-klimatologische Untersuchungen botanischer Zeitreihen Europas. Frankfurter Geowiss. Arb., Band B1, 1987.
16 H. C. Urey et al.: Bull. Geol. Soc. (USA) 62 (1951) 399–416.
17 W. Dansgaard in H. Oeschger (Hrsg.): Das Klima. Springer, Berlin 1980, S. 237–245.
18 C. Lorius, D. Raynaud in W. Bach et al. (Hrsg.): Carbon Dioxide. Reidel, Dordrecht 1983, S. 145–176.
19 H. Oeschger, vgl. 17.
20 B. Frenzel: Die Klimaschwankungen des Eiszeitalters. Vieweg, Braunschweig 1967.
21 H. H. Lamb, 1972/77, s. Lit.
22 C.-D. Schönwiese, 1987, s. Lit (n. zahlr. Primärquellen). Zu Abb. 6 vgl. A. G. Smith u. a.: Paläokontinentale Weltkarten des Phanerozoikums. Enke, Stuttgart 1982.
23 A. Wegener: Die Entstehung der Kontinente und Ozeane. Vieweg, Braunschweig 1915, 6. Aufl. 1962; Z. Ges. Erdk. Berlin (1921); 89–103 u. 125–130; vgl. auch M. Schwarzbach: Alfred Wegener und die Drift der Kontinente. Wiss. Verlagsges., Stuttgart 1980.
24 M. Kahle: Geowiss. uns. Zeit 6 (1988) 142–150.
25 C.-D. Schönwiese, B. Diekmann, 1988, 1991, s. Lit.
26 A. Penck, E. Brückner: Die Alpen im Eiszeitalter. 3 Bände, Tauchner, Leipzig 1909.
27 A. Berger (ed.): Climatic Variations and Variability: Facts and Theories. Reidel, Dordrecht 1981; sowie dort Beiträge A. Berger: Astronomical theory of paleoclimates, p. 501–525; J. Imbrie. Time-dependent models of the climatic response to orbital variations, p. 527–538; A. Berger (ed.): Milanković and Climate. 2 Vol., Reidel, Dordrecht 1984.
28 A. T. Wilson: Nature 201 (1964) 147-149.
29 J. T. Houghton et al., (PCC-Report) 1990, s. Lit.
30 B. Messerli in H. Oeschger, vgl. 21, S. 64–90.
31 H. H. Lamb, 1972/77, s. Lit.; G. Mann, A. Heuß (Hrsg.): Propyläen Weltgeschichte. Band 1. Propyläen, Berlin/Frankfurt (Main) 1986.
32 T. M. L. Wigley (ed.): Climate and History. Cambridge Univ. Press, Cambridge 1981; siehe auch C.-D. Schönwiese, 1979; vgl. auch 13.
33 P. Holzhauser: Geogr. Helv. 40 (1985) 168–195; 42 (1987) 80–88; vgl. auch 16.
34 J. Hansen, S. Lebedeff: J. Geophys. Res. 92 (1987) 13345–13372; priv. comm. (1990).
35 G. C. Jacoby, R. d'Arrigo: Clim. Change 14 (1989) 39–59; priv. comm. (1990).
36 D. S. Groveman, H. E. Landsberg: Univ. of Maryland, Dep. of Meteorol., Publ. No. 79–181 (1979).

37 H. v. Rudloff, 1967, s. Lit.
38 G. Manley: Q. J. R. Meteorol. Soc. 100 (1974) 389–405.
39 C.-D. Schönwiese, 1991, s. Lit.
40 P. D. Jones et al.: In Schlesinger, 1991, s. Lit., p. 153–172.
41 K. Vinnikov et al.: J. Climate 3, 662–677.
42 G. P. Hekstra: Man's impact on atmosphere and climate: a global threat? Unpubl. paper, Leidschendam 1989.

Kapitel 4

1 C.-F. von Weizsäcker: Über die Kunst der Prognose. Vortrag, Jahresvers. Stifterverband Deut. Wiss., 1968.
2 C.-D. Schönwiese: Universitas 11 (1988) 1172–1180; Kap. 4.1 in Anlehnung an diese Publikation.
3 A. Berger, vgl. Hinweis 27 zu Kapitel 3.
4 J. Imbrie, vgl. Hinweis 27 zu Kapitel 3.
5 C.-D. Schönwiese, 1987, s. Lit.

Kapitel 5

1 R. P. Turco et al.: Science 222 (1983) 1283.
2 P. J. Crutzen, J. W. Birks: Ambio 11 (1982) 114–115.
3 G. S. Golitsyn, M. C. MacCracken: Possible Consequences of a Major Nuclear War. ICSU/WMO, World Climate Programme Publ. No. 142 (1987); vgl. auch A. Tartaglia, M. Vadacchino (eds.): Induced Critical Conditions in the Atmosphere. World Scientific, Singapore/London 1990.
4 British Meteorological Office, 1991, unpubl. press release.
5 Kollektiv von 16 Autoren: Auswirkungen von Ölbränden in Kuwait auf das Globalklima. Bericht des Max-Planck-Instituts für Meteorologie u. a., Hamburg 1991.
6 W. Jaeschke, pers. Mitt. (1991).
7 Deutscher Bundestag, 1990, s. Lit.
8 H. E. Landsberg: The Urban Climate. Academic Press, New York 1981.
9 A. Heintz, G. Reinhardt, 1990, s. Lit.; P. Fabian, 1989, s. Lit.
10 Verein Deutscher Ingenieure (VDI), Kommission Reinhaltung der Luft: Säurehaltige Niederschläge. Entstehung und Wirkungen auf terrestrische Ökosysteme. VDI, Düsseldorf 1983; vgl. auch B. Ullrich, 1989, s. Lit.
11 H.-W. Georgii u. a.: Feststellung der Schadstoffbelastung von Waldgebieten in der Bundesrepublik Deutschland durch trockene und nasse Deposition. Bericht Inst. Meteorol. Geophys., Univ. Frankfurt (Main), 1986.
12 H. Mayer, 1990, in J. Jositz, s. Lit., S. 25–38.
13 B. Ullrich, 1990, in J. Jositz, s. Lit., S. 81–97.
14 M. Hildebrand: Mehr Umweltschutz durch weniger Stickoxide. Stromthemen (VDEW) 8, Nr. 51 (1991) 1–8.
15 Zit. A. Heintz, G. Reinhardt, 1990. s. Lit.
16 Nach Presseberichten im November 1991.

17 K. E. Rehfuess, C. Bosch: Forstwiss. Centralbl. 105 (1986) 201–206; siehe auch K. E. Rehfuess in J. Jositz, 1990, s. Lit.
18 Emanuel, W. R. et al.: Clim. Change 7 (1985) 29–43.
19 Presseberichte Okt. 1991 nennen nach FAO 170 000 km^2.
20 C. Nobre et al.: Science 247 (1990) 1322–1325.
21 J. Herkendell, E. Koch, 1991, s. Lit.
22 E. S. Nicholson: J. Climate 1 (1988) 240–255.
23 Deutscher Wetterdienst: Ozon II und III. Promet 1/2 (1987) Offenbach.
24 M. J. Molina, F. S. Rowland: Nature 247 (1974) 810–812.
25 H. U. Dütsch: Ozon und Sonnenfleckenzyklus. In H. Oescher, 1980; vgl. 23, S. 261–274.
26 R. D. Bojkov: The WHO Global Ozone Observing System. Unpubl. WMO Fact Sheet, 1989.
27 K. Wege et al., Abb. in C.-D. Schönwiese, B. Diekmann, 12991, s. Lit.
28 Deutscher Bundestag, 1990, s. Lit.
29 S. Chubachi: Mem. Nat. Inst. Polar Res. 34 (1984) 13–19.
30 J. C. Farman et al.: Nature 315 (1985) 207–210.
31 P. J. Crutzen, F. Arnold: Nature 324 (1986) 651.
32 New Scientist, p. 18, 15 Apr. 1989 (»Radiation flood through ozone hole is measured«).

Kapitel 6

1 T. R. Oke: Atmos. Env. 7 (1973) 769–779.
2 Münchener Rückversicherungs-Gesellschaft: Hagel. Selbstverlag, München 1984; vgl. auch Heft »Sturm« (1990) Hrsg. ders.

Kapitel 7

1 J. T. Houghton et al., 1990 (IPCC-Report); zusammenfassende Wertung C.-D. Schönwiese, 1991; Maßnahmen und historische Hinweise auch bei W. Bach, 1982; s. jeweils Lit.
2 Deutscher Bundestag, 1990, s. Lit.; K. Heinloth: Energie. Teubner, Stuttgart 1983; B. Diekmann in K. Hutter (Hrsg.) 1991, s. Lit., S. 123–140; viele der im folgenden genannten Zahlen stammen auch aus J. T. Houghton, 1990, s. Lit. und C.-D. Schönwiese, 1991, s. Lit.
3 U. Cubasch: Global Change Prisma 2 (No. 1) (1991) 7–9 und diverse Berichte des Max-Planck-Institutes für Meteorologie, Hamburg; vgl. auch J. T. Houghton, 1990, s. Lit.
4 C.-D. Schönwiese, B. Diekmann, 1991, s. Lit.
5 A. Neftel et al.: Nature 315 (1985) 47–47.
6 C. D. Keeling, pers. Mitt., 1989; U.S. Carbon Dioxide Information Analysis Center (CDIAC): Trends '90. Oak Ridge, 1990.
7 World Meteorol. Org. (WMO): Publ. No. 661 (1989) und andere WMO-Publikationen.
8 R. J. Stouffer et al.: Nature 342 (1989) 660–662; vgl. auch 85.

9 D. A. Lashof: Climat. Change 14 (1989) 213–242.
10 J. T. Houghton, 1990; C.-D. Schönwiese, 1991; s. jeweils Lit.
11 W. R. Emanuel et al.: Clim. Change 7, 29–43 (1985); Report Working Group II, IPCC (Intergovernmental Panel on Climate Change), 1990, unpubl.; Schönwiese u. a., Bericht Nr. 86 Inst. Meteorol. Univ. Frankfurt (Main), 1990.
12 T. M. L. Wigley, S. C. B. Raper in M. E. Schlesinger, 1991, s. Lit., pp. 471–482.
13 H.-U. Schmincke, 1986, s. Lit.; A. Cress, C.-D. Schönwiese: Bericht Nr. 82 Inst. Meteorol. Univ. Frankfurt (Main), 1990.
14 T. Simkin et al.: Volcanoes of the World. Smithsonian Inst., Hutchinson, Stroudsburg (USA) 1981.
15 C.-D. Schönwiese: Atmósfera 1 (1988), 141–156.
16 J. K. Angell in M. E. Schlesinger (ed.), 1991, s. Lit., pp. 231–247; pers. comm.
17 K. Labitzke et al.: Geophys. Res. Letters 13, (1986) 52–55; pers. comm. 1991.
18 P. D. Jones et al.: In Schlesinger, 1991, s. Lit., pp. 153–172.
19 A. Cress, C.-D. Schönwiese, 1990, vgl. 13; C.-D. Schönwiese in S. Gregory: Recent Climatic Change, Belhaven, London 1988, pp. 20–29.
20 H. Jäger, D. Hofmann: Appl. Optics 30 (1991) 127–138.
21 J. R. Bray: Nature 252 (1974) 679–680; im weiteren vgl. auch M. Schwarzbach, 1974, s. Lit.
22 C.-D. Schönwiese et al.: Bericht Nr. 84 Inst. Meteorol. Geophys. Univ. Frankfurt (Main) 1990.
23 M. Waldmeier: The Sunspot Activity in the Years 1610–1960. Schulthers, Zürich, 1961; Ergänzungen u. a. Zeitschrift »Wetter und Leben« (laufend).
24 R. L. Gilliland: Clim. Change 4 (1982) 111–131.
25 O. Kiepenheuer: Die Sonne. Springer, Berlin, 1957; vgl. auch E. Keppler 1990, Hinweis 1 zu Kapitel 3
26 J. A. Eddy in D. J. Williams (ed.), 1976: Physics of Solar Planetary Environments, Vol. 2, Am. Geophys. Union, 1976, pp. 958–972.
27 R. B. Lee: Adv. Space Res. 8 (1988) 11–13; unpubl. lecture, IAMAP Assembly, London 1989; priv. comm., 1990.
28 J. Hansen et al.: J. Geophys. Res. 93 (1988) 9341–9364.
29 E. Friis-Christensen, K. Lassen: Science 254 (1991) 698–700.
30 K. Labitzke, H. van Loon: J. Atmos. Terr. Phys. 50 (1988) 197–206.
31 Umfangreiche Lit. u. a.: R. J. Reed: J. Atm. Sci. 19 (1962) 127; K. Labitzke: J. Met. Soc. Japan 60 (1974) 124–139. Schönwiese et al.: Bericht Nr. 65 Inst. Meteorol. Geophys. Univ. Frankfurt (Main), 2. Aufl. 1990.
32 Umfangreiche Lit. zusammenfassende Darstellung u. a. W. A. Arntz, E. Fahrbach, 1991, s. Lit.; S. G. Philander: El Niño, La Niña, and the Southern Oscillation. Academic Pren, San Diego 1990.
33 C.-D. Schönwiese, 1991, s. Lit.; U. Schneider, C.-D. Schönwiese: Atmósfera 2 (1989) 167–180.
34 P. B. Wright: Mon. Weath. Rev. 112, 1913–1919: laufende Ergänzungen in monatl. Berichten der WMO.
35 S. G. H. Philander: J. Atm. Sci. 42 (1985) 2652–2662.
36 R. H. Käse: Geowiss. uns. Zeit 3 (1985) 113–119; E. M. Rasmussen, J. J. Wallace: Science 222 (1983) 1195–1202.

37 Diese und im weiteren folgende Informationen sind aus W. A. Arntz, E. Fahrbach, 1991, s. Lit.
38 M. Latif, A. Villwock: Report No. 40, Max-Planck-Inst. f. Meteorologie, Hamburg 1989.
39 U. Schneider: Diplomarbeit, Meteorol. Inst. Darmstadt, 1986.
40 H.-F. Graf, I. Schült: pers. Mitt. (1990).
41 C.-D. Schönwiese, 1991, s. Lit.; einige der im folgenden genannten Details stammen auch aus C.-D. Schönwiese u. a. Bericht Nr. 84 u. 86 Inst. Meteorol. Geophys. Univ. Frankfurt (Main), jeweils 1990.
42 T. Barnett, pers. Mitt., 1990; V. Gornitz, A. Solow in M. E. Schlesinger, 1991, s. Lit., pp. 347–367.
43 W. R. Peltier, A. M. Tushingham: Science 244 (1969) 806–810.
44 H. Flohn, A. Kapala: Nature 338 (1989) 244–246.
45 H. F. Diaz et al.: J. Geophys. Res. 94 (1989) 1195–1210.
46 H. Flohn et al.: Clim. Dyn. 4 (1990) 237–252.
47 H. H. Lamb: Historic Storms of the North Sea, British Isles and Northwest Europe. Cambridge Univ. Press, Cambridge 1991.
48 G. Tetzlaff: Meteorol. Rdsch. 42 (1990) 62–64.
49 C.-D. Schönwiese, 1991, s. Lit.

Kapitel 8

1 Deutscher Bundestag, 1990, s. Lit.
2 P. Stichel, 1991, s. Lit.
3 Arbeitskreis Schulinformation Energie: Perspektiven der Energieversorgung. Informationszentrale der Elektrizitätswirtschaft e. V. (IZE), Frankfurt (Main) 1990.
4 J. T. Houghton et al., 1990, s. Lit. (IPCC-Report).
5 H.-U. von Weizsäcker, 1989, s. Lit.
6 (Second) U. N. Conference on Environment and Development (UNCED), 1.–12. Juni 1992, Rio de Janeiro.

Tabellen

1 C.-D. Schönwiese, 1979, s. Lit.
2 C.-D. Schönwiese, 1991, s. Lit.
3 H. H. Lamb, 1972, s. Lit.
4 C.-D. Schönwiese, 1987, s. Lit.
5 J. T. Houghton, 1990, IPCC-Report, s. Lit.
6 K. Heinloth: Energie. Teubner, Stuttgart 1983.
7 A. Heintz, G. Reinhardt, 1990, s. Lit.
8 J. Schultz: Die Ökozonen der Erde. Ulmer (UTB), Stuttgart 1988.
9 Umweltbundesamt: Verzicht aus Verantwortung: Maßnahmen zur Rettung der Ozonschicht. Bericht Nr. 7/89, E. Schmidt, Berlin 1989
10 H. E. Landsberg: Weather and Health. Doubleday, New York

11 T. Simkin et al.: Volcanoes of the World. Hutchinson, Stroudsburg (USA) 1981, mit Ergänzungen; siehe auch C.-D. Schönwiese: Geowiss. uns. Zeit 5 (1987) 47–54.
12 W. A. Arntz, E. Fahrbach, 1991, s. Lit.
13 U. Schneider, C.-D. Schönwiese: Atmósfera 2 (1989) 1967–180.
14 Deutscher Bundestag, Enquête-Kommission, 1990, s. Lit.
15 Siemens AG (M. Gattinger u. a., Hrsg.): Ressourcen, Versorgung, Verbrauch. Eine energiewirtschaftliche Bilanz. Siemens AG, Berlin/München 1991.
16 C.-D. Schönwiese u. a.: Bericht Nr. 84 Inst. Meteorol. Geophys., Univ. Frankfurt (Main) 1990.

Anschriften

Autorenkreis Sachdialog Naturwissenschaft und Medien e. V.; Geschäftsstelle, Von-Thürheim-Straße 47, 7912 Weißenhorn/Biberachzell.

Bundesministerium für Ernährung, Landwirtschaft und Forsten, Referat Öffentlichkeitsarbeit, Postfach, 5300 Bonn 1.

Bundesministerium für Forschung und Technologie, Referat 521 (Klima- und Atmosphärenforschung), Postfach 20 02 40, 5300 Bonn 2.

Bundesministerium für Umwelt, Naturschutz und Reaktorsicherheit, Referat Öffentlichkeitsarbeit, Postfach 12 06 29, 5300 Bonn 1.

Bund für Umwelt und Naturschutz Deutschland e. V. (BUND), Geschäftsstelle, Im Rheingarten 7, 5300 Bonn 3.

Deutsche Meteorologische Gesellschaft e. V. (DMG), Sekretariat, Mont Royal, 5580 Traben-Trarbach.

Deutsche Physikalische Gesellschaft e. V. (DPG), Arbeitskreis Energie, Physikzentrum, Hauptstr. 5, 5340 Bad Honnef.

Enquête-Kommission »Schutz der Erdatmosphäre«, Deutscher Bundestag, Bundeshaus, 5300 Bonn 1.

Europäische Geophysikalische Gesellschaft, Generalsekretariat, Postfach 49, 3411 Katlenburg-Lindau.

Gesellschaft für Verantwortung in der Wissenschaft e. V. (GVW), Geschäftsstelle, Nebelhornstraße 14, 7032 Sindelfingen.

Informationsstelle Umwelt, Gesellschaft für Umwelt und Gesundheit (GSF), Ingolstädter Landstr. 1, 8042 Neuherberg.

Informationsstelle Umweltforschung, Kernforschungszentrum Karlsruhe (KfK), Abteilung für Angewandte Systemanalyse, Postfach 36 40, 7500 Karlsruhe.

Nationales Global Change Sekretariat, Alfred-Wegener-Institut für Polarfoschung, Postfach 12 01 61, 2850 Bremerhaven.

Studiengruppe Entwicklungsprobleme der Industriegesellschaft e. V. (STEIG), Geschäftsstelle, Am Studentenhaus 1, 8700 Würzburg.

Umweltbundesamt, Bismarckplatz 1, 1000 Berlin 33.

Register

Christian-Dietrich Schönwiese
Bernd Diekmann

Der Treibhauseffekt

Der Mensch ändert das Klima

232 Seiten mit 42 Abbildungen

»Mithin haben wir es in ›Der Treibhauseffekt‹ mit einer Lektüre zu tun, die zwar aufrüttelt, dies aber im Gegensatz zu fast allem, was wir bisher über dieses Thema gelesen haben, nicht mit unbewiesenen Behauptungen tut, sondern mit unverlogenen Argumenten, die einer verantwortlichen Risikoabschätzung entspringen . . .
Vielleicht hätten wir und vor allem diejenigen, die unsere gesellschaftlichen Geschicke lenken, alle Vorsichtsmaßnahmen längst ergriffen, wenn diejenigen, die sie fordern, sich nicht mit Radauparolen so unglaubhaft gemacht, sondern so besonnen argumentiert hätten wie Christian-Dietrich Schönwiese und Bernd Diekmann in ihrem lehrreichen Buch.«

Die Zeit